全国高等医药卫生管理案例与实训精品规划教材

全国高等学校教材配套教程

供卫生管理及相关专业用

U0738514

公共事业管理专业五大能刀实训教程

Practical Training Course of Five Abilities of Public Service Management

主　编　郭　清　　王小合

编　委　熊　军　　马海燕　　孟凡莉　　任建萍

　　　　汪　胜　　黄仙红　　张　萌　　吴茵茵

　　　　刘婷婕　　沈　歆　　及崇岩　　钱　宇

　　　　安　辉

ZHEJIANG UNIVERSITY PRESS
浙江大学出版社

图书在版编目(CIP)数据

公共事业管理专业五大能力实训教程／郭清,王小合
主编.—杭州:浙江大学出版社,2016.11
ISBN 978-7-308-16208-1

Ⅰ.①公…　Ⅱ.①郭…　②王…　Ⅲ.①公共管理—教材
Ⅳ.①D035

中国版本图书馆 CIP 数据核字(2016)第 214739 号

公共事业管理专业五大能力实训教程

郭　清　王小合　主编

策划编辑	张　鸽	
责任编辑	王　波	
责任校对	董凌芳	
封面设计	续设计	
出版发行	浙江大学出版社	
	(杭州市天目山路 148 号　邮政编码 310007)	
	(网址:http://www.zjupress.com)	
排　版	杭州星云光电图文制作有限公司	
印　刷	杭州日报报业集团盛元印务有限公司	
开　本	787mm×1092mm　1/16	
印　张	17.5	
字　数	399 千	
版印次	2016 年 11 月第 1 版　2016 年 11 月第 1 次印刷	
书　号	ISBN 978-7-308-16208-1	
定　价	39.00 元	

浙江大学出版社发行中心联系方式:0571－88925591;http://zjdxcbs.tmall.com

全国高等学校卫生管理专业
第二轮规划教材配套教程编审委员会名单

序　言

　　自 1985 年招收第一届卫生管理专业本科生开始,我国的卫生管理本科教育已发展三十余年。围绕卫生管理本科层次的人才培养,我国几代卫生管理学者在教材建设方面做出了不懈的努力,形成了比较完整的卫生管理专业教材体系,为卫生管理人才的培养做出了重要贡献。随着我国全面深化医药卫生体制改革、建立覆盖全民基本医疗卫生制度、推进国家卫生治理体系和治理能力现代化建设、促进实现"健康中国"战略目标等各项事业的不断发展,国家对卫生管理人才的专业素养和能力的要求日益提高。为及时提升卫生管理专业本科人才培养与国家转型发展需求的耦合程度,在教育部、国家卫生和计划生育委员会的领导和支持下,由全国高等医药教材建设研究会规划,"全国高等学校卫生管理专业第二届教材评审委员会"审定,全国各医学院校知名专家教授编写,人民卫生出版社于 2013—2015 年陆续修订或新增出版的卫生管理专业单独使用的第二轮规划教材,已普遍用于全国高校。然而,纵观我国卫生管理教育的发展历程,仍普遍存在以教师为中心的课堂单向讲授的传统教学模式,这种模式重理论知识、轻实践操作,重知识记忆、轻独立思考,特别是缺乏运用所学理论主动发现、分析和探究解决实际问题的应用和创新能力,导致教与学、知与行、理论教学与管理实践脱节,难以达到新时期卫生管理本科专门人才培养的目标和要求。为此,近年来,全国各高等医学院校卫生管理专业在教育部《关于全面提高高等教育质量的若干意见》精神的指引下,均不同程度地开展了相关课程案例及实训教学的改革与探索。

　　杭州师范大学医学院卫生事业管理系作为中国医药卫生管理学院(系)院长(主任)首届论坛最早发起的 6 所院校及核心成员单位之一,针对上述问题并结合近年来自身卫生管理专业课程建设和教学改革的实践,在浙江省重点及优势专业"公共事业管理(卫生事业管理)"建设项目(浙教高教〔2009〕203 号、〔2012〕70 号)的支持和资助下,针对强化培养本专业学生敏于理论联系实际、勤于观察和学习、善于思辨和分析、勇于发现并解决卫生管理问题的综合能力和素质等方面进行了积极探索。自 2014 年起,该系规划、牵头并组织国内二十余所高等医学院校及相关机构活跃在本专业教研一线的中青年骨干教师,在全国第二轮卫生管理专业 31 门规划教材目录中首批遴选了"卫生管理与法规类"7 门主干核心课程及新增目录外 1 门实训主干核心课程,以"案例分析与实训项目"为内容设计,编写了这套与全国卫生管理专业"十二五"规划教材的章节和知识体系相配套的8本教程:《管理学基础案例与实训教程》《社会医学案例与实训教程》《卫生事业管理学案例与实训教程》《卫生法学案例与实训教程》《卫生监督学案例与实训教程》《医院管理学案例与实训教程》《健康管理学案例与实训教程》《公共事业管理专业五大能力实训教程》(含组织协调、沟通表达、公文写作与处理、信息收集与统计分析、办公自动化五大核心技能)。

在本系列教程的编写过程中,教程编审委员会研究并确定的【学习目标】→【导入案例】→【主要知识点】→【导入案例评析】→【能力和知识拓展】→【实训与指导】的编写结构及体例,既符合学生自主学习的思维逻辑,体现学生知识和能力循序渐进、不断提升的教学及人才培养规律,又兼顾全国规划教材的章节和知识体系并加以巩固发展,同时也注重学科专业与管理技能前沿动态的扩展。其中,【学习目标】中"巩固""培养"的要求与本章主要知识点密切相关,侧重于应具备的基本能力或素质;"扩展"的要求则侧重于学科专业知识及技能、职业素养与发展、综合思辨与应用、视野与思维等方面能力的培养和提升。【主要知识点】为全国规划教材对应章的学习目标中要求"掌握"和"熟悉"的内容。【导入案例】及【导入案例评析】立足于有关课程的重点知识及其实践应用进行问题设计,联系本章主要知识点进行逐一评析、讨论并思辨解答。有些案例还预留了让学生根据具体案例材料提出若干思考问题,并进行自我评析和讨论的空间。【能力和知识拓展】侧重于拓展学生在本章知识体系框架范围内的学科专业知识与管理技能及前沿视野,提高学生的自学能力。【实训与指导】包括实训目标、实训内容与形式、实训要领、实训要求与考核等方面的指导性内容。根据本章主要知识点和能力训练与拓展内容的适宜性,该部分设计提供了案例分析材料、管理情境模拟、管理者角色扮演、开展相关调查研究或策划组织某项具体管理活动等灵活多样的实训或实战练习项目。

这套系列教程的构思及组织编写,是杭州师范大学医学院卫生管理专业近年来在课程建设、教学改革及人才培养等方面积极探索的重要结晶。该校卫生管理专业自创办以来,一直传承该校"师范教育"的教学优势和"文理渗透、艺体兼备,人文素养与科学精神和谐结合"的人才培养特色。该校在国内高校中率先启动"本科教学创一流'攀登工程'项目(2011—2015年)",稳步实施《浙江省高校课堂教学创新行动计划(2014—2016年)》,积极推进《杭州师范大学应用型人才培养提升计划(2015—2020年)》等教学改革。在这一系列教育教学改革的推动下,该校公共事业管理(卫生事业管理)专业依托浙江省A类一流学科"公共管理"建设平台,探究建立起以"教师为主导、学生为主体",课内与课外、长学期与短学期、课堂理论与实践(训)教学相结合,"宽口径、厚基础、多方向、强技能"的课程体系及新型教学模式;率先在国内高校中设置了本专业"组织协调、沟通表达、公文写作与处理、信息收集与

笔记

统计分析、办公自动化"五大核心技能的实训课程群;改造升级建有"办公自动化模拟与管理实务""卫生信息技术与管理"实验(训)室;构建了"暑期一社会实践、暑期二临床见习、暑期三专业见习、暑期四专业实习",以及在校期间创业实践教学和管理体系;以培养学生成长和综合素质发展为中心,探索形成"课内任务驱动、课外科创项目带动","专业师资与学生班团、社团、学工办、教管办及校外实践教育基地交叉、融合、支撑、协同参与育人"的人才培养工作新机制。这些实践及探究为这套系列教程的编写及应用提供了基础和发展条件。

这套全国规划教材配套系列案例和实训教程按计划编写并出版,不仅是杭州师范大学卫生管理专业建设近年来部分成果的体现,更是抛砖引玉,供全国高等医学院校卫生管理及相关专业建设相互借鉴与分享。参与编写的这批年富力强的卫生管理教育学者不畏困难、勇于开拓、承前启后、继往开来,为广大卫生管理教育工作者和学生自主学习提供了难得的卫生管理实践教学案例和实训体系。其出版发行与应用,必将有助于推动全国各高校卫生管理及相关专业或方向,努力探索和实践以"学生为主体、学生自主学习、提升学生实践和探究能力"为核心的课程及教学方式的深入改革,促进形成"以教导学、以学促教、教学互动、教学相长"的教学理念及共同行动,为我国复合型、应用型及创新型卫生管理专门人才的培养发挥积极的作用和做出应有的贡献。

全国高等学校卫生管理专业第二届教材评审委员会主任委员

2016 年 1 月

3

目　录

笔记

笔记

笔记

笔记

笔记

第一章

组织协调能力实训

第一节　计划与决策能力

一、知识准备

(一)计划概述

1.计划的概念和内容

(1)计划的概念

管理的计划职能是指组织通过对未来的工作及资源进行设计和谋划,最终达到组织的目标。

(2)计划的内容

计划工作是在一定目标引导下的协调管理过程,主要包括以下六个方面的内容(5W1H)。

为什么做(why to do it):说明开展工作的理由、意义、重要性,激发员工从事相应工作的积极性。

做什么(what to do it):确定组织的使命和目标,界定业务领域和主要目标,提出组织不同层次部门未来的具体工作内容、要求和所要解决的问题。

何时做(when to do it):确定未来工作的起始时间和进度,将工作分解成一系列的行动过程,提出工作的进度安排。

何地做(where to do it):根据实施计划所需要的环境条件,确定未来工作的实施地点和场所,合理安排计划工作的空间布局。

何人做(who to do it):确定未来工作的实施主体,明确工作的负责部门和人员,提出部门和人员的安排。

如何做(how to do it):根据组织的目标以及内外部环境和资源,合理配置和使用人力、财力和物力资源,提出完成工作的手段、方法,规定完成任务的技术路线和策略。

2.计划的性质和作用

(1)计划的性质

①计划的目的性:组织所制订的计划是以实现组织目标为宗旨来设计组织未来的工作内容和要求,合理配置各种资源,所以计划工作是为实现组织目标而服务的。

②计划的首要性:计划是实现其他管理职能的基础和前提条件。

③计划的普遍性:计划工作是各级管理人员的基本职能,所有管理人员,从高层到基

笔记

1

层都要制订计划。此外,计划的普遍性还表现为计划的纵向层次性和横向协作性。

④计划的效率性:计划必须考虑成本和效率,考虑投入和产出的比例,计划工作必须能够提高组织整体的管理效率。实现组织目标有多种计划,我们应选择成本低、效率高的计划。

⑤计划的创造性:管理者在组织发展过程中需要用创新性的思维制订组织的计划,以解决组织不断面临的新问题、新挑战。因此,计划工作应该是一种具有创造性的工作。

(2)计划的作用

①预测变化,降低不确定程度。

②指明方向,协调组织活动。

③减少浪费,改善运行效率。

④提供考核和控制依据。

(二)计划的类型

1. 按计划的时间长短分类

(1)长期计划:习惯上指 5 年以上的计划,要解决的问题是组织的长远目标、发展方向以及如何达到。

(2)中期计划:指 1~5 年(含 5 年)的计划,是长期计划在时间上的具体化,是长期计划和短期计划在时间上的衔接。

(3)短期计划:指 1 年或 1 年以下的计划,要解决的主要是如何操作和实施,是对行动的具体规定。

2. 按职能空间分类

(1)业务计划:主要涉及业务工作的调整、组织规模的发展和业务工作的具体安排。

(2)财务计划:主要规定从资本的提供和利用上促进业务工作的有效进行。

(3)人事计划:通过提供人力资源保证业务规模的维持和扩大,如提高员工的素质和技能,合理配置人力资源,提高员工的工作积极性。

3. 按计划的综合性程度分类

(1)战略性计划:指应用于组织整体,制订组织未来较长时间(一般指 5 年以上)总体发展目标和寻求组织在外部环境中的地位的计划。

(2)战术性计划:指为实现总体目标而制订的具体细节计划,它制订了组织各部门在未来较短时间内的具体行动方案和策略,由组织的基层管理人员制订的工作方案。

4. 按计划的明确程度分类

(1)指导性计划:限于原则性的计划要求,只规定最终实现的目标、一般方针和实施路线,对组织成员的行动给予充分的自由,主要作用是引导组织实现目标,发挥组织各部门及员工的能动性,创造性地解决问题。

(2)具体性计划:具有明确的目标,目标定位准确,要求具体,规定了实现目标的细节内容,计划方案具有严密的逻辑性和操作性,是一种限制性很强的计划,员工必须严格地按规定的方案和策略执行。

5. 按计划的程序化程度分类

(1)程序化计划:指针对重复出现的例行活动而制订的工作计划,例行活动的决策

2

和计划经常重复,具有一定的稳定结构,利用程序化计划能够解决这些问题,不需要重复制订新的计划。

(2)非程序化计划:指针对不经常重复出现的非例行活动而制订的工作计划,非例行活动因其结构和性质复杂难以掌握,或因其具有十分重要的作用需要特殊的方法和策略解决,没有固定的方法和程序。

6.按计划的表现形式分类

(1)使命:指明组织在社会上应发挥的作用,它决定组织的性质,指明组织从事的工作、应该干什么及应达到什么目的,是社会赋予组织的基本职能。

(2)目标:根据组织的使命而制定,是整个活动所要达到的最终成果。

(3)战略:是为了达到组织总目标而制定的全局性的行动安排和利用资源的总计划,它指明组织的发展方向和路线。

(4)政策:是组织在决策和处理问题时指导及沟通思想活动的方针和一般规定。

(5)程序:规定了处理问题的例行方法、步骤,即办事手续。

(6)规则:是根据具体情况采取或不采取某个特殊的或特定的行动的规定。

(7)方案:是综合性的计划,包括目标、政策、程序、规则、任务分配、措施步骤、配置资源及完成既定行动需要的其他因素,方案在对未来科学预测的基础上制定而成,是对组织发展所做的总体部署和决策安排。

(8)预算:是"数字化"的计划,是最具体的计划形式,是用数字表示出预期的结果,是组织各层次计划协调统一的重要手段,也是控制组织工作不可缺少的内容。

(三)计划工作的原则

1.目标导向原则

计划工作必须始终坚持以正确的目标为导向,使计划所安排的活动紧紧围绕组织目标而开展,以保证组织目标的实现。如果计划没有正确的目标为导向,计划工作的效率越高,对组织所造成的损害越大。

2.整体性原则

计划工作的整体性原则包括两层含义:一是每个具体的组织计划都应有大局意识,以全局性的发展目标为组织的发展方向;二是本组织计划的中心任务、发展理念一旦确立,就应成为各项专题计划和分部门计划的主导战略和基本方针,形成本组织内的一盘棋统筹规划,从而实现对组织目标的综合部署、整体推进。

3.关键因素原则

关键因素,也称限制因素,是指妨碍组织目标实现的因素。也就是说,在其他因素不变的情况下,仅仅改变这些因素,就可以影响组织目标的实现程度。关键因素原则有时被形象地称为"木桶原则",其含义是木桶能盛多少水,取决于桶壁上最短的那块木板。

4.协调性原则

组织目标的实现有赖于系统整体的最优化,而系统的最优化关键在于系统内部结构的有序和合理,在于系统内部关系和外部关系的协调程度。因此,在制订计划时要全面考虑计划对象系统中各个构成部分及其相互关系,还要考虑计划对象系统和相关系统的联系,通过计划的协调,使其并行不悖。

5.灵活性原则

在计划的实施过程中,会出现难以预测的突发事件,因此计划工作应遵循灵活性原则。灵活性原则是指在计划工作中尽可能多地预见计划在实施中可能出现的问题,能够及时解决,保证计划顺利实施。

6.前瞻性原则

计划本身应该具有前瞻性,制订计划时必须具有超前的意识,在计划中充分反映未来的愿景,要求组织管理人员面向未来,从组织的长远发展角度,预测组织未来的发展方向,提高组织所有员工的工作能力,合理评价组织目标和发展水平,激发员工的工作积极性,使计划达到预期效果。

(四)计划的编制过程

(1)评估现状:是实际计划工作开始之前开展的工作,它不是计划工作过程的一个组成部分,但却是计划工作的真正起点。

(2)确定目标:制订计划首先要明确组织的发展方向,即确定组织的发展目标。目标是组织期望达到的最终结果,它指明了组织整体及各部门的发展方向,描绘了组织未来的状况,并作为衡量组织管理绩效的标准。此外,确立目标时还要注意其内容和顺序、时间界限以及科学指标。

(3)明确计划的前提条件:组织的未来充满不可预测的不确定因素,计划前提条件的确定应选择实施计划工作的关键条件或具有战略意义的假设条件。计划的前提条件分为外部前提条件和内部前提条件,按可控程度分为不可控的前提条件、部分可控的前提条件和可控的前提条件。

(4)提出可行方案:达成目标需要挖掘多种可行方案,才可能选出最优方案。因此要发扬民主、集思广益、大胆创新、求同存异。在可选方案数量较多时,要采取多种方法减少方案数量,以便提出最有希望的方案。

(5)评估方案:根据计划工作的前提条件和目标,评估可供选择的可行方案和轻重优劣,评估工作主要取决于评估标准及标准的权重。

(6)选择最佳方案:在拟定和评估可行方案后,将所选择的计划用文字形式正式地表达出来。

(7)制订派生计划:为保证计划的落实,应将计划分解到各单位、部门甚至个人,形成派生计划系列,并制定相应政策。

(8)预算:用预算形式使计划数字化。预算成为汇总各种计划的一种手段,并且也制定了可以衡量各种计划过程的重要标准。

(五)计划的编制方法

1.滚动计划法

滚动计划法是保证计划在执行过程中,有时需要根据情况变化适时修正和调整的一种现代计划方法。其基本做法是,制订好组织在一定时期的行动计划后,在执行过程中根据组织内外条件的变化定期加以修改,使计划不断延伸、滚动向前。滚动计划法主要用于长期计划的制订和调整,也可用于短期计划工作,如年度或季度计划的编制和修订。

滚动计划法主要有以下几个特点:①计划分为若干执行期,其中近期计划编制得详细具体,而远期计划则相对粗略。②计划执行一定时期,就根据执行情况和环境变化对以后各期计划内容进行修改、调整。③滚动计划避免了计划的凝固化,提高了计划的适应性和对实际工作的指导性。

2.网络计划技术

这种方法是以网络计划图的方式制订计划,通过网络图的绘制和相应的网络时间的计算,了解整个工作任务的全貌,对工作过程进行科学的统筹。

运用网络计划技术制订计划,主要包括以下三个阶段的工作。

(1)分解任务:把整个计划活动分为若干个数目的具体工序,并确定各工序的时间,然后在此基础上分析并明确各工序时间的相互关系。

(2)绘制网络图:根据供需之间的相互关系,按照一定的规则,绘制出包括所有工序的网络图。

(3)找出关键路线:根据各工序所需作业时间,计算网络图中各路线的路长,找出关键线路。

3.投入产出分析

所谓投入就是将人力、物力投入生产过程,在其中被消耗的生产型消费;所谓产出就是生产出一定数量和种类的产品。投入产出分析作为一种综合计划方法,首先要计算各部门之间的直接消耗系数和间接消耗系数;进一步要根据某些部门对最终产品的要求,算出各部门应达到的状况,据此编制综合计划。

这种方法主要有以下几个特点:①反映了各部门的技术经济结构,可用于合理安排各种比例。②能够充分利用现有统计资料进行经济分析和经济预测,建立各种统计指标之间的内在关系。③适用范围较广,不仅可用于国家或地区等宏观层次的计划制订,也可用于组织的计划制订。

(六)计划的权变因素

(1)组织的层次。

(2)组织的生命周期。

(3)环境的不确定性程度。

(4)未来许诺的期限。

(七)预测

1.预测的概念和作用

(1)预测的概念

科学的预测是根据一定事物的运动和变化规律,用科学的方法和手段,对该事物的发展趋势和未来状态进行估计,做出定性和定量评价。

科学预测由五要素组成:人(预测者)、知识(预测依据)、手段(预测方法)、事物未来或未知状况(预测对象)、预先推知和判断(预测结果)。

(2)预测的作用

①预测既是计划的前提条件,又是计划工作的重要组成部分。

笔记

②预测是提高管理预见性的一种手段。

③预测有助于各级管理人员向前看,面向未来,并为此做好准备。

④预测有助于发现目前存在的问题,从而集中力量加以解决。

⑤预测工作在一定程度上决定了组织的成败。

2.预测的分类

(1)按预测范围和层次分类

①宏观预测:是指涉及全局或整体的预测。

②微观预测:是指基层组织内的预测。

(2)按预测时间长短分类

①短期预测:是指预测周期在1年或1年以内的预测。

②中期预测:是指预测周期在1年至5年(含5年)的预测。

③长期预测:是指预测周期在5年以上的预测。

3.预测的基本原则

(1)连贯性原则:研究事物过去和现在的状态,依据其连续性,预测未来的状态。

(2)类推原则:通过分析寻找相近事物的类似规律,根据已知事物的发展变化特征,推断类似的预测对象的未来变化趋势。

(3)相关性原则:深入分析预测对象与相关事物的关系及其程度,是揭示其变化特征及其规律的有效途径。

(4)概率推断原则:预测对象的未来状态受多方面因素的影响,具有一定的随机性,其实质是一个随机事件,可以用概率来表示这一事件发生的可能性大小。

4.预测的步骤

(1)确定预测目标。

(2)拟订预测计划。

(3)调查收集和整理数据。

(4)选择预测方法,建立预测模型。

(5)估计预测误差。

(6)提出预测报告,追踪检查预测结果。

5.预测的准确度

(1)影响预测准确度的因素

①预测资料:预测过程中需要收集各种数据和资料,完备、可靠的资料是科学预测的基础。

②预测人员:由于经验和素质水平存在一定的差异,针对相同的问题,在占有相同完备程度资料和数据的情形下,不同预测者预测的结果也不一样。

③预测方法:预测的方法有许多,不同的方法适用于不同的问题和不同的资料。

(2)提高预测准确度的措施

①提高资料的可靠程度。

②提高预测人员的素质。

③选用适宜的预测方法。

（八）决策

1. 决策的概念

（1）广义：是一个管理过程，是人们为了实现某一特定目标，运用科学的理论和方法，系统地分析主客观条件，提出各种预选方案，从中选出最佳方案，并对最佳方案实施、监控的过程。

（2）狭义：是为解决某种问题，从多种替代方案中选择一种最优行动方案的过程。

2. 决策的作用

（1）科学决策是现代管理的核心。

（2）决策是管理工作成败的关键。

（3）科学决策是现代管理者的主要职责。

3. 决策的类型

（1）按决策的范围分类

①战略决策：是指直接关系到组织生存和发展，涉及组织全局的、长远的、方向性的决策。

②战术决策：又称管理决策，是组织在内部范围贯彻执行的决策，属于执行战略决策过程中的具体决策。

③业务决策：又称执行决策，日常工作中为提高生产效率、工作效率而做出的决策，只对组织产生局部影响。

（2）按决策的结构分类

①程序化决策：是指对重复出现的、常规性的、结构良好的问题所做的决策。

②非程序化决策：是指对那些不常出现的、非常规性的、结构不良的问题所做的决策。

（3）按决策的主体分类

①个人决策：是指决策机构的主要领导成员通过个人决定的方式，按照个人的直觉、学识、经验和个性特征所做出的决策。

②群体决策：是为充分发挥集体的智慧，由多人组成的决策群体共同参与决策分析并制定决策的整体过程。

（4）按决策的自然状态种类分类

①确定型决策：是指决策方案的自然状态是完全正确的，即只有一种，从而可以不考虑自然状态而按既定目标及评价准则选择行动方案，这样的决策就是确定型决策。

②风险型决策：是指决策方案未来的自然状态是两种或两种以上，每种状态发生的可能性已知，所以不管哪个决策方案都是有风险的，这种条件下的决策为风险型决策。

③不确定型决策：决策方案未来可能出现的自然状态有多种，且各种自然状态出现的可能性不能确定，这种条件下的决策为不确定型决策。

4. 决策的模式

（1）理性决策模式

理性决策模式包括以下基本内容：

①决策者面临的是一个既定问题。

笔记

②决策者做出决定的各种目的、价值或各种目标是明确的。

③决策者将所有可能的解决问题的方案一一列举出来,以供选择。

④决策者运用一系列的科学方法对每一个决策方案进行评估,并预测出执行该方案后可能产生的效果。

⑤决策者将备选方案进行两两比对,并按优劣排出先后顺序。

⑥决策者能正确选择最大限度地实现预定目的、价值或目标的那个方案。

（2）有限理性决策模式

"满意"是赫伯特·西蒙等人提出的一个重要概念。在决策过程中,决策者定下一个最基本的要求,在获得一个符合某些最低或最基本的要求后,决策者往往就会停下来而不再进一步去寻找更好的方案。在现实生活中,往往可以得到较满意的方案,而非最优方案。

5.决策的原则和程序

（1）决策的原则

①信息准全原则:科学的决策以准确、全面的信息为基础。

②优选原则:是指从几种可行的方案中择优选取一种能实现决策目标的较为满意的方案。

③系统原则:决策必须坚持系统原则,进行系统分析,追求和实现系统价值最大化。

④团队决策原则:团队决策是决策科学化的重要保证,是决策必须坚持的重要原则之一。

⑤可行性原则:决策制定者和实施者所能掌握的资源非常有限,因此在制定决策和实施决策时必须要切实考虑它们在技术、经济、社会效益上的可行性。

（2）决策的程序

①辨识及确认问题。决策者要在全面调查研究、系统收集相关信息的基础上深入分析,确认问题并抓住问题要害。

②确定决策目标。此步骤既是评价和选择决策方案的依据,又是衡量决策行动是否达到预期结果的标准。在确定目标时应注意:目标必须客观可行;目标必须是具体的;当有多个目标时,应做到主次恰当、统筹兼顾。

③拟定备选方案。决策者必须尽最大能力发掘出各种可能的策略、方案,以免遗漏可能的最佳方案。

④评估方案。评估可以从方案的可行性、满意性及综合影响几方面进行。此外,还必须对其可能产生的各种后果进行综合的分析评价。

⑤选择方案。经评估过程后,许多不符合要求的方案已被淘汰,决策者可以从剩下的有效的备选方案中选择出一个最佳或最满意的方案。方案选择一般有经验法、实验法、研究和分析法。

⑥实施方案。实施过程需要制订实施计划、明确实施部门及其责任、确定实施时间、制定控制措施等。有时还需要制订适当的辅助计划加以支持。

⑦追踪及评价。方案实施后,决策者需要对决策的效果进行追踪与评价,若实施效果有不尽如人意的地方,决策者还需适当加以调整,以保证目标顺利实现。

笔记

6.决策的方法

决策过程中需要的方法概括起来主要有两大类:一类是定性方法;另一类是定量方法。其中,定性方法主要有头脑风暴法、德尔菲法、列名小组法、方案前提分析法、综摄法、创造工程法等;定量方法主要有线性规划、决策树法及盈亏平衡分析法。

(1)头脑风暴法

头脑风暴法亦称畅谈会法。其特点是邀请内行和专家,针对一定范围的问题,敞开思想,畅所欲言。这种方法的主要精神在于鼓励创新并集思广益。

(2)德尔菲法

德尔菲法即专家意见函询调查法。此法的特点是发函邀请某些专家就一定问题提出看法和意见;被征询的专家彼此互不相识,以后也不公开姓名;收到专家回答的意见后,加以综合整理,再分寄给各专家继续征询意见;如此多次反复,直至意见比较集中为止。

(3)列名小组法

此法是被征询意见的人事先不接触而事后接触的方法;被征询意见的人被列入一定的组,彼此之间也不知道是谁,开始时不见面谈问题,或虽见面也不谈问题;意见先书面写出,然后进行归纳,组织小组讨论,但被讨论的问题不公开是谁提出的,以便让大家在发言的时候无所顾虑。

(4)方案前提分析法

此法的特点是不分析方案内容,只分析方案的前提能否成立,前提如能成立,即可以说明目标和途径的正确。

(5)综摄法

此法的特点是不讨论决策问题本身,而用类比的方法提出类似问题,或把决策问题分解成小问题让大家讨论。

(6)创造工程法

此法是把创新过程看作一种有秩序、有步骤的工程。它把创新过程分为三个阶段十多个步骤。

①确定问题阶段:在这一阶段中通过主动搜索、发现不满、认识环境、取得资料、认定问题等步骤,把需要解决的问题确定下来。

②孕育创新思想阶段:在这一阶段中通过潜意识自发聚合、主动多发性想象和不断地搜索逼近等步骤形成初步的创造性设想。这种所谓的想象常常伴随着所谓的灵感和直觉。

③提出设想和付诸实施阶段:这一阶段通过成型、出世、审核、试验、满足等步骤把创造性设想形成方案并接受实践验证。

二、实训目标

1.巩固:计划的概念、类型、编制过程、性质与作用;决策的方法、作用以及原则。
2.培养:科学运筹、制订计划的能力;运用决策方法的能力;创新与科学决策的能力。
3.拓展:结合自身能力与实际问题,科学地做出计划并实施决策。

笔记

三、实训环境

普通会议室或小型会议室 1 间,桌椅若干,话筒 2 个,笔记本若干。

四、实训内容

实训一　案例分析

三菱集团公司

三菱集团是日本最大的集团公司——由很多附属公司构成,1995 年的联合销售额为 1840 亿美元。三菱集团公司包括 28 家核心公司:三菱商事(贸易公司)、三菱重工(集团公司最大的生产公司——造船、空调、铲车、机器人、汽轮机)、三菱汽车、三菱钢铁、三菱铝业、三菱石油、三菱石化、三菱汽化、三菱塑料、三菱缆线、三菱电器、三菱建设、三菱纸厂、三菱矿业和水泥、三菱银行、日本水险和火险公司(世界上最大的保险公司之一)和其他一些公司。在这个核心集团公司之外是几百个其他与三菱相关的子公司和附属公司。

三菱集团的 28 个核心公司通过股票的互相持有(其他公司拥有某个公司股份的比例为 17% ~100% 不等,平均为 27%)、互为董事、合资公司和长期的业务联系而联结在一起。它们在很多情况中互相使用对方的产品和服务——位于伊利诺伊州的三菱汽车和钻石星工厂的三菱公司联合起来购买加利福尼亚州的一家水泥厂;三菱公司在三菱银行信托的财务资助下以 88000 万美元购买了位于匹兹堡的一家化学公司,然后将其分开卖给三菱汽化、三菱人造丝、三菱石化和三菱化工。三菱银行和部分其他三菱金融公司是新事业的一个主要资金源泉,如果集团公司成员碰到困难的市场条件或财务问题,这些金融公司就是一个金融安全网。

三菱集团的每一个公司都独立运作,寻求自己的战略和市场,有时集团成员会发现它们在同样的市场中互相竞争,成员公司通常也不会从其他成员处得到有利的交易。例如,在向位于弗吉尼亚州的一家新的发电厂提供汽轮机的竞争中,三菱重工败给了西门子公司,而这家发电厂是由三菱公司拥有全部所有权的钻石能源公司建造的。但独立运作并不能阻止三菱的这些公司认识到它们的共同利益,它们可以不用正式的控制而进行自愿合作,或者在从事具有战略重要性的商业冒险时选择集团公司的成员作为合伙人。

三菱集团的公司在美国和其他地方推出了大量的消费性产品,都被标以三颗钻石的标志,代表创始的三大经营业务——三菱汽车公司的汽车和卡车、三菱电器的大屏幕电视和移动电话、三菱重工的空调。三菱的经理人员相信使用共同的标志已增强了品牌意识,例如在美国,三菱汽车公司为汽车和卡车所做的广告和营销努力已帮助了三菱电视机的品牌推广。在几种产品中,一家或多家三菱公司都是沿着行业的价值链,在不同阶段进行运作的——从零件生产到装配、运输、包装和销售。

笔记

日本的其他五大集团公司也存在着类似的情况："第一劝业"有47家核心公司，"松下"有24个核心公司，"三和"有44个核心公司，"住友"有20个核心公司（包括NEC，生产电信设备和个人计算机），"芙蓉"有29个核心公司（包括"佳能"和"尼桑"）。很多观察家认为，日本公司的集团公司模式使日本公司在国际市场上有着重大的竞争优势。根据早稻田大学的一名日本经济学教授所说的，"通过利用集团公司的力量，它们可以参加残酷的竞争"。

【案例来源：罗家洪.管理学经典案例分析［M］.北京：北京理工大学出版社，2014：142－143.】

案例思考与讨论：

1.阅读上述资料，分析三菱集团的发展计划是什么类型。

2.对于三菱集团，是否能用滚动计划法规划企业的发展？

实训二 案例分析

对伍尔沃斯公司决策的评价

伍尔沃斯公司是美国最大的零售公司之一，在30年前进入了一个新的零售领域，时至今日已拥有25000名职工和336家零售商店，年营业额达20亿美元。然而，近年来这个领域的经营却碰到了一系列问题。

在1962年之前，美国商业公司曾展开了激烈的市场争夺战。当时的伍尔沃斯和克雷斯克、弗兰克林等公司都是相互激烈竞争的对手。当克雷斯克公司正在开设它的大零售商店科马特时，伍尔沃斯公司也在开设它最大的零售减价商店伍尔科。但是，克雷斯克公司却在以每年开设200家零售减价分店的高速度迅速发展，而伍尔沃斯公司则发展缓慢。到1977年，克雷斯克公司已发展到近1400家零售减价分店，而伍尔沃斯公司只拥有381家分店。克雷斯克公司发展成为全美仅次于西尔斯公司的第二大零售商店公司，并把公司正式改名为科马特公司，以体现其零售经营的特色。该公司坚持以经营减价零售商品为基本任务，并注意向多种商品经营方向发展。

而伍尔沃斯公司却碰到了困难。与克雷斯克公司不同，它有意识地以经营原来的商品为基础，也不特别注意突出某些商品。公司还把原来的老商店与新开办的伍尔科连锁商店规划成分别由下属两个部门管辖，这两个部门的矛盾和争斗，迫使伍尔沃斯公司进行组织改革。

从20世纪70年代初期开始，伍尔沃斯公司就曾多次试图通过聘请公司最高级管理人员的方法来扭转公司的经营方向，以振兴公司，但是都没有什么效果。1982年，公司的董事长埃德·吉布森做出决定，下令要在1983年关闭伍尔科下属的全部336家分店，同时要把在英国开设的1000家分店中52.6%的财产卖掉。这样的行动在美国的历史上也是少见的。这样，伍尔沃斯公司一下子就缩小了30%的规模。

公司还决定，今后把主要的精力集中在现有商店的经营方面，并试图开辟一些新的领域。其中，一个计划中的冒险领域是经营高、中档减价商品。该公司的另一

笔记

打算是,仍保留一些原有的连锁商店,通过多种经营使公司获得可观的利润。然而,公司想要恢复到以前那种享有盛誉的地位,还面临着严峻的形势。

【案例来源:王凤彬.管理学教学案例精选[M].上海:复旦大学出版社,2009:77－79.】

案例思考与讨论:

1.克雷斯克和伍尔沃斯这两个公司都进行了各自的一些重要决策,试比较它们的决策效果,并说明各自的决策与当时环境的关系。

2.伍尔沃斯在决策过程中是否采用了"头脑风暴法"? 你认为,在该公司的决策中,哪些方面应采用这种方法?

实训三　角色扮演

商业计划书的拟订

背景:某风投公司预备在高校内征集商业计划书进行投资,商业计划书题目不限,获得认可的商业计划书可得到该公司的30万元投资。目前,商业计划书征集广告已在各大高校张贴,各高校大学生都跃跃欲试。

角色安排:全班学生自由组合成若干团队,每个团队制订出一份相应的商业计划书。另外,其中一个团队扮演风投公司面试小组。

目标:

1.培养学生创新能力与策划能力。

2.掌握实施编制计划的方法。

要求:在调研的基础上,运用创新思维,结合管理学中计划编制的相关理论知识,注重展示计划书的编制流程及分工。

实施流程:

1.课堂上由扮演竞争风投公司投资的各个团队分别上台展示本团队拟订的商业策划书,每个团队展示时间控制在10分钟以内。

2.展示结束后由扮演风投公司面试人员的团队进行提问与点评,并选出展示效果较好的团队,提问与点评时间控制在10分钟以内。

3.全部扮演结束后,由管理学任课老师进行专业点评,总结整个角色扮演活动。

实训四　情景分析

李经理的烦恼

李经理是某公司计划供应科主管,主要负责生产订单的计划排产和原材料及相关产品配件的采购工作。让李经理感到头疼的是采购工作。几个采购员的工作效率不高,一件事情经常需要拖延很长时间才能处理,并且经常互相扯皮,久而久之成了习惯。

虽然李经理为每位采购员分派了明确的业务且指定了业务范围,并告诉他们需要做什么,应该怎么做,但由于下属的工作绩效不高,责任心不强,爱偷懒,经常需要李经理过问催促才能完成,对于一些本该采购员拿主意的小事情也要李经理亲自过问。每次的工作会议都搞得李经理非常恼火,问题一大堆,因为窝了一肚子的火就经常批评训斥下属,每次开会几乎都变成了训斥会。结果采购员非但没有积极改进业务,反而消极怠工,采取抵抗情绪,经常私下抱怨工作时间长、薪资报酬低、电话费不够用、经常遭罚款、领导爱训人等。没办法,许多采购业务都要李经理亲力亲为,久而久之李经理变成了大半个采购员,整天忙得焦头烂额。再加上有时候供货商工作周期不稳定,以及公司各部门之间信息传达不顺畅、不及时,相互之间不配合,推脱责任,生产旺季采购部门经常出现订购原材料不及时到位,直接造成车间停产停工;因不能按计划生产,又打乱了生产主计划员的工作,进而导致营销系统不能按客户订单要求及时出货,招致客户的连续投诉。车间、生产主计划的催料,营销系统的催货,客户的投诉,整个乱成了一锅粥。

【案例来源:杨淑萍.管理学案例与实训[M].成都:西南财经大学出版社,2013:30.】

实训要求:

1.结合材料,思考该公司计划供应科为什么会出现上述问题。

2.假如你是李经理,结合运用决策的原理与方法,拟定解决问题的方法。

五、实训步骤及要求

1.由班长或其他班干部组织,抽签产生团队小组,每个小组约3~5人。

2.每个小组抽签产生或民主选举出1名组长,然后由组长随机从以上四个实训题目中选择其中一个题目。

3.各小组组长组织组内成员对所选实训材料进行分析和讨论,分工完成所选取的实训任务。

4.各小组对实训成果进行交流汇报,并对实训成果进行考核,成绩评定以小组为单位,评分包括:带教老师给予的综合评分(占比35%)、组长评分(占比30%)、组内其他成员互评(去掉最高和最低分,占比20%)、其他小组对本组的总体评分的均值(占比15%)。

六、能力和知识拓展

毛泽东在逆境中的决策

领导干部在实际工作中,会面对多项选择,要站在战略的高度,用发展的眼光权衡利弊,用辩证的方法看待得失,正确处理眼前和长远、局部与全局的利害关系,敢于舍弃眼前和局部的利益,以赢得有利于长远和全局的利益。

"毛主席用兵真如神",肖华将军所写的这句歌词,赞颂了毛泽东1935年指挥红军四渡赤水的神奇决策。在中国革命的重要关头,毛泽东总是善于运用马克思主义的立场、观点和方法,坚持从实际出发,做出科学的决策,领导我们的党和军队在逆境中探索,在绝境中重生。毛泽东的决策艺术是宝贵的精神财富,值得领导干部认真领悟和学习。

(一)在逆境中探索革命道路

1927年8月,中共中央委派毛泽东回湖南传达"八七"会议精神,组织湘中、湘南、湘西南地区同时起义暴动,攻占省城长沙。9月9日,毛泽东领导秋收起义。但由于敌人过于强大、缺乏军事斗争经验等,三路起义队伍均遭受挫折,损失惨重,没有实现攻占长沙的目标。中央对湖南秋收起义队伍没能攻占长沙非常不满,批评毛泽东是"右倾逃跑主义",免去了他的中央政治局候补委员职务。面对责难,毛泽东没有继续执行攻打长沙的计划,而是立即召开前敌委员会会议,研究起义部队如何走出逆境,探索到农村发展的革命道路。

受当时中央错判革命形势、照搬苏联革命经验的"左"倾路线的影响,起义队伍中有些干部和士兵依然主张进攻大城市,不愿意到封闭落后的农村闹革命。起义队伍应当向何处去?革命的道路在何方?毛泽东在会议上分析说,当前的形势是敌强我弱,敌人的主要力量在中心城市,应该改变原来攻打长沙的计划,把武装斗争的中心由城市转移到敌人统治力量薄弱的农村去。

经过激烈争论,毛泽东提出的"向井冈山进军"的主张,最后获得会议通过。于是,毛泽东率领剩下的几百人秋收起义队伍走上了井冈山,在那里开展武装斗争,进行土地革命,建立起红色政权。红军依靠根据地群众的支持,多次战胜敌人的进攻和"围剿"。毛泽东率领秋收起义队伍走上井冈山,从此开辟了一条农村包围城市、武装夺取政权的独具中国特色的革命道路。

毛泽东率领秋收起义队伍走上井冈山的启示:领导干部在决策时,要不迷信书本上的结论,不完全照搬别人的经验,应当坚持解放思想、实事求是,大胆探索、勇于创新,善于发现一般人不能发现的问题,捕捉到新的独特的发展机遇。

(二)在绝境中指挥四渡赤水

1935年1月,中共中央政治局召开遵义会议,确立了毛泽东在党和红军中的领导地位。此时,长征中的红军处于极其困难的境地。蒋介石组织中央军和川黔滇湘等省军阀共40万人,妄图逼迫红军在川黔滇交界地区决战,将中央红军彻底消灭。

用兵如神的毛泽东,指挥中央红军从黔北向川南挺进,准备在泸州上游北渡长江。但蒋介石已经把沿江道路及渡口堵死。毛泽东决定改变计划,指挥了中外军事史上闻名的"四渡赤水"战役,引领红军从绝境中胜利冲出重围。

一渡赤水,另寻战机。1月29日,红军主力西渡赤水河,向四川的叙永、古蔺地区前进,以摆脱川军,另寻战机。2月7日,他当机立断,暂缓执行北渡长江计划,命令各军团迅速脱离川敌,向敌军设防空虚的云南扎西地区集结休整,保存实力,待机歼敌。

二渡赤水,出奇制胜。中央红军一渡赤水后,大部分敌军被吸引到川滇边境,红军继续留在扎西地区有陷入重围的危险,而黔北敌军兵力空虚;毛泽东抓住机会,组织红军于2月东进,二渡赤水,回师黔北。红军5天内打了四个胜仗,连克桐梓、娄山关、遵义。敌人失利后,蒋介石采用堡垒推进和重点进攻结合的办法,妄图围歼红军于遵义、鸭溪狭窄地区。

三渡赤水,声东击西。3月16日,红军三渡赤水,进入川南,佯作北渡长江姿态。蒋介石信以为真,急忙调整部署,急令北面川军沿江设多道防线堵截、固守川南叙永地区;又令南面的中央军和川黔湘军各部向川南逼压,企图再次合围,围歼红军于长江南岸的古蔺地区。毛泽东看到调动敌人向西追击的目的已经达到,为进一步造成敌人的错觉,以一个团兵力佯装主力,继续向川南前进,引敌向西。

四渡赤水,冲出合围。3月21日晚至22日,中央红军主力四渡赤水,再次折回贵州境内。蒋介石判断红军将进攻遵义,一面令遵义、桐梓守敌加强防守,一面令追敌回师堵截,与红军主力决战。为削弱滇军防守金沙江的军事力量,毛泽东采用声东击西、调虎离山的计策,先后制造佯攻贵阳、直逼昆明的姿态,促使在贵阳督战的蒋介石万分焦急,调集滇军增援贵阳。到5月9日,3万多红军顺利渡过金沙江,把40多万敌人甩在金沙江南岸。

毛泽东指挥四渡赤水的决策启示:领导干部在工作中遇到困难时要临危不乱,冷静思考,在战略上要藐视困难,在战术上要重视困难。要充分发挥主观能动性,运用智慧和勇气,积极创造条件,扬长避短,采取主动灵活的原则和策略,果断机智地行事。这样,就能够化被动为主动,变弱势为强势。

【资料来源:http://www.xatdj.com/news-17612-24.html.】

[参考文献]

[1]冯占春,吕军.管理学基础[M].北京:人民卫生出版社,2013.
[2]张亮,王明旭.管理学基础[M].北京:人民卫生出版社,2006.
[3]吴照云.管理学原理[M].北京:经济管理出版社,2003.
[4]罗家洪.管理学经典案例分析[M].北京:北京理工大学出版社,2014.
[5]王凤彬.管理学教学案例精选[M].上海:复旦大学出版社,2009.
[6]杨淑萍.管理学案例与实训[M].成都:西南财经大学出版社,2013.

(汪　胜　张明珠)

第二节 组织设计及人力资源管理能力

一、知识准备

(一)组织设计概述

1. 组织设计的概念

组织设计就是进行专门分工和建立使各部门相互有机协调配合的系统过程。组织设计是一个涉及组织的工作专门化、部门化、管理层次和管理幅度、集权和分权等的过程。其主要内容包括:组织机构的设计、分权和正确授权、人力资源的管理、组织文化的培养与建设以及组织的变革与发展。

2. 组织设计的程序

(1)职务分析和设计。明确和规定职位的工作性质、任务以及所需技能和知识。

(2)部门划分和层次设计。随着分工的精细化,设置不同的职能部门与管理层次。

(3)配备职务人员。根据职务、岗位及技能的要求,选择配备恰当的管理人员和员工。

(4)确定职责和职权。按权责一致的原则来确定。

(5)联成一体。将组织中各构成部分联结成一个有机的整体,使各方面行动相互协调。

(二)组织结构设计的原则

1. 目标任务统一原则:即组织结构的设计,必须从组织要实现的目标、任务出发,并为有效实现目标、任务服务。

2. 专业化分工与协作原则:指组织设计时考虑多方面不同因素的特点,将员工安排在适当领域从而提高工作效率,同时要有利于组织单元之间的协作。其中部门设计和层级设计即为该原则的体现。

3. 指挥统一原则:即在设计职权关系中,必须保证指挥的统一性,防止令出多门。

4. 有效管理幅度原则:管理幅度即管理宽度,指管理人员所能直接管理或控制的部门数目。组织设计时应合理设置有效的管理幅度。

5. 集权和分权原则:在组织设计时,权力的集中与分散应该适度,将集权和分权控制在合适的水平。

6. 责、权、利相统一原则:责、权、利三者之间必须是协调、平衡、统一的。权力是责任的基础,责任是权力的约束,利益大小决定了管理者愿意担负责任、接受权力的程度。

7. 稳定和适应相结合原则:指组织结构及其形式既要有相对的稳定性,又要与环境相适应,随环境的重大变化而调整。

8. 决策和监督分设原则:为了保证公正和制衡,决策执行机构和监督机构必须分别设置。

9. 精简高效原则:机构部门划分合理,同时做到精简。

(三)组织结构设计

1.组织结构概念

组织设计的最终结果是形成组织结构。组织结构是表现组织各部分排列顺序、空间位置、聚集状态、联系方式及各要素之间的相互关系的一种模式,是对组织的复杂性、正规化和集权化程度的一种量度。

2.组织结构的基本形式

(1)直线型组织结构。直线型组织结构是最古老、最简单的组织形式,适用于小型公司。该形式是从最高管理层到最低层实现直线垂直领导,如图1-1所示。

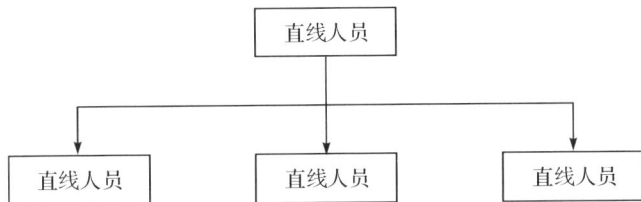

图 1-1 直线型组织结构示意图

直线型组织结构主要优点是:①整个机构简单,沟通迅速,权力集中,命令统一;②每个组织成员权责明确,清楚自己向谁汇报,谁向自己汇报;③直线结构便于操作,管理费用低。

直线型组织结构的缺点是:①对管理者的要求较高,需要有多种技能;②几乎没有横向联系,部门之间协调全靠管理者,增加了其工作负担;③这种结构容易形成官僚作风,缺乏灵活性。

(2)职能型组织结构。职能型组织结构是按照组织管理中的各项管理职能的部门化划分来构建组织体系的一种结构,是管理专门化、协作的产物,如图1-2所示。

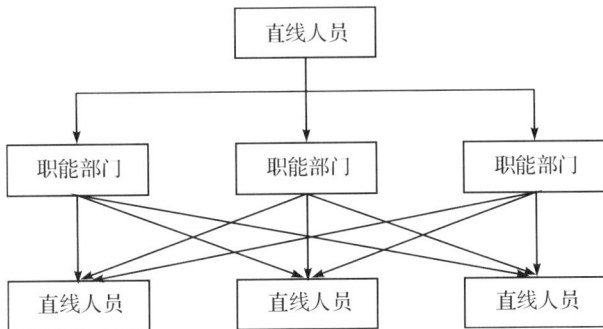

图 1-2 职能型组织结构示意图

职能型组织结构的优点在于它从专业化管理出发,产生规模效益,减轻了上层管理者的负担;适应了管理工作分工较细的特点,充分发挥职能机构的专业管理作用,也体现了劳动分工的原则。缺点是由于实行多头领导,影响了全局性的管理效能,不利于明确划分职责和职权;过分强调专业化,使管理人员忽略了本专业以外的知识,视野的限制不利于管理者综合素质的提高;各职能机构之间配合较差,容易忽略全局利益;对环境发展

笔记

变化的适应性也差,不够灵活。

(3)直线—参谋型组织结构。直线—参谋型组织结构吸收了直线型和职能型组织结构的优点。这种结构按组织和管理职能划分部门和设置机构,实行专业分工,加强专业管理,并实行统一指挥。它把组织管理机构和人员分为两类:一类是直线指挥部门和人员;另一类是参谋部门和人员,如图1-3所示。

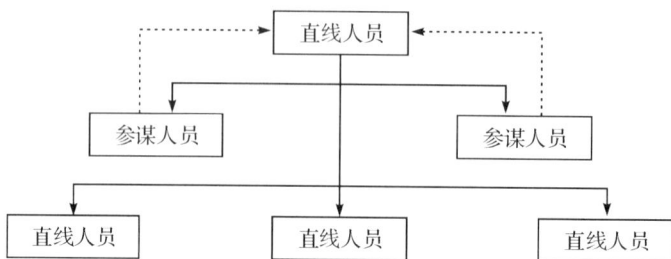

图1-3   直线—参谋型组织结构示意图

直线—参谋型组织结构的优点是:①每个部门都由直线人员统一领导和指挥,满足了组织活动统一指挥的需要和实行严格责任制度的要求;②各级直线人员在工作中能得到专家的帮助和支持。

直线—参谋型组织结构的缺点是:①当各参谋部门和直线部门目标不统一时,容易产生矛盾;②下级部门的主动性和积极性的发挥受到限制;③若过于重视参谋部门会增大管理费用。

(4)直线—职能参谋型组织结构。直线—职能参谋型组织结构结合了直线—参谋型组织结构和职能型组织结构的优点,是在坚持直线指挥的前提下,为了充分发挥职能部门的作用,直线主管在某些特殊的任务上授予某些职能部门一定权力,使它们在权限范围内直接指挥下属直线部门。该组织结构形式在生产企业或部门中用得比较多,例如协调型的生产调度部门、控制型的经营销售部门以及技术检验部门等。

直线—职能参谋型组织结构的优点是:①有利于提高管理的有效性,减轻上层管理者的负担;②工作人员在工作中能得到专家的帮助和支持。

直线—职能参谋型组织结构的缺点是:①不同部门之间目标不同,缺乏配合,不利于全局发展;②增加管理费用,对人员的素质要求高。

(5)事业部型组织结构。该形式是把组织内各种活动划分为各个部门,设立相应的事业部,对职责范围内的工作全面负责。

事业部型组织结构的优点是:①既有利于公司高层领导摆脱日常事务,集中精力研究公司重大问题,又有利于各单位充分发挥自己的主观能动性;②既有高度的稳定性,又有很强的适应性;③能为管理人才的成长创造良好的机会。

事业部型组织结构的缺点是:①对高层管理者有较高的要求,否则容易造成本位主义而忽视公司整体利益;②机构和人员的增多,造成职能部门一定程度的重叠,增加了管理的费用。

(6)矩阵型组织结构。它是运用若干项目小组从而使组织成为新的结构形式,适用

笔记

于技术进步较快、技术要求较高的变动性大的公司。

矩阵型组织结构的优点是:①项目小组可不断接受新任务,有利于人才的培养,且在利用人力资源上有一定弹性;②管理中把纵向和横向结合,具有较大机动性和适应性;③有利于各部门专家的发展。

矩阵型组织结构的缺点是:①容易发生权力之争;②成员受纵向和横向双重领导容易产生矛盾;③小组成员主动性不够强。

3.组织的横向结构设计

(1)部门划分的原则

①有效实现组织目标原则:指必要的职能均应具备,以确保目标的实现。当某一职能与两个以上部门有关联时,应将每一部门所负责的部分加以明确规定。

②弹性原则:指划分部门应随业务的需要而增减。组织也可以设立临时部门或工作组来解决临时出现的问题。

③最少部门原则:指组织结构中的部门力求量少而精简,这是以有效实现组织目标为前提的。

④检查职务与业务部门分设。考核和检查业务部门的人员,不应隶属于受其检查评价的部门,这样就可以避免检查人员"偏心",能够真正发挥检查职务的作用。

⑤指标均衡原则:指各部门职务的指标分派应达到平衡,避免忙闲不均,工作量分摊不均。

(2)部门划分的方法

①按人数划分。这是一种最简单的划分方法,即每个部门规定一定数量的人员,由主管人员指挥完成一定的任务。特点是只考虑人力因素,在企业的基层组织的部门划分中使用较多。

②按时间划分。这种方法适用于那些正常的工作日不能满足市场需求的企业。如许多工业企业按早、中、晚三班制进行生产活动,那么部门设置也是早、中、晚三套。

③按职能划分。这种方法是根据生产专业化原则,以工作或任务的性质为基础来划分部门的。这些部门被分为基本的职能部门和派生的职能部门。这种划分方法的优点是,遵循了分工和专业化原则,有利于充分调动和发挥企业员工的专业才能,有利于培养和训练专门人才,提高企业各部门的工作效率。其缺点是,各职能部门容易从自身利益和需要出发,忽视与其他职能部门的配合,各部门横向协调差。

④按产品划分。这种方法划分的部门是按产品或产品系列来组织业务活动的。这样能发挥专业设备的效率,部门内部上下关系易协调;各部门主管人员将注意力集中在特定产品上,有利于产品的改进和生产效率的提高。但是这种方法使产品部门的独立性比较强而整体性比较差,加重了主管部门在协调和控制方面的负担。

⑤按地区划分。这种方法适合于分布地区分散的企业。当一个企业在空间分布上涉及地区广泛,并且各地区的政治、经济、文化、习俗等存在差别并影响到企业的经营管理,这时就将某个地区或区域的业务工作集中起来,委派一位主管人员负责。

⑥按服务对象划分。这种方法多用于最高层主管部门以下的一级管理层次中的部门划分。它根据服务对象的需要,在分类的基础上划分部门。

⑦按技术或设备划分。该方法常常和其他划分方法结合起来使用。

笔记

4.组织的纵向结构设计

（1）管理宽度的概念和确定。管理宽度是指管理人员有效地监督、管辖直接下属的人数。确定管理宽度主要受六个变量的影响：①职能的相似性；②地区的相近性；③职能的复杂性；④指导与控制的工作量；⑤协调的工作量；⑥计划的工作量。

（2）管理层次的概念。管理层次是指从最高一级管理组织到最低一级管理组织的各个组织等级，每个等级即为一个管理层次。在组织人数一定的情况下，管理层次与管理宽度成反比关系。根据不同情况组织结构可分为扁平结构和直式结构两种。

（四）组织制度规范

1.组织制度规范的类型

（1）组织的基本制度：指规定组织形式和组织方法、决定组织性质的制度。

（2）组织的管理制度：指对组织管理各基本方面所规定的活动框架与调节协作体系，主要针对整体而非个人。

（3）组织的技术与业务规范：指涉及某些技术标准、技术规定以及业务处理程序的规定。

（4）组织成员的个人行为规范：指针对所有组织成员，对其个人行为起制约作用的制度规范的统称。

2.管理制度的制定

（1）企业专项管理制度的制定：是从各项管理工作的职权范围、内容、程序、方式、标准等几个方面进行制定。

（2）部门（岗位）责任制：是指根据各个工作部门或工作岗位（个人）的工作性质和业务特点，明确规定其职权、工作目标、工作绩效等，并按照规定的工作标准进行考核及奖惩而建立起来的制度。

（五）人力资源管理及其内容

人力资源管理指为实现组织目标，对人力资源获取、开发、保持和利用等方面所进行的计划、组织、领导和控制的活动。

人力资源管理的内容包括：

（1）人力资源需求预测与规划：根据组织的发展规划和组织的内外条件，选择适当的预测技术，对人力资源需求的数量、质量和结构进行预测和规划。

（2）人员选聘与组合：针对不同的职位，需要选取效度最高的招聘技术组合。

（3）人员使用与激励：用各种有效方法调动员工的积极性和创造性以实现组织目标。

（4）人力资源开发：指一个组织依据企业战略目标、组织结构变化，对人力资源进行调查、分析、规划、调整，提高组织或团体现有的人力资源管理水平。

（六）人员选聘与培训

1.选聘

选聘是指通过一定的方式，把具有一定管理能力、管理技巧、管理经验及其他特性的申请人吸引安置到组织中空缺的管理岗位上的过程。

选聘角度包括素质标准和能力标准。

2．管理者选聘方式

（1）公开竞聘。从组织外部选择适合组织管理岗位人员的过程。优点是有充足的选择对象，引进新的管理理念；缺点是影响内部员工士气，应聘者适应新工作慢。

（2）组织选拔与调整。从组织内部提拔有能力的人充实到组织中的空缺岗位。优点是选拔可信度高，被选拔者能较快适应工作，调动员工积极性；缺点是选择范围有局限性，管理观念萎缩。

3．选聘途径依据

（1）职务的性质：职位的企业定位，主要是工作职能、工作内容、负责权限等。

（2）企业经营状况：指企业的产品在商品市场上进行销售、服务的发展现状。

（3）内部人员的素质：企业内员工的学识、才华、品德、风格等方面的修养。

4．管理人员选聘程序

根据职位要求制订人员的招聘计划，发布招聘信息，资格审查与初选，招聘测试和考核，选聘与录用。

5．管理人员选聘标准

较好的知识结构和工作经验，正直的品质、优良的作风，开拓创新、不断进取的精神，较强的业务和决策能力，沟通的技能与艺术，良好的心理与生理素质。

6．人员分工

人员分工指人与事的配合。

人员分工要领：

（1）明确工作任务与目标；

（2）熟知下属的优缺点；

（3）合理搭配人与事；

（4）向任务承担者交代任务时简洁、明了；

（5）优化组织绩效与协调性。

7．人员组合

人员组合指人与人的配合，即组织内按管理或作业需要所进行的人员配置与合作。

人员组合的原理如下：

（1）同素异构原理。在一个组织中，即使组成的人力资源因素是一样的，但采用不同的组织结构，其组织效力的发挥也会大不相同。这是人员组合最基本的原理。

（2）技术匹配原理。在组织成员组合中，为实现组织既定目标，按照在技术上各类劳动力相匹配的规律，科学地配置人员。

（3）社会心理相容与互补原理。组合中的成员应在社会心理上存在着相容性或互补性，从而使他们获得心理上的满足，促进他们关系的融洽性。

8．培训

培训指给员工传授其完成本职工作所必需的基本技能的过程。

培训的目的：

（1）提高员工的工作绩效水平和工作能力；

(2)增强组织或个人的应变和适应能力;

(3)有助于培育组织文化。

9.管理者培训方式

(1)轮换工作。指在组织不同职能领域中为员工做出一系列的工作任务安排,或者在某个单一的职能领域中为员工提供在各种不同工作岗位之间流动的机会,目的是扩大受培训人员知识面,培养协作精神和系统思想。

(2)设立"助理"职位。受培训者与有经验的管理者一起工作,目的是使受培训者逐步接触高层次管理实务,并积累经验。

(3)临时性晋升。正式管理人员由于某种原因导致职位空缺,指派受培训人担任"代理"管理者,受培训者进一步体验高层管理工作,充分展示其管理能力,迅速弥补缺乏的管理能力。

(4)参加委员会工作。积累高层管理经验,熟悉高层管理的内容和要求。

(5)在岗辅导。管理者在执行工作职务的同时接受有经验管理者的辅导。有效的辅导能调动下属积极性,发挥其潜力。

(6)外部培训。公司缴纳一定的费用组织公司的相关人员去参加专业的培训。优点是培训课程专业,可以搭建良好的交际平台;缺点是效果难以显现,费用高。

10.一般员工培训方式

(1)上岗培训。向新员工介绍企业的规章制度、文化以及企业的业务和员工,目的是使其尽快融入组织并胜任岗位。

(2)岗位练兵。引导员工立足本职岗位学练技能、勇于创新,目的是给员工补充新知识、新技能以适应岗位新要求。

(3)集中培训。把人员集中进行同一内容培训。这种方式人均成本低,效率高。

(4)脱产进修。经单位批准同意后,员工暂时离开工作岗位,参加脱岗学习、培训、进修等,脱产人员仍保留其职位、工龄,有助于较快地提高受训者的理论知识水平和扩大知识面。

(5)技术考核与晋级。对计划晋升职务的人员进行的专项培训。目的是提高晋升者工作能力。

11.促进员工全面发展的途径

(1)组织要尊重员工的主人翁地位,尊重员工的政治权利,充分调动其议政与参与管理的积极性;

(2)组织要鼓励员工发挥创新精神,对他们在工作中的改革和创造给予大力支持;

(3)建立和完善终身学习的体系,提供必要条件以便员工学习新的理论与技术,激励员工在技术与业务上取得进步;

(4)尊重员工的个性,引导员工发展健康的个性和完善自我人格;

(5)了解并尽可能满足员工对社会的心理需要,营造良好、协调的工作氛围;

(6)不仅要重视员工的工作进度,也要关心员工的生理与心理健康;

(7)利用组织自身的优势,提高组织成员的生活质量,使他们过上幸福、美好的生活;

(8)建立组织成员的社会责任意识,使他们成为高素质的社会成员,维护社会公德、承担社会义务。

（七）人员考核

1.人员考核的定义

人员考核指考核者对照工作目标或绩效标准,采用一定的考核方法,评定员工的工作任务完成情况,并且将上述评定结果反馈给员工的过程。

2.人员考核的目的

(1)发掘和有效利用员工能力。通过考核,对员工各方面进行了解,充分发挥员工的长处,并促进其发展。

(2)控制员工。根据客观公正的标准,依据考核结果决定员工的晋升、奖惩和调配等。

(3)引导与激励员工。保证员工行为和组织目标一致。

(4)与员工加强沟通。管理者把考核结果反馈给员工,听取他们的意见和看法,有利于增进了解和解决问题。

3.人员考核的内容和结构

以工作分析为基础,以员工工作说明书为依据,分为考核项目、考核指标和绩效标准三个层次。考核主要涉及德、能、勤、绩等方面。"德"考核员工思想政治表现与职业道德;"能"考核员工所从事的业务技术工作所相应具备的专业理论水平与实际能力;"勤"考核员工主观上的工作积极性和工作态度;"绩"考核员工在工作过程中的实际成绩与效果。

4.人员考核的要求

(1)客观公正的原则。这是考核最基本的要求,客观与公正是能使考核工作收到实效的保证,要坚持公道正派、实事求是、一视同仁的作风。

(2)正确的考核标准、科学的考核方法和公正的考核主体。建立科学的考核体系是实现有效考核的前提、基础和必要条件。

(3)立体考核。指多层次、多角度、多渠道、全方位地进行绩效评估,有利于达到绩效评估的全面、客观和公正。

(4)考核结果的正确应用。根据考核结果,确定需重点解决的问题,决定员工的报酬和奖惩、晋升或降职。

5.人员考核的程序

(1)制订考核计划。考核计划是指导性文件,要明确考核目的和对象,再选择重点的考核内容、时间和方法。

(2)制订考核标准,设计考核方法,培训考核人员。考核标准是针对指标体系中每个指标而确定的指标值。明确考核标准,有助于引导员工的行为,保证考核的公平性。考核标准应做到明确、适度。考核者一般包括直接上级、同事、下属、员工本人和客户等五类人员。

(3)衡量工作,收集信息。信息资料必须真实、可靠、有效,针对标准进行分析、核对,全面衡量工作程序。

(4)分析考核信息,做出综合评价。首先分析考核和考核资料的可靠性,其次进行

笔记

等级评定,最后得出考核结论。

(5)考核结果的反馈与运用。考核结果的运用主要包括:向员工反馈考核结果,帮助员工改进绩效,为人事决策提供依据,检查组织各项政策的合理性等。

6.人员考核的方法

(1)实测法:指通过各种项目实际测量进行考评的方法。

(2)成绩记录法:指将取得的各项成绩记录下来,以最后累积的结果进行评价的方法。主要适用于能实行日常连续记录的生产经营活动。

(3)书面考试法:指通过各种书面考试的形式进行考评的方法。这种方法主要适用于对员工所掌握的理论知识进行测量。

(4)直观评估法:是指依据对被考评者平日的接触与观察,由考评者凭主观判断进行评价的方法,优点是简便易行,缺点是易受考评者的主观好恶影响,科学性差。

(5)情景模拟法:是指设计特定情景,考察被考评者现场随机处置能力的一种方法。

(6)民主测评法:民主测评法是由组织的员工集体打分评估的考核方法。

(7)因素评分法:即分别评估各项考核因素,为各因素评分,然后汇总、确定考核结果的一种考核方法,优点是具有公平性和准确性,缺点是实施复杂,所耗用的时间、费用大。

(八)奖酬设计

1.薪酬

薪酬指企业为认可员工的工作与服务而支付给员工的各种直接的和间接的经济报酬。

薪酬组成部分:

(1)基本薪酬:指企业根据员工所承担的工作或者所具备的技能而支付给他们的较稳定的经济报酬。

(2)可变薪酬:指企业根据员工、部门或团队、企业自身的绩效而支付给他们的具有变动性质的经济报酬。

(3)间接薪酬:指给员工提供的各种福利,间接薪酬的支付与员工个人的工作和绩效没有直接关系,通常具有普遍性。

薪酬的功能包括补偿功能、吸引功能、激励功能和保留功能。

2.奖酬的决定因素与设计要领

(1)工作的价值,即岗位因素。

(2)员工的价值,即员工的技能因素。

(3)人力市场情况。

(4)社会成员的生活成本。

(5)企业的支付能力。

(6)国家法规。

3.激励性奖酬体系的设计要求

(1)加大薪酬的浮动比例。

(2)一定要与绩效紧密挂钩。

(3)突出技能工资的作用。

（4）注意岗位薪酬差别确定的科学性。

（5）注重奖酬激励效果的长期性。

4.工资形式

工资形式指对劳动者实际付出量和相应劳动报酬所得量进行具体的计算与支付的方法,工资形式规定着劳动状况和劳动报酬量之间的比例关系。

主要工资形式有:

（1）计时工资:是指根据劳动者的实际工作时间和工资等级以及工资标准检验和支付劳动报酬的工资形式。特点是适应性强,考核和计量容易实行,具有及时性。缺点是不能直接反映劳动强度和劳动效果。

（2）计件工资:是按照劳动者生产合格产品的数量和预先规定的计件单价计量劳动报酬的一种形式。计件工资具体有以下几种形式:直接计件工资、间接计件工资、有限计件工资、无限计件工资、累进计件工资、计件奖励工资、包工工资。

（3）奖励工资:是对岗位角色超履历标准的努力和贡献所给予的经济福利补偿。

（4）津贴:是对劳动者在特殊条件下的额外劳动消耗或额外费用支出给予补偿的一种工资形式,主要有以下几种形式:地区津贴;野外作业津贴;井下津贴;夜班津贴;流动施工津贴;冬季取暖津贴;粮、煤、副食品补贴;高温津贴;职务津贴;放射性或有毒气体津贴等。

5.结构工资

结构工资制度指基于工资的不同功能将其划分为若干相对独立的工资单元,各单元又规定不同的结构系数,组成有质的区分和量的比例关系的工资结构。

结构工资构成形式:

（1）基本工资:是保障职工基本生活需要的工资。

（2）技能工资:根据工作的技术、劳动繁重程度、劳动条件好坏等因素来确定,可激励职工努力提高技术、业务水平。

（3）岗位工资:是根据岗位的业务要求、所负责任大小等因素来确定的。

（4）职务工资:指按照职务高低、责任大小、工作繁重程度和业务技术水平等因素确定的工资额。

（5）绩效工资:是根据企业的经济效益和职工实际完成的劳动的数量与质量支付给职工的工资。其发挥着激励职工努力实干、多做贡献的作用。

（6）工龄工资:是根据职工参加工作的年限,按照一定标准支付给职工的工资。是体现企业职工逐年积累的劳动贡献的一种工资形式,有助于鼓励职工长期在本企业工作并多做贡献,又可以适当调节新老职工的工资关系。

（7）津贴。

（8）奖金:是对超额劳动的补贴,以现金方式给予的物质鼓励。

6.奖励体系的构成要素

（1）奖励指标。

（2）奖励条件。

（3）奖金比例与标准。

（4）受奖人范围。

笔记

（5）奖金来源。

7．奖励的形式与方法

（1）按奖励的指标分类

①综合奖；

②单项奖。

（2）按奖励的时间分类

①定期奖励（月、季、年）；

②一次性奖励。

（3）按奖励的对象分类

①个人奖；

②集体奖。

8．奖励方法

（1）指标分配法。

（2）提成法

以个人的实际销售额作为提成基数计算提成额，再按规定的比例对提成额进行计算。

（3）系数法

以确定的系数为标准来分配费用、成本的一种方法。

（4）标准折合法。

（5）分等法

把性质相同的、在同一条件下收集的数据归纳在一起，以便进行比较分析。

二、实训目标

1．巩固：组织设计的概念、组织结构设计原则、组织结构基本形式。人力资源管理的概念、基本职能构成、程序和主要方法。

2．培养：组织结构分析和设计能力；实施员工甄选、培训、考核以及薪酬设计的能力。

3．拓展：结合组织实际，灵活运用激励措施改善员工绩效的能力。

三、实训环境

1．硬件环境：沟通实验室。

2．软件环境：实训情景材料。

四、实训内容

实训一　案例分析

江苏省某三级医院病案科组织结构演变研究

1．概述

病案科在医院肩负的职能，既有业务管理职能，又有行政管理职能。其业务管理职能体现在病案科专门负责病历资料的收集、整理、加工、保管及统计利用。而在病案归档前对病历进行质量监控是医疗单位医疗质量监控的重要手段之一。其行政管理职能是通过对病历信息提取、数据挖掘、统计，分析出医疗质量的优劣、病种费用的比较，为医院经营管理提供科学依据。因此病案科是实际的医疗信息中心，与医院各个部门都有着广泛的联系，是医院组织中不可缺少的部分。

结合数字化医院发展，电子病历作为数字化医院的重要标志之一，其质量至关重要。从管理学的角度探讨完善的病案科组织结构，有利于保障电子病历的科学管理与健康发展。本例通过研究江苏省某三级医院病案科组织结构的演变，为提供高效、便捷的病案信息服务，科学的病案数据统计和监控提供有利的借鉴。

2. 不同阶段病案科管理模式

（1）20 世纪 80 年代纸质化管理模式

在这一时期，该医院的病案科归属于医务处，这种模式（见图 1-4）仅完成住院病历纸质化的收集、整理、鉴定、保管和利用等。同时归属于医务处的还有病案质量控制部门，主要负责病案质量。其特点是各自为政，交流甚少，且不能及时发现归档病历的重大缺项。同时由于病案与统计分离，医疗数据不可避免地出现多头来源，会对病案管理的质量、效率及准确性造成影响。

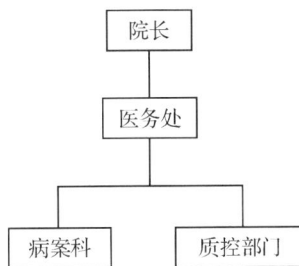

图 1-4　归口医务处的模式 1

（2）20 世纪 90 年代优化的管理模式

进入 90 年代，该医院在上述模式的基础上进行了调整，将病案质量控制部门从医务处脱离（见图 1-5），而病案科仍然归属于医务处。这使病历在归档前能接受质控部门的监控。但由于门诊数据的采集和使用分离，医疗数据的多头来源问题仍然未得到解决。

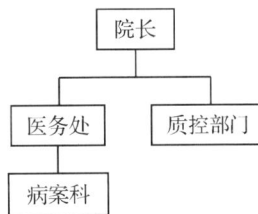

图 1-5　归口医务处的模式 2

（3）近十多年来信息化电子病历管理模式

21 世纪以来，特别是 2003 年"非典"以后医院信息化产生的电子病历的快速兴起，给病案科管理模式带来了巨大变革。

该医院在电子病历建立初期，把病案科的管理权限归属于信息科（见图 1-6）。信息科以其能够利用现代化管理技术和医院信息系统对电子病历信息进行收集、分析和处理的优势，使其与医务处一样，成为一个独立的部门。同时在医务处下

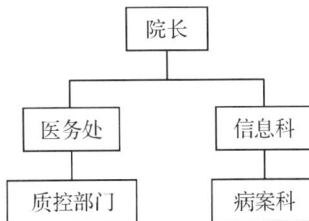

图 1-6　归属于信息科的模式

设置质控部门来监控电子病历的质量。

这种管理模式有利于提高电子病历的环节管理质量。病案管理人员与计算机人员相互配合，编制了一系列实用的软件，使病案从存储、归档、检索、查阅到后期开发利用等过程全部实现数字化。这一系列的软件从挂号室开始，自动准确地采集门诊病人基本信息、保证电子病历管理的基础数据的准确性和稳定性，使电子病历在

笔记

统计、服务利用等方面信息来源统一化。

（4）矩阵式电子病历管理模式

随着组织信息化建设的深入，该医院病案科当前采用的是矩阵式电子病历管理模式（见图1-7）。这种模式是区别于原来那种金字塔式、自上而下、递阶控制的层级结构，而从原垂直化的组织结构中提升病案科的地位，使之直接受业务院长的领导，成为一个独立科室。

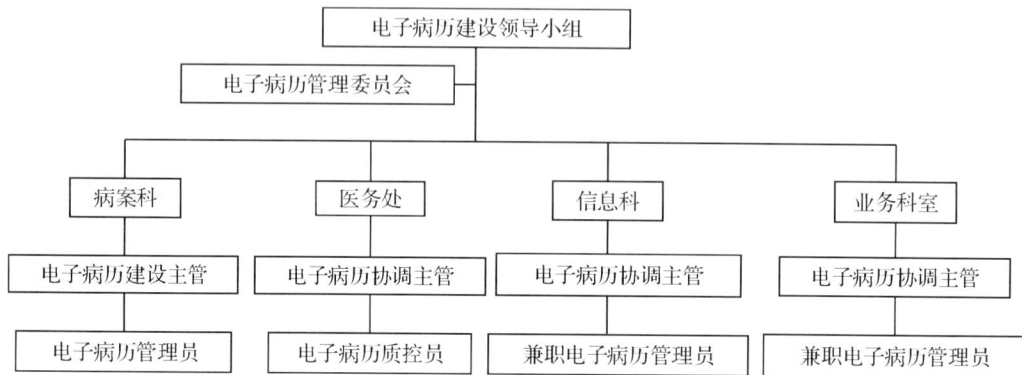

图1-7 矩阵式电子病历管理模式

其特点有以下几点：

①扁平化：在这种模式中，病案科与医务处、信息科等相关科室共同协作，实现对电子病历有效的管理。不但适应了病案信息导向的管理要求，而且加速了病历信息的归档，减少推诿扯皮现象，提高了病案管理组织结构的效率。

②柔性化：矩阵式电子病历管理模式具有更高的弹性、流动性和高度分权的柔性，以更好适应医院各类信息系统，减少决策与行动之间的时间延迟，加快对医疗卫生市场和竞争动态变化的响应速度，有利于降低医院管理的风险成本，提高医院的管理效益。

③网络化：病案科组织结构的网络化打破了纵向多层次等级制，实现分散决策和现场决策结合。这样就可以避免病案信息分割（一份完整的电子病案被几个业务部门割裂转换为专门电子病历信息）和信息割据（专门电子病历信息被不同的业务部门分别控制，难以有机汇集使用）。同时结构的网络化使政策统一、监控和考核统一与管理决策分散化能在该医院有机结合，使得电子病历的集中度提高。

④虚拟化：矩阵式电子病历管理模式是依托虚拟医院的发展而实现的。虚拟医院是以信息技术和通信技术为基础，依靠高度发达的网络将医院、医生、病患连接而成的临时网络。在虚拟化的医院组织结构之中，该医院病案科的组织结构也必然是虚拟化的。

⑤边界模糊化：在矩阵式电子病历管理模式下，病案科从横向和纵向上将医院的层级结构密切地联系在一起，而且也加强了病案科本身同其他职能部门和病患间的联系。电子病历的生成和管理过程中，病案科、医务处、业务科室和医院等，虽然有责、权、利的划分，但其工作已通过信息网络交织在一起，组成了一个边界模糊的

网络化虚拟组织,即病案科与其他科室之间的边界已模糊化。

3.总结

合理的病案科组织结构是适应当前医院电子病历管理的前提,也是提高电子病历价值的基础。在进行病案科组织结构设计时,既要明确规定医务处、信息科和医院各业务部门的职责范围,又要赋予其完成职责所必需的管理权限,使职责与权限协调一致。在具体设计时,还应注意遵守权变原则和责权对称原则。通过不同时期管理模式的比较与摸索,目前的病案科组织结构正在朝一个更加科学化、规范化、优质量、高效率和低成本的方向靠拢。

根据上述案例,请对下来问题进行分析:

(1)这家医院病案科组织结构演变中经历了哪些组织结构?

(2)目前这家医院电子病历选择了哪种管理模式? 这种组织结构优缺点有哪些?

(3)请论述促进这家医院病案科组织结构演变的原因。

实训二　案例分析

麦当劳独特的人力资源管理模式

2001年7月,李艳应聘上了麦当劳见习经理的职位,开始了自己职业生涯的第一棒。麦当劳会给每一个雇员制订详细的训练计划和职业规划,李艳在里面看到了成长的空间与机会。她在工作中积极主动,不懂就问、就学,麦当劳的前辈们都毫不藏私地指点着她。2004年1月,李艳当上了餐厅第一副理,并获得了去香港汉堡大学培训的机会。2005年1月李艳升任餐厅总经理,全面负责餐厅的运营和管理,还训练和培养了一批有梦想的职业经理人。2005年10月,她从一名餐厅总经理转职成了公司的一名人力资源部主管。2012年10月,工作出色的李艳晋升为湖南麦当劳人力资源部经理。李艳说,"不断帮助你成长,不断给你机会与挑战,这就是麦当劳"。

麦当劳,全球最有价值的品牌之一。自1955年成立以来,黄金双拱门下的美味汉堡和亲切服务,一直受到各界人士的欢迎。迄今为止,麦当劳在全世界的120多个国家和地区已开设了超过31000家餐厅,市值451.1亿美元,年营业额超过300亿美元,收入额超过90亿美元。

麦当劳拥有一套标准化的人力资源管理模式,这套管理模式具有鲜明的独特性,使其成为全球规模最大、最著名的快餐集团之一。

(1)人才的选择

①热情的工作态度。公司对于那些希望加入麦当劳大家庭的人员提出的要求是:"热情,开朗,能主动关注顾客的需求,认可麦当劳的企业文化。"

目前,麦当劳在中国开设了超过2000家连锁餐厅。其拥有一群充满激情的员工,每天在餐厅和顾客面对面,忙碌着,并快乐着。因为他们热爱这份工作,这种热情给予了他们源源不断的工作动力。有人戏称,麦当劳员工血液中流淌的是番茄酱。的确,如果没有这份热情的工作态度,是无法适应服务业快节奏、高强度的工作的。

②不用天才与花瓶。在招聘人才时,对于那些具有良好教育背景和大公司经历的人员,麦当劳并没有另眼相看。相比这些条件,麦当劳更注重个人的价值观、对服务理念的理解、实际工作能力等综合能力。在麦当劳里取得成功的人,都是从零开始,脚踏实地工作的。炸薯条、做汉堡包,是在麦当劳走向成功的必经之路。许多胸怀大志、想要大展宏图的年轻人不愿从这些小事做起。但是,他们必须懂得,麦当劳请的是最适合的人才,是愿意努力工作的人,脚踏实地从头做起才是在这一行业中成功的必要条件。

麦当劳重视吸纳不同类型的劳动力资源。它的人才组合是家庭式的,一方面它雇用了大量年轻人,另一方面,两个极为成功的招聘项目是针对两个特定群体的,老人和经受过生理与心理挑战的人,他们已被证明是忠诚的员工。年纪大的人可以把经验告诉年纪轻的人,同时又可被年轻人的活力所带动。麦当劳不讲求员工外表是否漂亮,只在乎他是否工作负责、待人热情,让顾客有宾至如归的感觉,如果只是个中看不中用的花瓶,是不可能在麦当劳待下去的。

③没有试用期。一般企业试用期为3个月,有的甚至要6个月,但麦当劳只考察3天就够了。麦当劳招工先由人力资源部门去面试,通过后再由各职能部门面试,合适则请来店里工作3天,考察他的工作情况,从而全面了解应聘者,这3天也给工资。麦当劳没有试用期,但有长期的考核目标。麦当劳有一个360度的评估制度,就是让周围的人都来评估某个员工:你的同事对你的感受怎么样?你的上司对你的感受怎么样?以此作为考核员工的一个重要标准。

④良好的团队精神。麦当劳特别青睐具有团队精神的员工。在餐厅的环境中,团队精神非常重要。给顾客提供优质服务是麦当劳的追求,要提供好的服务,员工必须具有良好的人际沟通能力。而且,麦当劳员工的年龄跨度很大,从18岁到45岁,员工只有学会互相信任、互相配合、融洽相处并团结一致,才能更好地完成工作。

(2)培训模式标准化

麦当劳的员工培训,也同样有一套标准化管理模式,麦当劳的全部管理人员都要学习员工的基本工作程序。培训从一位新员工加入麦当劳的第一天起。与有些企业选择培训班的做法不同,麦当劳的新员工直接走上了工作岗位。每名新员工都由一名老员工带着,一对一地训练,直到新员工能在本岗位上独立操作。尤其重要的是,作为一名麦当劳新员工,从进店开始,就在日常的点滴工作中边工作边培训,在工作和培训合二为一中贯彻麦当劳 Q. S. C&V 黄金准则。Q. S. C&V 分别是质量(Quality)、服务(Service)、清洁(Clean)和价值(Value)。这就是麦当劳培训新员工的方式,在他们看来,边学边用比学后再用的效果更好,在工作、培训一体化中将企业文化逐渐融入麦当劳每一位员工的日常行为中。

(3)晋升机会公平合理

在麦当劳,晋升对每个人都是公平合理的,适应快、能力强的人能迅速掌握各个阶段的技术,从而更快地得到晋升。面试合格的人先要做4~6个月的见习经理,其间他们以普通员工的身份投入到餐厅的各个基层工作岗位,如炸薯条、做汉堡包等,并参加 BOC(Basic Operations Course,基本营运课程)培训。经过考核的见习经理可以升迁为第二副理,负责餐厅的日常营运。之后还将参加 BMC(Basic Management Course,基本管理课程)和 IOC(Intermediate Operation Course,中级营运课程)培训,经过这些培训后已能独立承担餐厅的订货、接待、训练等部分管理工作。表现优异的第二副理在进行完 IOC 培训之后,将接受培训部和营运部的考核,考核通过后,将被升迁为第一副理,即餐厅经理的助手。以后他们的培训全部由设在美国及海外的汉堡大学完成,汉堡大学都配备有先进的教学设备及资深的具有麦当劳管理知识的教授,并提供两种课程的培训,一种是基本操作讲座课程;另一种是 AOC(Advanced Operation Course,高级营运课程)。美国的芝加哥汉堡大学是对来自全世界的麦当劳餐厅经理和重要职员进行培训的中心,另外,麦当劳还在香港等地建立了多所汉堡大学,负责各地重要职员培训。一个有才华的年轻人升至餐厅经理后,麦当劳公司依然为其提供广阔的发展空间。经过下一阶段的培训,他们将成为总公司派驻其下属企业的代表,成为"麦当劳公司的外交官"。其主要职责是往返于麦当劳公司与各下属餐厅,沟通传递信息。同时,营运经理还肩负着诸如组织培训、提供建议之类的重要使命,成为总公司在这一地区的全权代表。

(4)培训也是激励

麦当劳的培训理念是:培训就是让员工得到尽快发展。麦当劳的管理人员都要从基层员工做起,升到餐厅经理这一层,就该知道怎样去培训自己的团队,从而对自己的团队不断进行打造。麦当劳公司的总经理每三个月就要给部门经理做一次绩效考核,考核之初,先给定工作目标,其中有两条必须写进目标中,那就是如何训练你的下属以及什么课程在什么时候完成,并且明确告诉部门经理,一定要培训出能接替你的人,你才有机会升迁。如果事先未培养出自己的接班人,那么无论谁都不能提级晋升,这是麦当劳一项真正实用的原则。由于各个级别麦当劳的管理者,会在培训自己的继承人上花相当的智力和时间,麦当劳公司也因此成为一个发现和培养人才的大课堂,并使麦当劳在竞争中长盛不衰。

(5)完善的薪酬制度

在员工薪酬福利上,麦当劳有两条原则,一是保持工资在市场上有一定的竞争力,这包括至少每年进行一次薪酬方面的调查。更重要的是,麦当劳倡导员工以自己的工作表现和绩效来实现收入的增加。麦当劳按工作表现付酬,每年的绩效考核和工资挂钩。麦当劳在绩效考核方面是市场的领先者,公司每年进行一次绩效评估,并和员工讨论其工作表现,评估时采用五个评估等级:杰出(Outstanding)、优秀(Excellent)、良好(Good)、需要改进(Needs Improvement)、不满意(Unsatisfactory)。员工的工作表现被评为"良好"或以上等级,将被考虑加薪或奖励。对于表现不够理想的员工,公司有一个 PIP 计划(Performance Improvement Program,工作表现改进计划)。通过 PIP 计划,麦当劳积极帮助工作表现需要改进或不满意的员工克服客观的困难,改进工作方法,提高工作效率,减少差错。这样的薪酬制度,能为员工提供

笔记

积极向上的工作氛围,员工能不断自我加压,然后不断提升自我。

根据上述案例,请对以下问题分析:

(1)麦当劳在员工甄选中坚持的原则是什么? 为什么会选择这些原则?

(2)工作、培训一体化的方式的优点有哪些?

(3)请结合激励理论评价麦当劳的薪酬制度。

(4)你对麦当劳的人力资源管理总体能力如何评价?

实训三 实地考察某医院,分析其组织结构

考察前要进行调查设计。采用哪些调查方法? 访谈哪些人? 如何达到了解其组织结构的目的? 可行性如何? 如何说明来意? 如何进行调查目的的介绍? 如何获得调查对象的配合? 以上问题需要有所思考与准备。本实训的具体内容包括:

(1)每个小组编写调查方案。明确调查方法、访谈对象、访谈提纲、需要收集资料的类型等内容。

(2)应用组织设计能力和知识,明确考察医院的组织结构,绘制其组织结构图。

(3)事先要进行精心的策划;事后要进行简要的小结。

(4)班级组织一次交流,每个小组推荐2个人介绍实地考察过程及体会。

实训四 情景剧

模拟招聘

本次实训将人为地创设企业招聘的仿真环境,使学生在比较接近真实的情形下进行招聘、应聘训练,亲身体验招聘、应聘的实际流程,从而在实践中巩固人力资源管理相关知识,提高应变能力。

各实训小组学生分别扮演该企业的人力资源部面试人员以及相关招聘岗位所在部门的负责人和求职人员。每个实训小组通过一定程序推荐产生小组长,在小组长主持下,各小组分别列出自己小组成员最了解的一个管理职位并进行职务分析。各小组在职务分析的基础上,写出招聘面试题目及其考核标准,上交指导老师并筛选5~6个招聘职位及职务分析方案。各小组派出1名代表组成招聘委员会(5~6人),并推举两位分别担任委员会主席、副主席,由主席确定一位秘书,每个小组另派出1名代表作为管理职位的应聘者。由招聘委员会在黑板上公布管理职位及要求,根据管理岗位面试题目面试相应的候选人(交叉进行),并按照相应的面试评价题目打分。招聘委员会给出管理岗位候选人的面试结果,并说明判断的依据。招聘委员会主席总结发言并宣布招聘结束。

实训的具体内容包括:

(1)本次实训的主要内容是工作分析及招聘面试,采用动态模拟与亲验式教学的方式。

(2)根据本次实训目的,由学生在课前搜集、选择、编写和讨论拟招聘的职位及其职位分析。

(3)学生分别扮演人力资源部面试人员、相关招聘岗位所在部门的负责人和求职人员。

（4）由老师对模拟招聘行为的合理性与有效性进行分析与评价。

五、实训步骤及要求

1. 由现任班长、副班长或学习委员，利用 Excel 随机函数，产生 4 个学生小组。

2. 每个小组按个人或集体提名推荐、民主（选举）等程序产生 1 名组长和 1 名副组长，然后由组长从四个实训题目中抽取一个。

3. 各小组组长组织组内成员对实训材料分析和讨论后进行分工，完成小组实训任务。

4. 各小组对实训成果进行汇报交流，并对实训成果进行考核，成绩评定以小组为单位，评分者包括：组长（权重 30%）、副组长（权重 20%）、组内其他成员互评（去掉最高分和最低分计算平均分，权重 20%）、其他小组的全体成员对本组的综合评分的平均值（权重 15%）、带教老师给予本组的综合评分（权重 15%）。

六、能力和知识拓展

如何有效地进行招聘面试

（一）面试类型的选定

为了做好面试工作，招聘者有必要了解各种面试类型及其适用条件，并根据自己组织的具体情况选定面试类型。按照不同的标准，可以将面试划分为不同的类型。

1. 按照面试结构化程度，可以划分为结构化面试、非结构化面试和半结构化面试。

2. 按照面试的组织方式，可以分为陪审团式面试、集体面试。

3. 按照面试的过程，可以分为一次性面试和系列面试。

4. 根据面试氛围，可以分为压力面试和非压力面试。

（二）面试准备

首先，要选择有经验的面试官。其次，面试前面试官应该了解所招聘岗位的工作职责和任职资格要求，阅读应聘者的简历，了解候选人的特殊技能和特点，对简历中存在疑问的地方可以做上标记以便在面试中进行查询、核实。在对理想候选人所需要的技能与经验有了清晰的印象和阅读简历获得候选人的初步印象之后，结合确定的面试类型，面试官可以设计一套具体的问题以备对应聘者进行深入面试。除此之外，面试者还应确定面试的时间和地点、设计面试的过程和面试评分表等。

（三）面试实施

1. 引入阶段。应聘者刚开始面试时往往比较紧张，因此面试考官不能一上来就切入主题，应当经过一个引入阶段，问一下比较轻松的话题，比如，"你今天怎么过来的？""我们这里还好吧？"等。

2. 正题阶段。面试官根据事先准备好的提纲对应聘者提出问题，同时对面试评价表的各项评价要素做出评价。

笔记

3.收尾阶段。这时可以让应聘者提出一些自己感兴趣的话题由面试官解答,以一种自然的方式结束面试。

(四)提问的技巧

面试者面试时获得应聘者信息是通过提问来实现的,所以面试者掌握提问的技巧就显得尤为重要。

1.营造和谐的气氛

为了使应聘者减少面试时的紧张感并能清楚完整地表达他们的真实想法,面试者在面试正式开始前可以聊些轻松的话题,如谈天气、新闻等,这时候也宜以封闭式问题、不宜以开放式问题提问。这样做能够放松应聘者的心情,为接下来的正式提问做铺垫。

2.认真倾听

面试者在面试过程中应认真倾听应聘者的回答,对认为需要进一步澄清的疑问应重点关注,或用笔记录下来,以便随后进一步追问。面试者还应认真观察应聘者的非言语行为。如果应聘者回答问题时,眼神往下看,有可能是在刻意隐瞒什么。如果应聘者回答时身体语言前后不一致,比如说,应聘者回答有的问题时很直接,回答有的问题闪烁其词,这时候就需要注意了。

3.多提开放式问题,少提封闭式问题

面试者应尽量少提能够用"是"与"否"来回答的封闭型问题,比如说,如果问"你认为你团队精神好吗? 你的领导能力好不好?"得到答案可想而知是"好",这样我们就不能掌握有关应聘者真实充分的信息。但是如果我们改问"你在团队中是如何工作的? 你是如何领导下属实现目标的?"这样效果会好很多。面试者还应避免问答案显然可以由问题引出的诱导性问题,比如"你喜欢和他人交谈,不是吗?"答案显然是"当然"。

4.适时适度地追问

适时地追问,要求面试者在面试开始时不宜进行追问,因为这时是面试者和应聘者建立良好关系的阶段,此时追问会使应聘者感到紧张;还要求面试者根据问题大小选择追问时机,小的问题可以即时进行追问,如果追问的内容涉及重大的观点、概念或理论,可以专门留出一点时间进行追问。适度地追问,要求面试者追问时要考虑对方的心理承受能力,要注意问题的敏感性。面试者在追问时应该尽量避免政治问题和个人隐私问题,当不同意对方意见时也要尊重对方,而不能讽刺和挖苦对方。

5.出其不意

应聘者在面试前对一些常规问题或很可能遇到的问题都做了很充分的准备,所以面试中面试者应问些应聘者意想不到的问题以了解应聘者的真实情况。比如,举出员工工作中碰到的问题,问应聘者如何解决,然后问他解决问题的感受。如果应聘者是准备好答案来的,当问到他的感受时,他会不知道如何回答。

(五)做好面试记录

面试记录是面试官面试后回忆或评判应聘者情况的依据,所以做好面试记录很重要。面试者还应避免另一种倾向,就是面试时不停地做记录,因为这样可能会遗漏一些重要信息。为了确保既不会遗漏一些重要信息,又能够提高面试记录的效用,面试者需

笔记

要掌握一些做面试记录的技巧:只快速记录重要的或必需的信息,记录面试中观察到的行为;为节省时间,只记录关键词句和用自己知道的符号做记录;运用规范化的面试记录表等。

(六)克服不良的面试心理效应

对应聘者的评判结果很容易受面试官面试时心理活动的影响,所以面试官有必要了解不良的面试心理效应以调整自己的心理活动。

1. 第一印象:面试者对应聘者的第一印象很重要,调查研究表明,85%的面试官在最初的3分钟之内就做出了录用决定。

2. 晕轮效应:某个应聘者的一两个优点或缺点,影响了对这位应聘者其他特征的评价。

3. 刻板印象:面试者将对于某类人的固定印象套用到某个具体的人身上,带"有色眼镜"看人。

4. 类我效应:由于应聘者在某个方面和面试考官相似,而给应聘者较好评价。

5. 优势心理:面试者在面试中的主动、支配的地位很容易引发面试者的优势心理,认为自己永远是正确的,过于相信自己的直觉,以居高临下的姿态对待候选人。

6. 对比效应:在面试多名候选人时,面试者对某个候选人的评价会受到前一位候选人的影响,面试者会无意识地对前后候选人进行比较。

7. 序位效应:面试者在面试多名应聘者的时候,会对最初和最后应聘者的印象很深刻。

[参考文献]

[1]冯占春,吕军.管理学基础[M].北京:人民卫生出版社,2013.
[2]张亮,王明旭.管理学基础[M].北京:人民卫生出版社,2006.
[3]张德.人力资源开发与管理[M].北京:清华大学出版社,2012.

（张　萌）

第三节　冲突与协调能力

一、知识准备

(一)冲突

在组织生活中,存在着各种不同的工作交往,人际的、群际的乃至跨组织的。人们之间存在着相互依赖关系,这种关系既可能导致合作,也可能导致意见分歧、争论、对抗,使彼此的关系出现紧张状态。这里将后者称为"冲突"。冲突对于任何组织都是备受关注的问题。因此,探讨产生冲突的根源,寻找处理冲突的方法,从而协调人际关系,提高组织效能和效率,成为管理学的一个重要研究领域。

1. 冲突、冲突类型及冲突认识的演变过程

(1)冲突(conflict)

笔记

冲突是指由于某种差异而引起的对立双方在资源匮乏时出现阻挠行为,并被感觉到的矛盾。人与人之间利益、观点、掌握的信息或对时间的理解都可能存在差异,有差异就可能引起冲突。因此冲突这一概念包括以下三层含义:

①必须有对立的两个方面,缺一不可;

②为取得有限的资源(财产、地位、权力、工作、时间等)而发生的阻挠行为;

③只有当问题被感觉到时,才构成真正的冲突。

(2)冲突的类型

①根据影响可将冲突分为建设性冲突与破坏性冲突。

建设性冲突(constructive conflict)是指对组织有益的冲突,也就是说,冲突的解决会给组织带来一些积极的变化。

破坏性冲突(destructive conflict)是指对组织有害的冲突。

②根据内容可将冲突分为目标冲突、认知冲突、感情冲突和程序冲突四种。

目标冲突(goal conflict)是指双方在预期的结果上不一致,例如双方的价值观、需求互不相容。

认知冲突(cognitive conflict)是指双方的思想、观点和意见互不相容。

感情冲突(affective conflict)是指双方在情绪上相互对抗,如互不喜欢、缺乏信任等。

程序冲突(procedural conflict)是指双方在解决问题的程序上看法不一致。

③根据范围可将冲突分为人际冲突、群际冲突和组织间冲突。

人际冲突(interpersonal conflict)是指两个或两个以上的个体之间的冲突。

群际冲突(inter-group conflict)是指两个或两个以上的群体之间的冲突。

组织间冲突(inter-organizational conflict)是指两个或两个以上的组织之间的冲突。

(3)冲突认识的演变过程

对于组织中的冲突,传统的观点认为:冲突就是意味着分歧和对抗,这必然给组织和群体造成不和,阻碍组织发展,影响组织目标的实现,极端的情况还会威胁组织的生存,因而所有的冲突都是破坏性的,它的存在是管理的失败,要采取各种办法避免。现代观点认为:冲突虽不全是好事,但有时和谐、融洽和安宁并不能使组织取得好的发展,适当的冲突会保持组织的生机和旺盛的生命力,促进组织发展。表1-1所示为建设性冲突和破坏性冲突的特点。

表1-1　建设性冲突与破坏性冲突的特点

建设性冲突	破坏性冲突
关心组织目标	关心最终的胜负
愿意了解对方观点	不听取对方的意见
以问题为中心(对事不对人)	针对人(人身攻击)
促进沟通	阻碍沟通

2.冲突的根源及对管理的影响

冲突既是一种客观存在的不可避免的社会现象,又具有破坏或者建设的两重性。因此,可以通过了解冲突的根源,正确处理冲突,限制或消除破坏性的一面,利用建设性的一面,使冲突成为推动组织发生积极改变的力量。

笔记

行为科学家杜布林运用系统的观点来观察冲突问题,提出了冲突的系统模式,如图1-8所示。

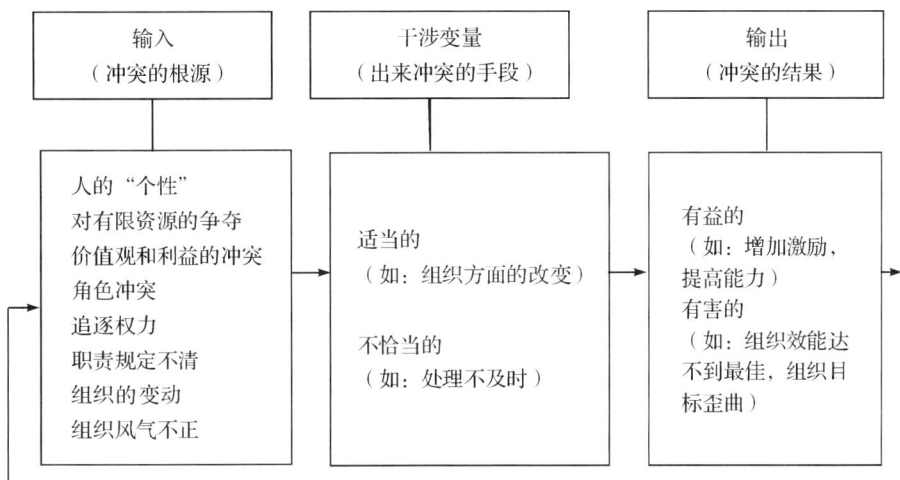

图1-8　冲突的系统模式

(1)冲突的根源

①人的"个性"。如在企业中,恶意的攻击和中伤,使用带敌意的尖刻的语言等,从而引起了冲突。

②有限资源的争夺。资源总是有限的,在资源分配方面任何企业都不可能做到谁要就给,要多少就给多少。因而,各个部门常常会因争夺资源而发生冲突。

③价值观和利益的冲突。价值观的不同和利益的不一致也是引起冲突的一个重要根源。例如:销售部门往往倾向于满足顾客多种需求,要求生产部门经常翻新产品品种,而生产部门则多注重于生产效率,希望产品少变动。又如有些领导认为增加产量、扩大规模是企业的重要任务,而有些领导则认为提高质量才是首要任务。

④角色冲突。企业中的个人和群体,由于所承担角色的不同,各有其特定的职责和任务,从而产生不同的需要和利益,因此发生了冲突。例如,车间领导为按时完成生产任务,要求他的成员休息日加班,而其成员则认为按时完成任务不是他们的责任,因而不愿加班。

⑤追逐权力。权力的争夺是引起冲突的重要原因,如为了取得某项目,不惜攻击对方,抬高自己,导致明争暗斗。

⑥职责规定不清。由于对待不断出现的任务该由谁负责,存在着不同的看法而出现冲突,这是组织内部经常发生的事。职责规定不清,使得部门与部门之间对工作互相推诿或者争着插手,导致冲突。

⑦组织的变动。当组织变动时(如机构的精简、合并、增设),原来的平衡被打破,新

的平衡未形成,这时很容易出现冲突。例如,一个大公司兼并了一个小公司,这时在接收和被接收的公司之间常常存在着权力的斗争和生产的不协调。

⑧组织风气不正。组织风气不好,会成为冲突的温床。特别是当上层管理人员之间存在频繁和激烈的冲突时,它很快会向下蔓延,使下级也产生冲突。

此外,冲突的程度和人的互依性、目标差异和知觉差异有关。相互依赖程度越小,目标差异和知觉差异越大,冲突的机会就越大。

(2)冲突在管理中对组织的影响

冲突在管理中对组织的影响见表1-2。

表1-2　冲突在管理中对组织的影响

	消极影响	积极影响
对员工心理的影响	带来伤害,引起紧张、不安,使人消沉痛苦、增加人际敌意	使智者警醒,从不能战胜对方中看到自身弱点,发奋图强
对人际关系的影响	导致人与人之间的对立、排斥、威胁、攻击,使组织涣散,降低凝聚力	"不打不成交",从而加强关注对方,一旦发现对方的力量、智慧等令人敬畏的品质,就会增加相互间的吸引力,促进各团体内成员一致对外,抑制内部冲突,增加凝聚力
对工作的影响	成员情绪消极,不愿与相冲突的同事配合,不愿服从与其冲突的领导指挥,损害协调愉快的心理气氛,减弱工作动机	使成员发现与对方之间的不平衡,激起竞争、优胜、取得平衡的工作动机,振奋创新精神,发挥创造力
对工作协调的影响	导致人与人之间、团体与团体之间的相互不配合、互相封锁、互相拆台,破坏组织的协调统一和工作效率	使人注意到以前没有关注到的不协调,发现对方的存在价值和需要,采取有利于各方的政策,加以协调,促进组织的各项工作均得以开展
对组织效率的影响	相互扯皮,互相攻击,转移对工作的注意力,政出多门,互不同意,降低决策和工作效率,互争资源,造成资源积压和浪费	反映出认识的不正确,方案的不完善,要求全面地考虑问题,使决策更为周密
对组织生存和发展的影响	冲突达到一定程度后,双方互不关心对方的整体利益,有可能使组织在内乱中濒于解体	冲突本身是利益分配不平衡的表现,它迫使人通过互相妥协让步和互相制约监督,调节利益关系,各方在可能的条件下维持均衡,使组织在新的基础上取得发展

3.冲突的处理

冲突处理的方法有多种,需要特别注意的是任何一种方法都有其理论背景和适用范围,处理冲突必须以效果为依据,讲究方式和方法,不可无条件地照搬照套,否则结果会适得其反。

笔记

（1）处理有害冲突的若干传统方法

①协商。当两个部门发生冲突时，由双方派出代表通过协商的方法解决。协商解决，要求冲突双方都能顾全大局，互相做出让步。

②妥协。这是解决冲突的常用的方法。当协商不能解决问题时，由上级领导出面当仲裁人。仲裁人采取妥协的办法，让每一方都得到部分的满足。用这种方法时，仲裁者要有权威性。

③第三者裁判。这指的是由权威人士仲裁，靠法规来解决，或者由冲突双方共同的上级来裁决。要求双方按"下级服从上级"的原则执行决定。

④拖延。冲突的双方都不去寻求解决的办法，拖延时间，任其发展，以期待环境的变化来解决分歧。这是解决冲突的一种微妙而又常常没有结果的办法。

⑤不予理睬。这是"拖延"办法的变种。这种不予理睬的办法不仅不能解决问题，有时还会使冲突加剧。

⑥和平共处。这种办法是冲突各方求同存异，和平共处，避免把意见分歧公开化。这样做，虽不能消除分歧，但可以避免冲突的激化。

⑦压制冲突。建立一定法规，或以上级命令，限制冲突。它虽收效于一时，但并没有消除冲突的根源。

⑧转移目标。寻找一个外部竞争者，使冲突双方的注意力转向外部的竞争者。

⑨重组群体。有时一个群体内冲突严重而又长期解决不了，干脆解散，进行重组。

（2）处理冲突的新思维

管理学家对如何有效地处理冲突进行了许多研究，提出了若干新的看法：冲突处理的两维模式等。过去是用一维空间来表述人们冲突中的行为，即从竞争到合作。认为有的人倾向合作，有的人倾向竞争，有的人则介于两者中间。近年来许多研究说明这种看法不能全面反映人的冲突行为，其中最受人注目的是托马斯的二维空间模式，该模式包括了"合作"和"武断"两个维度。合作是指满足他人的利益；武断是指满足自己的利益。在这二维模式里，有五种冲突处理策略，即竞争、回避、妥协、迁就、合作。

竞争（competing）（强制）：这是不合作，而且高度武断，也就是说，为了自己的利益，牺牲他人的利益。

回避（avoiding）：合作与武断程度都很低，对自己的利益和他人的利益都缺乏兴趣。

妥协（compromising）：两个维度取中间程度，寻找一种权宜的可被接受的解决方法。

迁就（accommodating）（和解）：合作精神很高而武断程度最低，牺牲自己的利益去满足他人的利益。

合作（collaborating）：对于自己和他人的利益都给予高度关注。

在上述五种策略中，竞争、迁就就是一赢一输，回避就是双输，合作是双赢，妥协介于输赢之间。

彼德·戴康夫在《冲突事务管理》中，列出了冲突处理五种策略的表现及其应用，如表1-3、表1-4所示。

笔记

表1-3　冲突处理五种策略的表现

冲突处理策略	表　现
回避	1.忽略冲突并希望冲突消失 2.将问题列入不考虑对象或者将其束之高阁 3.要求放慢节奏以抑制冲突 4.采取保密手段以避免正面冲突 5.求助于正式规则,将其作为采用某种冲突解决方法的理由
妥协	1.谈判 2.期盼成交和达成妥协 3.寻求满足的或可能接受的解决方法
竞争	1.创造胜败局势 2.运用对抗 3.运用权力达到某人的目的 4.迫其认输
迁就	1.退让 2.屈服和顺从
合作	1.解决问题的姿态 2.正视分歧并进行思想和信息上的交流 3.寻求整合性的方式 4.找到大家都能取胜的局势 5.视问题和冲突为一种挑战

表1-4　何时运用五种冲突处理策略

冲突处理策略	场　合
竞争	1.当迅速、果断的行动至关紧要时——紧急状态 2.有关需实施新行动的重大问题,如费用消减、推出新的规则、法律等 3.有关公司福利的重大问题,且当你知道是正确的时候 4.反对那些利用非竞争性行为的人们时
合作	1.当双方意愿无法达成妥协时,寻找一种整合性的解决方法 2.当你的目标明确之时 3.听取不同意见者的高见 4.将关心变成意见一致,已达到齐心协力
妥协	1.目标重要,但不值得努力去做或者继续坚持己见时,会弊大于利 2.彼此旗鼓相当,从而导致互相排斥他方的目标 3.暂时化解冲突,防止问题复杂化 4.因时间紧迫而采取的权宜之计 5.合作或竞争未成功时采取

（续表）

冲突处理策略	场　　合
回避	1. 当问题很平常,或者更重要的问题刻不容缓的时候 2. 当你认识到满足你的愿望无望之时 3. 当冲突解决的害大于利时 4. 为了促使人们冷静和恢复理智 5. 当收集信息比立即决定更迫切时 6. 当其他人能更加有效解决冲突时 7. 当问题不相干或不总出现时
迁就	1. 如发现自己错了,就要允许更改为更好的立场,从而显示你的知情达理 2. 若问题对别人比对自己更加重要,就应满足他人从而维持合作 3. 为今后的问题建立社会信誉 4. 当你要被战胜和面临失败之时使损失最小化 5. 当和谐与稳定特别重要时 6. 为了使下属吃一堑,长一智时

（3）处理群体间冲突的方法

冲突处理不但要考虑有害的方面,而且也要考虑有利的一面。从管理学角度看,在一个组织中,当压力和焦虑适当的时候,人的生产效能会高度发挥。压力太大和太小都会影响工作的效率。因此,应当培养一种建设性的群体压力,也就是说要有适量的冲突。布朗(L. D. Brown)在所著的《群体冲突的处理》中提出了调解冲突的策略,归纳如表1-5所示。

表1-5　群体冲突的调解策略

着眼点	要解决的问题	冲突过多时采取的策略	冲突过少时采取的策略
群体态度	1. 明确群体之间彼此的异同点 2. 增进群体之间的了解 3. 改进感情	1. 强调团体之间相互依赖 2. 明确冲突升级的动态和造成的损失 3. 培养共同的感情,消除成见	1. 强调团体间的利害冲突 2. 明确勾结、排他的危害 3. 增强团体界限意识
群体行为	1. 改变群体内部的行为 2. 培训群体代表	1. 增进团体内部的团结和意见一致 2. 提高与他人合作水平	1. 增进团体内部分歧的表面化 2. 增强有益的个性化

上述处理一般冲突的方法也适用于处理企业内部群体间的冲突。除此之外,还可以采用以下方法。

①观点交流法:发生冲突的群体通过不同方式相互间进行观点交流。值得注意的是,只交流观点和意见,明确问题,提供解决办法,不论谁是谁非。

②制定超级目标:超级目标指高于单个群体的目标。这种目标需要经过几个群体的共同努力,才能完成。因此可作为缓解群体间冲突的有效手段。

笔记

③互换人员：这一措施可以作为短期的交换，或永久性的调动。其目的在于促进群体间的相互了解，注入新观点。

④分权：把部分权力分发到下面，使下层群体有各自的上司，避免事无巨细由高层领导解决的弊病。这样下层群体间的冲突可以及早发现，及时解决，相对地减少冲突。

（二）协调能力

协调是指为了更好地实现组织目标而采取不同的方法和手段协同各方面的力量和步调，以达到相互配合、形成最大合力和支持力的具体过程。协调包括四个方面：一是与外部关系的协调；二是与上级领导的协调；三是与同级的协调；四是与下属的协调。实践证明，管理者良好的协调能力可以使组织的路线、方针、政策得以有效地落实，可以充分调动群众的积极性，创造一个稳定和谐的环境，使部门之间密切合作、减少内耗、提高效率，有效地利用人力、物力、财力和信息资源，从而取得良好的经营管理效果。

1. 有效协调需要注重的环节

管理者在处理与上级、同级和下级之间的人际关系时应该把握好以下四个环节。

（1）尊重

每个人都有被别人尊重的欲望，尊重是对一个人的品格、行为、能力的一种肯定和信任。尊重别人包括尊重别人的人格、言论、举止、习惯等。尊重是相互的，只有尊重别人，别人才会尊重你。相互尊重是疏通、协调各种人际关系最重要的一环。只有相互尊重，才能打消对方的疑虑，博得对方的信任。工作中，无论是和上级、同级还是下级接触，都必须尽力尊重对方，这是取得对方信任、帮助和支持的前提。

（2）了解

所谓了解，是指应该尽可能周详地了解上级、同级和下级的长处和短处，并在工作中扬其所长，避其所短。这是使对方避免感到"为难"，并能使对方更加有效地给予自己帮助和支持的重要一环。

了解上级，就是要了解上级在宏观上和整体上的指导思想和战略意图以及与自己在微观和局部上的指导思想和意图上的差异；了解上级的工作方式和生活习惯，扬长避短。

了解同级，表现在工作上要相互沟通信息，协调一致。

了解下级，就是要了解下级的工作，需要得到什么帮助和支持，了解下级的心理特征和情绪变化，以利于调动其积极性。

（3）给予

在工作中，按对方最希望的方式，给予对方希望获得的支持、帮助、信任是很重要的。

上级最希望下级圆满完成自己交办的工作任务；同级最希望相互之间建立起一种携手并进的融洽关系，在亲密无间的友好气氛中进行良性竞争；下级最希望获得的是上级的"信任"、在困难时刻的有力支持、受到挫折时的热情鼓励以及取得成绩后的及时鼓励。

（4）合作

任何管理者都不可能单枪匹马去开展工作，必须尽可能取得上级、同级和下级的支持、帮助和合作，组织的力量就是合作的力量，而沟通的目的就是更好地合作。

笔记

2. 协调的方法

协调是积极的平衡。矛盾的产生是有一个过程的,在旧的矛盾解决之后,事物进入一个平衡阶段。但新的矛盾可能正在萌生之中,待事物内因发生变化,并有外因影响时,这种平衡只是相对的,不平衡才是绝对的,但相对平衡却是事物发展过程中不可缺少的。上级对下级协调时就需要多做平衡工作。下级各部门,由于种种原因,工作中会出现不平衡现象:有的质量佳,有的质量差;有的进度快,有的进度慢;有的顺利,有的曲折。为了避免工作过程中的畸形发展,防止"单项突进"或滞后缓慢,管理者就要进行协调,即予以积极的平衡。有人把平衡当作"和稀泥"的手段,对下级中一些矛盾采取回避、遮掩或不愿承认等态度,以求下属之间相安无事、得过且过,这是一种消极平衡心态,是不会取得良好效果的。

（1）协调思想

万事俱备,思想先行。思想混乱,步调就不会一致。思想政治工作是经济工作和一切工作的生命线。由于下级各个部门和每个人的理论素质不同,思想政治素质不同,他们所表现出的责任心和积极性也不尽相同。因而,对待工作的认识、看问题的角度、处理事情的风格、所得出的结论,就会产生差异。另外,由于世界范围内政治格局的变化,敌对势力和平演变的攻势并未停止,也使得人们在改革开放中的思想情况呈现复杂化趋势。这一切,都说明思想协调是十分必要的。

（2）协调目标

一般说来,下级在完成任务时往往较多注意自己的小目标。当然,小目标是其本职工作,又是大目标分解后的一个组成部分,实现小目标是必要的。但有时下级容易孤立地看待小目标,使之与大目标脱节,甚至为了小目标而不惜损害相邻单位的小目标乃至整体的大目标。发生这种情况,有时是无意的,而有时则是为小团体主义所驱使,是有意的、人为的。

对于这些问题,管理者必须重视目标协调,一是教育下级摆正大目标小目标、眼前利益与长远利益的关系,使之自觉地经常以大目标为基准点,不断修正和调整自己的航线和尺度。二是要通过一切手段,及时地、主动地、科学地调整组织内部各种关系,使之与大目标协调一致,禁止各行其是,自作主张。三是认真实施目标责任制、岗位责任制,使下级各司其职,各负其责,各尽其力。出了问题也能及时分清,查明责任,免得相互推诿。有的单位经常出现无人负责、无人干活、无活可干、到处扯皮等现象,都与没能严格实行岗位责任制、目标责任制有关,也是管理者目标协调不力的结果。

（3）协调权力

协调权力,对分权制或授权制来说是必不可少的。上级把一定的权力分配或授予下级以后,下级的权力与责任是否相符,各单位领导是否能正确对待权力、合理地使用权力,相互之间有无越权行为,有人是否以权谋私,这就需要上级对下级进行权力协调。

协调权力包括两个方面:一是上级在必要时运用自己的权力,对下级下达命令、指令,或进行人员变动,使下级接受、服从;二是对下级权力的运用进行监督检查,如发现侵权、越权、弃权、弄权等行为,立即予以制止、纠正或调整,确保权力运用的合理、正当、健康、有效。

（4）协调利益

利益是一个最受人们关注、最为敏感的问题。按理说，下级在完成工作之后，必然会得到一定的合法合理的利益。但在对待利益的问题上，下级由于认知、觉悟、条件等种种原因，往往会出现一些偏差。有的斤斤计较，有的想少予而多得，有的侵害他人或整体利益，有的左攀右比。尤其是子女安排、住房，以及晋升、工资、奖金、职称等，都是众人瞩目的问题。若处理不好，既妨碍大家的积极性，影响团结，又容易被不正之风钻了空子，导致领导和下属关系紧张，员工之间也不团结。管理者应根据下级实际，在进行思想协调的基础上，依据现行政策和个人的贡献，予以利益上的协调，既要鼓励人们多劳多得，又要引导人们讲奉献、讲风格；既要奖优，又要罚劣。对"热点"和"难点"问题，管理者必须高度重视，精心协调，公正、圆满地予以解决。

（5）协调信息

协调信息主要是信息沟通，当今世界信息沟通十分重要。上下级之间若缺乏信息沟通，容易导致管理者指挥不灵，耳目闭塞；下级之间若缺乏信息沟通，则往往"老死不相往来"，失去联系和平衡，就要打乱仗，甚至出现误会、猜忌、内耗。管理者要在上下级之间和下级相互之间这两个方面、两个层次上加强信息沟通和协调。可以通过个别交流看法、座谈会、碰头会、办公会、汇报会等形式，上情下达，下情上传，使人们都能了解整体目标完成的情况，本部门和自己工作进展的情况，以及局部在整体中所处的位置，知己知彼，消除隔阂，增加了解和友谊。

有不少单位，下级对上级有意见，下级之间也有意见，其实本来都没什么大不了的事，尽是误会。之所以如此，往往是因为通气不够、不打招呼。但这些误会不可小看，长久不消除，就会变为成见、疙瘩，造成严重后果。要避免这样的后果，管理者就要重视信息协调工作。

二、实训目标

1. 巩固冲突概念、分类及冲突处理技巧以及协调的关键环节和主要方法。
2. 培养分析冲突、沟通协调的基本能力。
3. 拓展在人际交往过程中运用沟通技巧及处理冲突的能力。

三、实训环境

1. 硬件环境：沟通实验室。
2. 软件环境：实训情景材料。

四、实训内容

实训一　案例分析

凯越公司营销部的冲突

"调查顾客市场的工作实在太难做了，陈总监"，策划部伊娜向营销总监抱怨说，

笔记

44

"我不明白他们营销部是怎么做事的。""我同意,"策划部张新插嘴道,"如果他们不采取措施的话,这个项目是不会准时完成的。""那么,问题到底出在哪儿呢?"陈总监问张新和伊娜。

"我的意思是,为什么你们认为无法完成这项工作呢?"

张新说:"每次我们确定一个初步的截止日期,应在该日期前完成相应的工作,但任务总是完成不了。伊娜和我总是提前一两天完成自己手头的活,但是,李克和陈莉通常什么事情也没有做,他们要等到最后一刻才想起要做点什么,我知道他们在营销部非常忙,不像我们在这儿,整天等着事情做。"

伊娜说:"大部分时间他们没有干完手上的活。比如上周,李克在会议上只露了一面,问我们他还要对我们搜集的顾客资料做点什么。在今天展会上,陈莉告诉我们正式交报告的日期是两周后,因此,她现在没有必要把精力花在这个项目上。"

听了伊娜的话后,陈总监只是点了点头。

"还有陈莉很尖刻,"张新说,"不知道是不是有人跟她说了什么,但是她看起来似乎对我们的会议不满意,每次,我试着讲个笑话,但是她从不报以微笑,我讨厌这种她对我们不满的感觉。"

"你有没有问过陈莉是怎么回事?或者让她知道你们有这种感觉呢?"陈总监问。

"没有。"张新回答说。

伊娜接着说:"除了尖刻以外,在开会的时候,陈莉从未做过任何贡献。大多数时间,她总是在和某人通电话,这个样子,我们如何完成最终报告?"

讨论:如果你是陈总监,你有什么建议给张新和伊娜以帮助他们解决与营销部李克和陈莉的冲突问题?你有什么建议可使他们的会议更加有效?

谁是赢家?

上海某进出口公司共有7个出口部,原来每个出口部都负责一种化工产品,如三部出口无机化学品,四部出口有机品。为增加灵活性,公司领导决定撤销这种分工,每个部门都允许出口任何一类化工产品。这样各部门为了完成任务,产生了冲突。

有时出口四部的传真机受到了客户关于无机化学品的询价,他们就不像过去那样交给三部处理,而是留下设法自己办成这笔生意,三部也一样,如果四部有人去三部询问有关无机品的市场行情,一般得不到回答,两个部门之间还互相探听货源渠道、出口对象,同时抬价收购,压价外销,使公司受到损失,许多成员都失去了信心,准备另寻出路,离开公司。

根据上述案例,请对以下问题进行分析:

1.这是一种什么类型的冲突?冲突前提是什么?

2.冲突双方采取什么策略?结果如何?

3.冲突中谁是赢家?

实训三　案例分析

王所长面临的困境

（一）电话质问

2002 年 3 月第一个星期一的早上 8:00 刚过，中国海洋石油研究中心华东所所长办公室的电话铃声骤起，王所长拿起听筒，只听电话那头传来中国海洋石油有限公司东海分公司总经理李德刚威严的质问声："王所长，听说你们招聘了一个赵博士，你们明知道华东所快要合并到我们公司了，为何招聘这样的事情事先不和我们通通气？这让以后我公司的人员编制怎么控制？"

王所长一听，急忙解释："进人的事是中心主任在年初到上海现场办公时，根据 2002 年科研生产任务和所里的要求定下的，具体的招聘工作也都是按中心的规范程序操作的。"

"那也不行！"李总斩钉截铁地说："我告诉你，合并的时候我们不会要你新招的这个博士！"接着只听"啪"的一声，电话被挂断了。

（二）事出有因

中国海洋石油有限公司和中国海洋石油研究中心都是中国海洋石油总公司（以下简称"中海油"）的下属单位，其中，中国海洋石油有限公司是中国海洋石油总公司的控股公司。中国海洋石油有限公司和中国海洋石油研究中心都有各自的下属分支机构。中国海洋石油有限公司的分公司负责海洋石油勘探、开发以及组织实施生产，中国海洋石油研究中心下属的研究院所负责对应公司的技术支持。本来这些下属院所分属于各地分公司，1998 年因为中海油重组上市，将研究队伍从各地区公司分离出来成立了统一的研究中心，以集中使用人力、技术资源，而各地区公司合并成立中国海洋石油有限公司，以最优资产在纽约和香港上市。2001 年 3 月，该公司上市成功。

研究队伍从各地区公司分离出来后，出现了很多矛盾，一是生产和研究有些脱节；二是中心层次太多，项目运行慢，不利于调动院所积极性；三是不利于中国海洋石油有限公司和中国海洋石油研究中心科技人员的统一培养和使用。因此，中国海洋石油有限公司的高层决定在适当时机，待多余人员分流到一定程度时，再将中国海洋石油研究中心并入中国海洋石油有限公司。由于华东所人员不多，因此就作为试点先行，合并时间定在 2002 年 6 月 30 日之前。

中国海洋石油有限公司东海分公司和中国海洋石油研究中心华东所都是各自系统的基层单位。由于东海分公司在相当一段时间内曾是中海油的后备基地，上海实行对外开放后，中海油加大了对东海的勘探、开发投资，并与从地矿部分离出来的新星公司在东海形成了竞争局面。2001 年年初，经国务院同意，由中海油牵头，联合新星石油公司，并与壳牌和尤尼克两家外国石油公司合作，采取"内联外合"的方式加快东海西湖凹陷的油气勘探、开发步伐,作为"西气东输"项目的补充。2002年年初,海上天然气年生产能力只有4亿立方米,2004年年底要达到20亿立方米的年生产能力,要让1/4的上海居民住户用上清洁能源,按照联合作业机构计划,2002年6月要进行首期工程的钻探评价。

为了配合西湖项目,研究中心加强了华东所的开发力量,调来了一名开发总工程师和两名开发人员,并配备了设备软件,相应的开发研究任务从1项增加至3项,研发小组计划由6人组成,但当时只有3人,负责项目的总工程师非常着急,于是在1月初的中心主任现场办公会上提出了用人计划,并得到了中心的同意,即先从社会上招聘。赵博士便是华东所物色的人才,他在石油大学毕业后读了博士,博士毕业后便应聘到了新星公司上海局,作为课题组组长负责即将开发的AA气田的油藏工程研究工作,赵博士代表新星公司与中海油进行技术研讨时,与华东所开发总工程师有过几次接触,开发总工程师对他印象不错:基础理论扎实,为人谦虚,工作踏实,表达能力也较强。交往中,赵博士表示愿意迎接新的挑战,渴望到更具发展前景的中海油工作,而且他与新星公司只签了一年的协议。眼看时间快到了,新星公司欲把一套价值30万元的房子分给他,条件是必须签约8年。负责开发项目的老总想,有这么一个业务能力强干的技术骨干,这正是天赐良机。于是,他立即向所长汇报并得到了所长的支持。申请报告迅速报到了中心人事部,也很快得到了各级的批复。与此同时,招聘按程序进行,所长亲自对赵博士进行面试考察,感到其除了英语听说能力略差外,业务知识与谈吐反应都不错。当谈到有关AA气田时,赵博士对许多细节都了如指掌,说明其在新星公司一年的工作非常投入,故所长决定录用他。虽说签了用工合同,按中海油规定要试用3个月,但由于一方面他是紧缺人才,另一方面考虑他必须从竞争对手那里辞职,如果研究中心试用期满后不聘用他,他就不能够回原单位。因此,为了使赵博士安心签约,故对其解释:试用只是一种形式。经过双方努力,春节前夕,他向新星公司提出辞职并办好了有关手续,然后与华东所签订了劳动合同,成为研究中心的一员,正式上班要到春节后。然而,正当所里的领导庆幸自己成功从竞争对手那里轻而易举挖得成品人才时,就发生了本案例开头的一幕。

华东所没有在上海注册登记,故不能办理用工手续,都是依靠东海分公司代办。正是由于请东海分公司代为办理,东海分公司总经理李德刚才得知了此事。李总感到十分不快,一方面,李总觉得中心只顾完成任务盲目进人,给下一步合并控制人员指标带来压力,缺乏全局观,并且中心进人事先也没有征求一下自己的意见。另一方面,一年前,东海分公司得知要与新星联手的消息时,就从新星公司挖来了两名技术骨干,这使他们的上海总经理非常震惊,亲自上门与中海油东海分公司总经理达成口头君子协议,为了今后合作顺利应该互相补台,绝对不能互相挖对方的墙角。虽然这次是华东所去挖人,但华东所即将合并到自己麾下,它现在的这些举动会给合并后的工作带来影响,眼下还要帮助华东所办用工手续,这使他感到十分郁闷,一气之下打电话把王所长批了一通。

笔记

（三）亡羊补牢

王所长挨批后，感到事情严重，心想此事只有中心出面才能解决，于是拨通了中心人事部经理的电话，对方也感到非常被动。中心主任正在出国访问，要两周后才能回国，他提醒王所长，中心书记3月中旬赴上海开纪检会，可请书记协调。于是，王所长马上又与书记取得联系，汇报了详情。搞人事工作出身的书记非常重视此事，批评王所长沟通不够，并告诫王所长今后在涉及人事等重大问题上应多向当地领导汇报请示。书记来上海做了解释后，得到了东海分公司李总的谅解，并答应6月份华东所合并进来时考虑赵博士的聘用问题。

与此同时，王所长也借中午就餐的机会向李总认了错，承认自己考虑问题简单，只考虑如何完成工作，没有考虑给分公司带来的压力。"以后注意就是。"李总在原谅王所长的同时也吐露了自己的苦衷。他告诉王所长两条信息，不是自己与新星公司有默契，而是总公司考虑今年用工要改为雇员制，要严格控制人数，3月1日冻结进人，尤其是外系统人员。

此后，王所长向研究所领导通报了分公司领导的意图，并达成一致意见，先稳住赵博士，因为3月份赵博士已找过人事部门两次、开发总工程师两次，催问为何不为其办理用工手续，影响他的"三金"缴纳。王所长考虑他妻子在梅隆工作，从浦东过来时间太长，专门在桂林路腾出一套两室一厅单身宿舍借其临时居住，按优惠价收取租金。工资奖金按时发放，同时还给了赵博士一个较高的岗位级别。王所长还向他解释："虽然在办理用工手续方面由于合并重组暂时遇到了一点麻烦，但你是研究中心通过正常手续聘用的员工。如果华东所在上海注册，用工手续早就开始办了，分公司虽有顾虑，但中心书记已与分公司李总协商好在6月份合并时办。目前的困难只是暂时的，先安心工作。"王所长注意到赵博士在谈话期间不住地点头认同，于是鼓励赵博士不要认为没办用工手续就低人一等，要挺起胸膛把自己当成所里的一员，积极参加所里的各项活动。处理好这件事后，王所长连续出了两次差。

出差回来已是4月初，在领导碰头会上副所长和总工程师都谈到近来赵博士情绪反常，他已多次找所领导和人事部门催办用工手续一事。王所长听到这些不禁皱起眉头。开完会来到办公室时发现赵博士不知是从哪里打听到总公司有政策不再进人，即使少数招进的大学生也要按临时工对待。王所长连忙解释说3月1日以后是这样，但这只针对大学生，对他并不适用，因为他是3月1日以前引进的博士，看着赵博士愁眉苦脸的样子，王所长感到面试的时候可没看出他很脆弱，于是便问了一句："当初你决定辞职到中海油华东所来应聘时做的最坏打算是什么？"这一问赵博士愣住了，半天没回答，显然他没想过。王所长又追问了一句，赵博士涨红了脸答道："那我就疯了！"这一回答让王所长大吃一惊，一个32岁的博士怎么会说出这种话来，找不到工作就要发疯？！随后的一周，王所长开了一个上午的会，午休时接到赵博士的电话。赵博士小心翼翼地说，他爱人已经等了一个上午，想了解情况，能否给他20分钟时间。王所长一听爽快答应了，心想，也好，再把整个事情原委和下一步的处理办法讲给他爱人听。如果能取得他爱人的理解，博士的压力可能会小些。赵博士的爱人是教育学硕士,倒是快言快语,说最近博士晚上翻来覆去睡不着,问他也不搭腔,昨天问急了又吞吞吐吐说不清。王所长耐心地把事情从头讲了一遍,并提出如果生活有困难可随时提出,所里会尽力解决,只是手续一事要等到6月份。他爱人听后心里踏实了,满意而去,所长望着他们离去的背影长长地舒了一口气,以为这事可告一段落了,但没想到又节外生枝。

(四)节外生枝

4月下旬的一天,东海分公司人事部经理打来电话告诉王所长:"你们赵博士写信给北京总公司把我们告了,说不给他办用工手续。"王所长一听心里咯噔一声:"坏了! 事情闹大了! 这赵博士怎么会这样!"

正好赶上北方油田离退休职工闹事,这封信引起了高层的重视,又是派人调查,又是要求尽快办理,事情倒是没几天就办完了,但王所长心里像打翻了五味瓶一样不是滋味,他想东海分公司李总虽然没再提起这件事,但一定也有许多感触,东海分公司人事部经理透露,为赵博士办手续前,李总亲自向新星上海局老总做了解释。王所长得知,立即打电话向李总表示歉意和感谢。放下电话,王所长怎么也平静不下来,引进赵博士的几番折腾让他陷入了沉思……

【案例来源:王佩玮.管理沟通[M].上海:华东理工大学出版社,2013.】

根据上述案例,请分析以下问题:

1. 你对王所长的沟通能力如何评价?
2. 他在处理案例所叙述的一系列问题过程中有哪些可圈可点的沟通工作?
3. 李总的沟通能力如何? 谈谈你的看法。
4. 你认为赵博士的沟通意识和沟通能力如何? 请说出你的看法和建议。

实训三 实地交际与沟通

行动前要进行周密的策划。见什么人,达到什么目的,可行性怎么样,怎样进行自我形象设计,见面的第一句话怎么说,怎么样展开交际过程,靠什么说动对方等,都要有所思考与运筹。本实训的具体内容包括:

1. 主动同一位陌生人交往,交流某个问题;并动员其与你共同做一件有意义的事。
2. 应用交际与沟通理论,运用交际与沟通的艺术。
3. 事先要进行精心的策划,事后要进行简要的小结。
4. 班级组织一次交流,每个小组推荐2个人介绍交际与沟通的过程及体会。

实训四 情景剧

冲突

本次实训首先要搞好案例搜集与剧本编写。每个同学都要搜集一个案例,案例的要求是:具有较为典型的管理矛盾,有便于表演的剧情,有可供学生充分研讨与争论的空间等,应以小组为单位,在分析大家搜集的剧本的基础上,进行优选,确定题材;并经集体研讨,由一两个同学执笔,再集体讨论定稿。实训的具体内容包括:

笔记

1.本次实训的主要内容是群体冲突的处理与和谐氛围的营造,采用情景剧表演与分析的方式。

2.根据本次实训目的,由学生在课后搜集、选择、编写和讨论预习剧本,并进行必要的排练。

3.由"演员"按照选择的方案与剧本进行表演。

4.由学生对各成员的表演,特别是管理行为的合理性与有效性进行分析与评价。

五、实训步骤及要求

1.由现任班长、副班长或学委,利用 Excel 随机函数(数),产生 4 个学生小组。

2.每小组按个人或集体提名推荐、民主(选举)等程序产生 1 名组长和 1 名副组长,然后由组长从四个实训题目中抽取一个。

3.各小组组长组织组内成员对实训材料分析和讨论后进行分工,完成小组实训任务。

4.各个小组对实训成果进行汇报交流,并对实训成果进行考核,成绩评定以小组为单位,评分者包括:组长(权重 30%)、副组长(权重 20%)、组内其他成员互评(去掉最高分和最低分计算平均分,权重 20%)、其他组全体成员对本组的综合评分的平均值(权重 15%)、带教老师给予本组的综合评分(权重 15%)。

六、能力和知识拓展

与陌生人沟通的技巧

我们过去从来没有见过的人,能帮助我们认识自己。因为我们可能对一个陌生人说出我们时常想说但又不敢向亲友开口的心里话,他们因此便成了我们认识自己的一面新镜子。如果运气好,和陌生人的偶遇还会发展一段忠贞不渝的友谊。仔细想来,我们的朋友哪一个原来不是陌生人?

那么当我们遇到陌生人时,怎样才能好好利用见面这一时机呢?

(1)先了解对方

美国总统罗斯福是一个交际能手。早年还没有被选为总统时,在一次宴会上,他看见席间坐着许多不认识的人。如何使这些陌生人都成为自己的朋友呢?罗斯福找到自己熟悉的记者,从他那里,把自己想认识的人的姓名、情况打听清楚,然后主动叫出他们的名字,谈一些他们感兴趣的事。此举大获成功,这些人很快成了罗斯福竞选时的有力支持者。

(2)选择适宜的话题

如果你觉得"实在没有什么好说",可以考虑以下话题。

①坦白说明你的感受。例如,你可能在晚餐会上对自己嘀咕:"我太害羞,与这种聚会格格不入。"或者刚好相反,你认为许多人讨厌这种聚会,但是我很喜欢。

不管你怎么想,你要把你的感受向第一个似乎愿意洗耳恭听的人说出来。这个人可能就是你的知音。无论如何，坦白说出我很害羞或"我在这里一个人也不认识"，总比让自己显得拘谨冷漠好得多。

最健谈的人就是勇于坦白的人。这还有一个好处，如果你能坦诚相见，对方也会无拘无束地向你吐露心声。

一次，阿迪斯跟写过一本好书的心理学家谈话。阿迪斯通常对这类的访问都能应付自如，而且会从中得到很大的裨益，所以当他发觉自己结结巴巴、不知怎样开口时，简直大吃一惊。最后阿迪斯说："不知为什么我对你有点害怕。"那位心理学家对阿迪斯这个说法非常有兴趣，随即大家就自然谈起来了。

②谈谈周围的环境。如果你十分好奇，你自然会找到谈话题目。有一次一个陌生人审视周围，然后打破沉默，开口跟我说："在鸡尾酒会上可以看到人生百态!"这就是一句很有趣的开场白。

阿迪斯有一次坐火车，身边坐了一位沉默寡言的女士，一连几个小时他千方百计引她说话都未成功。等到还有半个小时就要分手时，他们经过一个小海湾，大家都看到远处一座独立无依的房屋。她凝视着房子，一直到看不到它为止。然后她突然说道："我小时候就生活在像这种杳无人迹的地方，住在一座灯塔里。"接着她忆述了那种生活的荒凉与美丽。

③提出问题。许多难忘的谈话都是从一个问题开始的。阿迪斯常常问人"你每天的工作情况怎样?"通常人们都会热心回答。

一定要避免令人扫兴的话题。可能没有人愿意听你高谈阔论诸如狗、孩子和食物、自己的健康、高尔夫球以及家庭纠纷之类的事。所以，在谈话中最好不要谈及这些问题。

(3)会引导别人进入交谈

在交谈中，除了吸引对方的兴趣之外，还必须学会引导对方加入交谈。常听到一些青年人说:他们在约会的时候，老是不能保证交谈的气氛活跃。其实，这本来是一个非常易于掌握的技巧，只要问一些需要回答的话，谈话就能持续下去。但是，如果你只问："天气挺好的，是吧?"对方用一句话就可以回答了:"是啊，天气真不错!"这样，谈话也就进行不下去了。

如果你想让你的谈话对象开口畅谈，不妨用下列问句来引导:"为什么会……?""认为这样不能……?""按你的想法，应该是……?""你如何解释……?""你能不能举个例子?"

总之，"如何""什么""为什么"是提问的三件法宝。

(4)要简洁而有条理

不懂节制是最恶劣的语言习惯之一。无论是和一位朋友交谈，还是在数千人的场合演讲，最重要的就是"说话扼要切题"。

担任企业行政主管的人几乎都认为:在商业场合里，最让人头痛的就是讲话没有条理。不知有多少人的时光都因此浪费在那些信口开河、多余无聊的闲谈话语中了。

如果你说话的目的是要告诉别人一件事，那就直截了当地说出来，不必扯得过远。

笔记

（5）留心倾听

谈话投机，有一半要靠倾听，不倾听就不能真正交谈。倾听也是一种艺术。

跟新认识的人谈话的时候，你要看着他，好好地反应，鼓励他继续说下去。这样，倾听就不是被动，而是主动，是不断向前探索的。有意义的谈话——有别于无聊的闲谈——其目的就是在于互相发现和了解。

（黄仙红）

第四节　领导与激励能力

一、知识准备

（一）领导概述

1. 领导的内涵与构成要素

（1）领导的内涵：领导就是拥有权力的个人或集团运用权力和影响他人、为实现组织目标而做出努力与贡献的过程。

（2）领导的构成要素：领导的构成要素包括领导者、被领导者及领导环境。

（3）领导与管理的区别见表1-6。

表1-6　领导与管理的区别

项目	管理	领导
对象	人、财、物、信息	人
变动	小（规范化）	大（因人而异）
管制方法	规章制度、流程	愿景、文化、理念
进行方式	指示、督促、考核	期望、鼓励、承诺
经常用语	效率、标准、系统	荣誉、自觉、激励

2. 领导权力

（1）法定权力

①决策权：从某种意义上讲，领导过程就是进行决策和实施决策的过程，决策正确与否是领导者成败的关键因素之一。

②组织权：是指领导者在领导活动中，根据事业或工作的需要，对机构设置、权力分配、岗位分工和人员使用等做出安排的权力。

③指挥权：是指有关领导者向下属部门或个人下达命令或指示，为实现决策、规划中规定的目标和任务而进行各项活动的权力。

④人事权：是指领导者对工作人员的挑选录用、培养、调配、任免等权力。

⑤奖惩权：是领导根据下属的功过表现进行奖励或惩罚的权力。

（2）自身影响力

①品德：一个领导者如果品德高尚，正直公道，言行一致，以身作则，严于律己，平易近人，使人感到亲切和敬佩，就能产生一种无形的感召力。

②学识：要成为一个好的领导者，知识素养是一个重要条件。

笔记

③能力:领导者的才干、能力是形成其影响力大小的主要因素。

④情感:良好的人际关系是形成领导者影响力的基础条件,而情感交流是通往良好人际关系的桥梁。

3.领导作用

(1)指挥作用:在组织活动中,需要高瞻远瞩、胸怀全局、头脑清醒、思维敏捷的领导者,帮助组织成员认清当前所处的环境和面临的形势,指明组织目标和达到目标的路径。

(2)协调作用:在组织中,需要领导者来协调人们之间的关系和活动,使成员团结一致,为实现组织目标共同努力。

(3)激励作用:在组织中,大多数成员都有积极工作的热情和愿望,但是这种愿望并不能自然地变成现实的行动,这种热情也不可能自动地保持下去,这就需要该组织的领导者为人们排忧解难,激发组织成员的斗志,以利于组织目标的达成。

(二)领导方式与领导理论

1.领导方式

(1)勒温的三种领导方式

①专制式:也称专权式或独裁式,是指主要靠权力和强制命令来进行领导,领导者个人决定一切,布置任务下属执行。

②民主式:是指领导者同下属互相尊重,彼此信任,共同商量,集思广益,然后决策,注意按职授权。

③自由放任式:是指领导者有意分散权力,给下属极大自由度,只检查工作成果,除非部署主动要求,不做主动指导。

(2)利克特的四种领导类型

①专制—权威式:采用这种领导方式的领导者非常专制,决策仅限于最高层,对下属很少信任,激励方式以惩罚为主,沟通采取自上而下的方式。

②开朗—权威式:采用这种方式的领导者对下属有一定的信任和信心,采取奖惩并用的激励方式,有一定程度的自下而上的沟通,也向下属授予一定程度的决策权,但自己仍牢牢掌握着控制权。

③协商式:采取这种方式的领导者对下属抱有相当大的信任,但并不完全信任,在激励上主要采取奖赏的方式进行,采用上下双向的沟通方式,某些情况下与部下进行协商,具体问题上给予部下决策权。

④群体参与式:采取这种方式的领导者对下属达成目标表示出充分的信任与信心,沟通渠道畅通,积极鼓励下属部门做出决策。

2.领导理论

(1)领导特质论

基本观点:领导特质理论是最古老的领导理论观点,其关注领导个人,并试图确定能够造就伟大管理者的共同特性。领导特质理论按其对领导特性来源所做的不同解释,可分为传统领导特质理论和现代领导特质理论。传统领导特质理论认为,领导者拥有的品质和特性是天生的,是由遗传因素决定的。现代领导特质理论认为,领导者的品质和特性是在实践中形成的,是可以通过后天教育训练培养的。

笔记

（2）领导行为论

①领导行为连续一体理论

该理论认为领导方式是一个连续的变量,从独裁式的领导方式到极度民主化的放任式领导方式之间存在着多种领导方式,如图1-9所示。

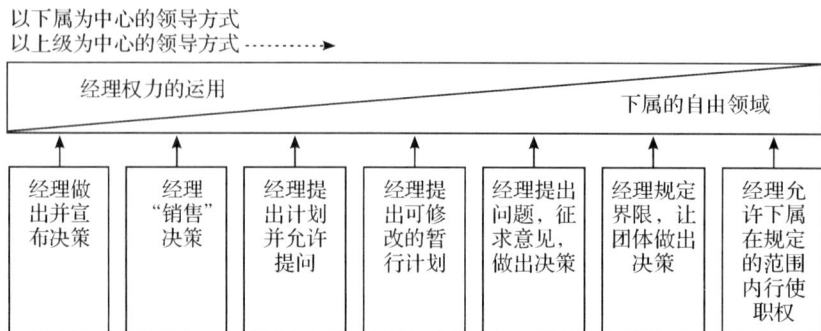

图1-9　领导方式

在上述模式中,不能抽象地说某一种领导方式好,而另一种不好,应根据具体情况考虑下述因素:

a.领导者本人的因素:包括管理者的背景、教育、知识、经验、价值观、目标和期望等。

b.员工的特征:包括员工的背景、教育、知识、经验、价值观、目标和期望等。

c.环境的要求:环境的大小及复杂程度、目标、结构和组织氛围、技术、时间压力和工作的本质等。

②阿吉里斯的不成熟—成熟连续流理论

该理论由美国哈佛大学著名学者阿吉里斯提出,主要集中在个人需求与组织需求问题上的研究。该理论认为一个人由不成熟变为成熟需要一个过程,这个过程会使人依次发生七个方面的变化,如表1-7所示。

表1-7　阿吉斯里的不成熟—成熟连续流理论

不成熟特点		成熟的特点
被动性	⟶	能动性
依赖性	⟶	独立性
办起事来方法少	⟶	办起事来方法多
兴趣淡漠	⟶	兴趣浓厚
目光短浅	⟶	目光长远
从属的职位	⟶	首要的职位
缺乏自知之明	⟶	有自知之明,能自我控制

③俄亥俄州立大学的二维构面理论

俄亥俄州立大学的二维构面理论又称领导双因素模式。美国俄亥俄州立大学的研究者弗莱西和他的同事从1945年起,对领导问题进行了广泛的研究。他们发现,领导行为可以利用两个构面加以描述:关怀和定规。一般称之为"俄亥俄学派理论"或"二维构面理论"。"关怀"是指一位领导者对其下属所给予的尊重、信任以及互相了解的程度。

从高度关怀到低度关怀,中间可以有无数不同程度的关怀。"定规",也就是指领导者对于下属的地位、角色与工作方式,是否都制定有规章或工作程序。这也可有高度的定规和低度的定规。

高关怀低定规的领导者:该种领导者注意关心爱护下属,经常与下属交换思想,交换信息,与下属感情融洽,但是组织内规章制度不严,工作秩序不佳,这是一个较仁慈的领导者。

低关怀高定规的领导者:该种领导者注意严格执行规章制度,建立良好的工作秩序和责任制,但是不注意关心爱护下属,不与下属交流信息,与下属关系不融洽。这是一个较为严厉的领导者。

高关怀高定规的领导者:该种领导者注意严格执行规章制度,建立良好的工作秩序和责任制,同时关心爱护下属,经常与下属交流信息,沟通思想,想方设法调动组织成员的积极性,在下属心目中可敬又可亲。这是一个高效成功的领导者。

低关怀低定规的领导者:该种领导者不注意关心爱护下属,不与下属交换思想,交流信息,与下属关系不太融洽,也不注意执行规章制度,工作无序,效率低下。这是一个无能、不合格的领导者。

④管理方格理论

管理方格图是一张纵轴和横轴各9等分的方格图,纵轴表示企业领导者对人的关心程度(包含了员工对自尊的维护、基于信任而非基于服从来授予职责、提供良好的工作条件和保持良好的人际关系等),横轴表示企业领导者对业绩的关心程度(包括政策决议的质量、程序与过程、研究工作的创造性、职能人员的服务质量、工作效率和产量),其中,第1格表示关心程度最低,第9格表示关心程度最高。

其中有五个主要点值得关注。

A(1,1):既不关注工作,也不关心人,为不称职的领导方式。

B(1,9):高度地关注人,但对工作关注不够,为乡村俱乐部式领导方式。

C(5,5):同等程度地关注工作和关注人,为中庸型领导方式。

D(9,1):高度地关注工作,但对人不关注,为以工作为中心的领导方式。

E(9,9):高度地关注工作和高度地关注人,为团队式战斗集体型的领导方式。

(3)领导权变论

①菲德勒的权变理论

主要观点:领导行为的有效性受环境条件的强烈影响。具体环境由三方面因素构成:职位权力、任务结构、上下级关系。菲德勒根据上述三方面情景因素的不同组合,归纳出八种不同类型的环境条件,如表1-8所示。

a.职位权力。这是指领导者所处的职位具有的权力和权威的大小。一个具有明确的并且高的职位权力的领导比缺乏这种权力的领导者更容易得到他人的追随。

b.任务结构。即工作任务的明确程度和部下对任务的负责程度。任务清楚,工作的质量就比较容易控制,也更容易为组织成员规定明确的工作职责。

c.上下级关系。指领导者受到下级爱戴、尊敬和信任以及下级情愿追随领导者的程度。根据以上三个因素,将领导所处的环境从最有利到最不利分为八种类型。

55

表1-8　领导所处8种环境及优劣

上下级关系	好				差			
任务结构	明确		不明确		明确		不明确	
职位权力	强	弱	强	弱	强	弱	强	弱
环境类型	1	2	3	4	5	6	7	8
环境优劣	有利		中间状态				不利	

②赫塞—布兰查德的领导生命周期理论

基本观点:领导的成功取决于下属的成熟程度以及由此确定的领导风格。下属的成熟度包括工作成熟度和心理成熟度,下属成熟度的发展:不成熟→初步成熟→比较成熟→成熟。该理论认为有效的领导方式与被领导者的成熟度之间是一种曲线关系,依据下属成熟度,把领导者的领导风格分为四种类型:命令式(指令型),高工作、高关系——成熟度低,适用于做事无能力、也不愿意负责的下属。说明式(销售型),高工作、低关系——成熟度偏低,适用于无能力但愿意做领导吩咐工作的下属。参与型,低工作、高关系——适用于下属有能力但不愿意承担责任的中等偏高成熟度。授权型,低工作、低关系——高成熟度,适用于愿意负责又有能力的下属。

③路径—目标理论

所谓"路径—目标"是指有效的领导者既要帮助下属充分理解工作目标,又要指明实现目标应遵循的路径。

基本观点:该理论认为领导者的工作是帮助下属设计和实现他们的目标,并提供必要的指导和支持以确保各自的目标与群体或组织的总体目标一致。即有效的领导者应设法影响下级对其目标和实现目标路径的认识,通过明确指明实现工作目标的路径,并为下属清理实现目标的路径中的各种障碍来帮助下属。

(三)激励概述

1. 激励的含义

激励(motivation)是激发管理对象的动机,创造各种满足管理对象需要的条件,促使管理对象产生实现组织目标的特定行为的过程。激励是管理过程中调动管理对象积极性和创造性不可或缺的活动,有效的激励是组织发展的动力和实现组织目标的保障。

激励的过程与人的需要、动机、目标和行为紧密相关。人的行为具有目的性,由需要引发动机,动机支配行为并指向预定的目标。需要(need)是指人对目标的渴求和欲望,是一切行为的原动力和动机的基础。动机(motivation)是激励和维持人的行动,并使行动导向某一目标,以满足个体某种需要的内部动因。动机具有驱动功能、导向和选择功能、维持与强化功能。激励的过程有三种基本模式:

人的行为从未满足的需要开始,以需要的满足结束,当新的需要出现时再进行下一循环,为激励过程的第一模式。

由需要引起动机,动机支配行为,行为的方向是达到目标以满足需要。当行为达到目标、满足需要时,可能产生新的需要;当行为未达到目标时,有的人会采取积极行为,有的人会采取消极行为而重新回到需要未满足状态。这是行为激励过程的第二模式。

通过对自己的绩效评价和奖惩的感受来确定自己的满足感以调整自己的行为,是激

笔记

56

励过程的第三模式。

2.激励的功能

(1)激励能激发员工的工作积极性和能力。

(2)激励能提高工作绩效。

(3)激励能促进个人目标与组织目标的统一。

(四)激励理论

1.内容性激励理论

(1)需要层次论

马斯洛的需要层次论提出人的需要是有层次的:人的需要由低到高分为生理的需要、安全的需要、爱和归属的需要、尊重的需要和自我实现的需要。后来又发展为七个层次的需要:生理、安全、社交、尊重、求知、求美和自我实现。需要的实现和满足具有顺序性,由低到高逐级实现;人的激励状态取决于其主导需要是否满足;同一时期可能存在几种需要,只是对行为的影响比重不同。

需要层次论在一定程度上反映了人的需要与行为活动的一般规律,作为一种激励理论,对于正确认识员工需要,帮助管理者有针对性地激励员工,有重大的启发和指导作用。组织用于满足低层次需要的投入的效益是递减的,随着员工职位的上升,其需要的层次也会有所变化,组织应了解员工的需要处于哪个层次水平,以提供相应的激励措施。

(2)ERG 需要理论

奥尔德弗的 ERG 需要理论认为人有三类核心需要:生存(existence)需要、关系(relatedness)需要和成长(growth)需要,简称为 ERG 需要理论。

生存需要:是人类的最基本需要,包括人多方面的生理和物质需要,以及在社会环境中的工资、福利等物质型的需要。

关系需要:指在群体中得到友谊,建立良好的人际关系的需要。

成长需要:是一种得到提高和发展的内在欲望,是个人对工作上的创造性和成长发展的追求。通过事业的成功和前途的发展得到满足。

各个层次的需要得到的满足越少就越为人们所渴望,较低层次的需要满足得越多,对较高层次的需要就越强烈。三种需要可以同时存在,是一个连续体,不是层次等级关系,可能越级产生。而且有的需要不完全是生来就有的,是通过后天学习而产生的。同时,如果较高层次的需要一再遭受挫折、得不到满足,人们就会重新追求较低层次需要的满足。

在管理实践中,由于员工各种需要同时存在,故应采用多样化的激励措施,而且还要引导员工的需要向高层次发展。员工之所以追求低层次需要,往往是因为管理者在管理上的失策,未给员工提供能满足高层次需要的环境和条件。

(3)成就需要理论

麦克利兰的成就需要理论认为,人在生存需要得到基本满足之后,主要的高层次需要是成就需要、亲和需要和权力需要。

成就需要理论对于把握管理对象的高层次需要具有积极的参考意义。麦克利兰认为,不同的人对成就、亲和、权力需要的排列层次和所占比重是不同的。因此,在对员工实施激励时需要考虑这三种需要的强烈程度,以便提供能够满足这些需要的激励措施。

笔记

相对于其他两类需要,权力需要是决定管理者取得成功的最重要因素。亲和需要对工作效率会产生间接的影响。

(4)双因素理论

赫茨伯格的双因素理论认为,不是所有的需要得到满足都能激发工作的积极性,只有激励因素的需要得到满足,人的积极性才能得到极大的调动。

保健因素:是指可能引起员工不满意的工作环境因素。不具备保健因素时会引起不满意;但具备时,不一定会调动强烈的积极性。

激励因素:是指可能使员工感到满意的因素。具备激励因素时,会引起满意和调动起强烈的积极性,但缺乏时却并不引起很大的不满意。

传统观点认为满意与不满意互为对立面,双因素理论则认为满意的对立面是没有满意;不满意的对立面是没有不满意。双因素理论强调以工作为核心,管理中调动员工的积极性,应该从工作本身入手。双因素理论认为,满足各种需要所引起的激励深度和效果是不一样的。物质需求的满足是必要的,没有它会导致不满,但是即使获得满足,它的作用往往是很有限的、不能持久的。要调动人的积极性,不仅要注意物质利益和工作条件等外部因素,更重要的是要注意工作内容方面的内在激励。同时,双因素理论对于回答为什么优厚的福利待遇并不能提高员工的积极性这类问题很有帮助。

2.过程性激励理论

(1)期望理论

弗鲁姆的期望理论认为员工采取行为是由于觉得这种行为可以有把握达到某种有足够价值的结果,激励的水平取决于人们认为可以多大程度上达到预计的结果以及自己的努力对于个人需要的满足是否有意义。激励力量 = 期望值×效价。激励力量决定着员工努力程度,期望值是人们对自己能达到某种结果的可能性大小的预判,效价是对所从事的工作或要达到的目标的价值判断。如果一个人把目标的价值看得越大,估计实现的概率越高,则激发的动机越强烈,积极性越高。

在管理中,期望理论提示要增强激励力量就是要提高期望值和效价。一是要增强经努力可到达希望绩效的信心,二是要增强达到绩效后能获得组织公正评价和奖励的信心,三是应使组织所给予的奖酬与个人需要相匹配。具体措施有:了解员工需要,合理树立目标,激发员工期望心理;设计有效公正的绩效评估系统,建立合理的奖酬制度;认识和提高目标的效价。

(2)公平理论

亚当斯于20世纪60年代提出的公平理论,研究利益分配的合理性、公平性对员工积极性的影响。认为员工的工作态度和积极性不仅受绝对报酬的影响,还受相对报酬的影响,以投入产出的比值来衡量贡献与报酬的关系。相对报酬的比较包括与自身的纵向比较和与他人的横向比较。公平是平衡稳定的状态,报酬过高、过低都会使员工产生心理上的紧张不安,从而激励其采取行动以消除或减少这些心理状态。

管理中应重视公平问题并对此有正确的认识和处理。员工之间的相互比较是一种普遍的心理现象。管理者要正确认识和理解员工的比较及由不公平感产生的行为,引导员工正确对待公平感。管理者应以身作则,严格要求自己。建立良好、有效的激励制度。

笔记

（3）综合激励模型

美国行为科学家莱曼·波特和爱德华·劳勒提出综合激励模型。该理论重点研究了激励、绩效和满足三者之间的关系。激励的形成受多因素影响。激励的过程是激励→努力→绩效→奖励→满足并从满足回馈努力的过程。激励过程受努力程度、绩效和满足度的影响。

管理中应形成激励的良性循环过程。工作的实际绩效取决于能力的大小、努力程度以及对所需完成任务理解的深度。奖励要以绩效为前提，不是先有奖励后有绩效，而是必须先完成组织任务才能导致精神的、物质的奖励。报酬是否会产生满足，不仅取决于报酬本身，还和员工认为获得的报酬是否公正相关。

3. 行为改造型激励理论

（1）强化理论

强化理论是一种行为学习理论，认为人的行为受外部环境的调节和控制，人们做出某种行为或不做出某种行为，只取决于行为的后果。人们可以用正强化或负强化的办法来影响行为后果，从而修正其行为。强化是指正确行为后所给予的奖励（正强化）或免除惩罚（负强化）。正强化是给予一种好刺激，使这种行为模式重复出现，并保持下来。负强化是去掉一个坏刺激，为引发所希望的行为的出现而设立。

强化理论有助于理解和引导人们的行为。管理者可用强化理论对员工行为和后果的关系进行分析，利用行为后果的影响对行为的发展趋势加以引导和控制。根据强化对象采用不同的强化措施，分阶段设立切实可行的目标并及时进行强化。

（2）归因理论

归因理论是研究如何推测、判断、解释人们行为及行为结果原因的理论。在管理中，它侧重于研究个人解释行为成功与失败原因的认知过程，并力图通过改变人的自我认知来改变人的行为。归因理论认为人们对行为的结果主要归结于努力、能力、任务的难度和机遇四个因素。人们都会而且需要把自己的成败进行归因，不同的归因会引起不同的心理变化，进而影响以后的行动。管理者应了解员工的归因倾向，以便有效地引导和训练员工，调动其积极性。引导员工积极归因和正确归因，同时管理者应避免归因偏好。

（五）激励原则与方法

学习激励理论的目的是在管理实践中建立科学、合理、规范的激励制度，以激发员工的工作积极性和提高工作满意度，从而高效实现组织目标。激励的原则和方法是激励理论在管理中的应用与体现。

1. 激励的原则

（1）目标原则：通过设定适当的目标，诱发人的动机和行为，达到调动积极性的目的。

（2）按需原则：通过因人而异、因时而异地满足员工的需要来调动积极性。

（3）公平原则：通过公平合理的分配、奖励和惩罚来调动员工的积极性。

（4）物质与精神激励相结合原则：物质激励是基础，精神激励是根本，通过两者结合产生一定的心理效应、精神作用来达到调动员工积极性的目的。

（5）奖惩结合原则：对符合组织目标的期望行为进行奖励，对违背组织目标的非期

笔记

望行为进行惩罚,奖惩都是必要而有效的激励活动。

(6)适时原则:通过根据实际情况选择恰当的激励时机和频率,达到调动员工积极性的目的。

2.激励的方法

常用的激励方法包括物质激励和精神激励两类,可以满足不同人的不同需要。处理好两者的关系是管理工作的重要问题。

(1)物质激励,主要是通过合理的分配方式,将员工的工作绩效和报酬相联系,以分配量的差异作为酬劳或奖励,来满足员工的物质需要并激发工作积极性。包括工资激励、奖金激励、福利激励、其他物质激励。

(2)精神激励,是通过创造良好的工作氛围,满足员工自尊、自我发展和自我实现的需要,激发员工的工作积极性。包括目标激励、成长激励、关怀激励、工作激励、荣誉激励和形象激励。

二、实训目标

1.巩固:领导内涵与构成要素、领导方式、领导理论;激励的含义、基本模式与激励理论。

2.培养:分清领导与管理区别的能力;领导的个人素质和基本技能;应用激励理论分析具体管理与实际问题的基本能力。

3.拓展:结合自身优势及管理实际,灵活运用领导与激励艺术。

三、实训环境

普通教室或小型会议室1间,可移动桌椅4张,台签8个,计时器1个,话筒2个,普通A4纸若干。

四、实训内容

实训一　案例分析

哪种领导类型最有效

ABC公司是一家中等规模的汽车配件生产集团。最近,对该公司的三个重要部门经理进行了一次有关领导类型的调查。

(一)安西尔

安西尔对他本部门的产出感到自豪。他总是强调对生产过程、出产量控制的必要性,坚持下属人员必须很好地了解生产指令以得到迅速、完整、准确的反馈。安西尔遇到小问题时,会放手交给下级去处理,当问题很严重时,他则委派几个有能力的下属人员去解决问题。通常情况下,他只是大致规定下属人员的工作方针、完成怎样的报告及完成期限。安西尔认为只有这样才能促使更好地合作,避免重复工作。

笔记

安西尔认为对下属人员采取敬而远之的态度对一个经理来说是最好的行为方式,所谓的"亲密无间"只会松懈纪律。

安西尔说,在管理中的最大问题是下级不愿意承担责任。他讲道,他的下属人员可以有机会做许多事情,但他们并不是很努力地去做。

他表示不能理解他的下属人员以前如何能与一个毫无能力的前任经理相处,他说,他的上司对他们现在的工作运转情况非常满意。

(二)鲍勃

鲍勃认为每个员工都有人权,他偏重于管理者有义务和责任去满足员工需要的学说。他说,他常为他的员工做一些小事,如给员工两张下月在伽利略城举行的艺术展览的入场券。他认为,每张门票才15美元,但其价值对员工和他的妻子来说却远远超过15美元。通过这种方式,对员工过去几个月的工作做出肯定。

鲍勃说,他每天都要到工厂去一趟,与至少25%的员工交谈。鲍勃不愿意为难别人,他认为安西尔的管理方式过于死板,安西尔的员工也许并不那么满意,但除了忍耐别无他法。

鲍勃说,他已经意识到在管理中有不利因素,但大都是由生产压力造成的。他的想法是以一个友好、粗线条的管理方式对待员工。他承认尽管在生产率上不如其他单位,但他相信他的雇员有高度的忠诚与士气,并坚持他们会因他的开明领导而努力工作。

(三)查里

查里说他面临的基本问题是与其他部门的职责分工不清。他认为不论是否属于他们的任务都安排在他的部门,似乎上级并不清楚这些工作应该由谁做。

查里承认他没有提出异议,他说这样做会使其他部门的经理产生反感。他们把查里看成是朋友,而查里却不这样认为。查里说过去在不平等的分工会议上,他感到很窘迫,但现在适应了,其他部门的领导也不以为然了。

查里认为纪律就是使每个员工不停地工作,预测各种问题的发生。他认为作为一个好的管理者,没有时间像鲍勃那样握紧每一个员工的手,告诉他们正在从事一项伟大的工作。他相信如果一个经理声称为了决定将来的提薪与晋职而对员工的工作进行考核,那么,员工则会更多地考虑他们自己,由此而产生很多问题。他主张,一旦给一个员工分配了工作,就让他以自己的方式去做,取消工作检查。他相信大多数员工知道自己把工作做得怎么样。

如果说存在问题,那就是他的工作范围和职责在生产过程中发生的混淆。查里的确想过,希望公司领导叫他到办公室听听他对某些工作的意见。然而,他并不能保证这样做不会引起风波而使情况有所改变。他说他正在考虑这些问题。

【案例来源:曾宪达.新编管理学基础实训教程[M].杭州:浙江大学出版社,2009:145-147.】

笔记

案例思考与讨论：

1. 你认为安西尔、鲍勃、查里三个部门经理分别采取了什么领导方式？并分析不同领导方式的优缺点。您是否认为每一种领导方式在特定环境下都有效？为什么？

2. 安西尔、鲍勃、查里三个部门经理所认为的激励方式分别基于什么理论？结合本案例，说说这些理论激励员工的因素分别是什么。

实训二　案例分析

硅谷高科技员工的激励

一些人认为，典型的加利福尼亚人与世界上别的地方的人有所不同。尽管这是人们的某种成见，但是至少有一部分加州人确实与众不同。这部分人在硅谷工作，就职于那些推动科技与信息发展前沿的高科技公司。

以他们当中的一员凯西小姐为例，她典型的一天是这样度过的：白天工作12个小时后，晚上9点锻炼身体，接着工作到深夜，然后再休息。这就是她一贯的作息安排，每周6天，并一直能坚持好几个月。凯西是某公司娱乐产品部的项目经理，主管电脑游戏光盘的制作。她一般每周工作100个小时左右。和她在硅谷的那些同事们一样，她并不需要遵守严格的时间规定，而只是在自己想工作的时候才工作，只不过她大多数时候都想工作而已。

什么可以激励人们过这样一种生活呢？在硅谷，很多特殊的机会层出不穷，这就为某些人提供了强大的激励力量。在这里，一种普遍的激励因素是金钱。在今天，硅谷有1/3以上的高科技公司给员工以股权，而对非高科技公司，这一比例不到1/12。因此，在高科技公司中，短时间内暴富是完全可能的。而且即使有人赚不到钱，他能得到的基本补偿金也非常诱人。例如，硅谷的软件、半导体工人每年平均可以得到7万美元的补偿金，而美国普通工人平均每年只能得到2.7万美元。

对于高科技行业的人来说，对所从事工作的热爱是另一个重要激励因素。虽说钱很重要，但很多人承认，如果只是为钱，他们是不会像现在这么努力的。事实上，很多人都认为自己的工作可以与音乐家的工作相媲美，因为工作给了他们发自内心的快乐，工作本身就是最吸引他们的地方。

第三个激励因素是，在硅谷的工作有很高的显示度，容易为人所认可。相对于其他行业的人来说，他们有更多的机会在顾客中闻名。比如说，娱乐产品部发行了凯西监制的游戏光盘，成千上万的顾客会来买这种光盘，并在他们的电脑上使用。她的名字就会出现在制作人员的名单中，就像电影制片人的名字出现在影院中一样。

来自同行的压力和认同也是非常重要的激励因素。这个行业中的人工作时间都很长，这也成了整个行业通行的一种"标准"。人们去上班时就知道自己必定要工作很长时间，这已是既定的事实。他们这么做是因为每个人都这样，不这么做的人就会遭到同行的讥讽。

最后一个激励因素是这些工作所提供的自主性。事实上,现在流行的很多管理方式,比如说授权,就诞生于硅谷。诸如惠普和苹果电脑一类的公司已经摈弃了传统组织机构中指令控制式的管理。公司从不对员工的工作时间安排、工件进度以及服装规范等方面加以规定。相反,员工可以来去自由,可以带宠物上班,也可以在家工作。简而言之,他们可以自主选择在何时、何地以及以什么方式开展工作。对于今天的很多员工来说,这种弹性是非常有吸引力的。

【案例来源:单凤儒.管理学基础实训教程[M].北京:高等教育出版社,2013:28-29.】

案例思考与讨论:

1.运用马斯洛需要层次论、赫兹伯格的双因素理论和弗鲁姆的期望理论来解释硅谷员工的行为。

2.当前在我国高校学生中正兴起一股创新创业的热潮,请用双因素理论对同学们创新创业的积极性加以解释。

实训三　演讲比赛

麻雀能担任领导者吗?

一天,九只爵士鸟与国王老鹰开"圆桌会议"讨论未来之事。

老鹰说:"四方来的朋友与臣子们,欢迎光临。召开此会是要告诉你们,我不再是你们的领导者了,因为我的翅膀已变得苍老灰暗,再也不能到高空翱翔,眼睛仅能看到最大的猎物,双爪却只能捉到最娇弱缓慢的动物。我虽然仍能教导你们与你们的子孙,但我已经无法在你们最需要领导者时,带领你们穿越狂风暴雨。你们都是与众不同的,伟大的上天不会创造两个相似的个体。你们每一位都具有特殊的才能,能做出伟大的贡献,但今天我们必须自你们中间选出水准最高者。"

乌鸦说:"老鹰大人,何不选我呢?我超凡出众,我想在一棵树上,其他的鸟都会让位给我。"

猫头鹰说:"乌鸦,你足够出众,但是你恃强凌弱,且仅会说些闲言碎语伤害别人。你很懒散,但你不在乎;你不敢面对挑战,只能活在愚昧行为里。因此,我应该当领导人!人们都说我聪明,我是你们之中最清醒的人。我的头能转到任何一个方位,所以我无所不知。"

麻雀想:我是这群鸟中最平凡的,没人说过我很独特或我有什么才能。我一直嫉妒乌鸦,因为他不害臊,可是他很聪明,他总能以任何方法达到他的目的。猫头鹰呢,的确见闻广博,应该无所不知,但却很少和其他人分享他的观念或感想。我不知道该怎么选。

鹞说:"我应该当领导人!老鹰和我是同一家族的,所以我应该继承他的工作!我们是优秀的猎人,勇气是我们的力量,绝不会有像我们这样勇敢的领导人。"

麻雀想:鹞小姐的确很勇敢,但她不知道勇气除了使你成为优秀猎人外,还可用于更多地方。平时我只吃种子和虫子，但昨天为了保护妹妹，我啄了想捉我妹妹的狐狸。

红头啄木鸟说："鹡小姐，勇气的确很重要，但是否有比您不断变大的肚子更需贡献勇气的地方呢？我身为一只啄木鸟，能去除树木的致命害虫。我以虫子为食物，而且拯救树木是我的承诺。我们怎能要一个不守承诺的领导者呢？"

猫头鹰说："你这只愚笨的红头啄木鸟！你的脑袋因愚蠢的啄木而变得如此不清楚。你吃的虫子还不够多，没有做到彻底拯救树木。"

麻雀想：天啊！红头啄木鸟至少对某个高于自身价值的重要目标有所承诺。许多小涟漪造成大波浪。若我们大部分人有红头啄木鸟般的目标，那会如何呢？我也开始担心猫头鹰了，因为他都在批评别人的缺点而看不到别人的作用。

天鹅说："拜托！看看最卓越出众的鸟——我吧！我是诚实与纯洁的女王。若不诚实就无法信任，若无法信任，那我们会如何呢？我甚至相信雨水的灵魂，并享受雨水打在我美丽羽毛上的感觉。而其他人却抱怨淋湿而躲在自己的巢中，你们躲避别人也就是躲避自己——你们躲避信任。"

鸽子说："天鹅女士，您太自夸了。我的确同意您的看法，但您爱自己胜过爱别人。若我们不照顾别人也不与人分享，我们的世界便不会和谐。当我还是雏鸽时，我的父母就教导我，领导最重要的法则是：己所不欲，勿施于人。您必须有爱心，更体谅人，天鹅女士。"

麻雀想：天鹅与鸽子皆具有优秀领导者的特质，天鹅对人诚实，鸽子关爱、照顾别人。但上星期，我责备我的孩子偷了玩伴的虫子，我原谅了他们并且告诉他们要将食物与玩伴分享，但我从不标榜自己是诚实或关爱他人的人。

蜂鸟说："你们没有一个身体像我一样娇小，看看我能够做的事吧！我的翅膀长得快又强壮，可以飞到任何我想到的地方。鸟类中，我最自信，因为我曾克服重大困难。领导者就必须像我一样自信。"

嘲鸫说："哟！您是很自信啊！但您一定知道，您没有其他鸟所拥有的领导能力与技巧。我是最好的演说家，能模仿许多鸟的声音，而且我能与狗和青蛙说话。要成为一名让人民自由与和平的领导者，你必须能与不同种族的生物沟通。"

麻雀想：自信与自我表达能力是领导者所需要的，而我两者兼具。我很小，仅五寸高，只有两周大就离开父母。学校生活使我坚强，所犯的错误使我更加坚毅。我很快乐，并以我旭日般的甜美歌声与其他人分享我的想法，让其他人都能听到我的歌声。

老鹰说："麻雀！麻雀！你睡着了吗？我们邀请你来不是只叫你坐着的！你来自鸟类最庞大的家族，你一定知道麻雀也有独特的地方。你与别的鸟有许多相似的地方，但你也一定有一些特别而有价值的贡献。你在这群自夸的鸟中为何这么害羞与沉默？"

麻雀说："老鹰大人，今天我第一次体会到我与其他鸟类不同。昨天我还认为只有少数的鸟是天生的领导者，其他鸟则不是，但我知道领导者必须足够杰出且多项全能。今天我发现领导者是在逆境中自我造就——学习、胜利、失败、再胜利——通过英雄榜样的教导而成就的。他们都仅标榜领导者之某项优点，但没有强调其他方面的优点。想想他们说过的话：乌鸦是聪明的，猫头鹰是见闻最广博的，鹤是最勇敢的，天鹅是最诚实的，鸽子是最关心人的，蜂鸟是最自信的，嘲鸫是最佳的演说者。我可能无法与他们比较特长，但论综合特长，我却比他们好。也许谁都不会选我当新国王及领导者，但今天我毛遂自荐，相信我有能力做好。"

【案例来源：http：//www.chinadmd.com/file/orassa6pvsooauwvova6ue3u_3.html.】

实训要求：

1. 思考和分析领导者的基本素质是什么。从领导者是怎样形成的这个角度谈谈这则寓言故事对你有何启发。

2. 在阅读分析故事的基础上，围绕"我想成为一名优秀的领导者"的主题，要求每位学生撰写一份演讲稿，提前一周交给实训指导老师。

实训四　小组辩论赛

辩论题目：曹操和刘备谁更适合当领导？（项羽与刘邦谁更适合当领导？）

正方辩题：曹操更适合当领导（项羽更适合当领导）

反方辩题：刘备更适合当领导（刘邦更适合当领导）

内容要求：请结合领导素质、领导方式及相关领导理论分析正反双方辩题中历史人物的特点，围绕谁更适合当领导这一话题开展小组辩论。

辩论规则用时及相关要求如下（全场总计用时28分钟）。

1. 陈词阶段共用时6分钟：正、反方一辩发言各3分钟

2. 攻辩阶段

（1）正方二辩提问，反方二辩回答，双方累计时间1分30秒

（2）反方二辩提问，正方二辩回答，双方累计时间1分30秒

（3）正方三辩提问，反方三辩回答，双方累计时间1分30秒

（4）反方三辩提问，正方三辩回答，双方累计时间1分30秒

（5）正方一辩做攻辩小结，用时1分钟

（6）反方一辩做攻辩小结，用时1分钟

注意：每次提问不超过15秒，每次回答不超过20秒。回答方不得以任何形式向对方提问。攻辩双方必须正面回答对方问题，提问和回答都要简洁明确。重复提问和回避问题均要被扣分。正反双方的攻辩小结要针对攻辩阶段的态势及涉及内容，脱离比赛实际状况的背稿要被扣分。

3. 自由辩论阶段共用时10分钟，每方用时5分钟（双方轮流发言，正方先开始。一方发言完毕落座后另一方方可起立发言，不得中途打扰对方发言。同一方辩手的发言次序不限。如果一方时间已经用完，另一方可以继续发言，也可向主席示意放弃发言。自由辩论提倡积极交锋，对重要问题回避交锋两次以上的一方扣分，对于对方已经明确回答的问题仍然纠缠不放的，适当扣分）。

4. 总结陈词阶段共用时4分钟，双方四辩总结陈词，每方用时2分钟。反方先开

始(辩论双方应针对辩论会整体态势进行总结陈词;脱离实际,背诵事先准备的稿件,适当扣分)。

5. 老师及同学们点评。

五、实训步骤及要求

1. 由现任班长、副班长或学委,利用 Excel 随机函数(数),产生学生小组,每个学生小组约 4~5 人。

2. 每个小组按个人或集体提名推荐、民主(选举)等程序产生 1 名组长,然后由组长从四个实训题目中选取一个。

3. 各小组组长组织组内成员对实训材料进行分析和组织讨论,而后分工完成小组实训任务。

4. 各个小组对实训成果进行汇报交流,并对实训成果进行考核,成绩评定以小组为单位,评分者包括:带教老师给予本组的综合评分(权重 35%)、组长评分(权重 30%)、组内其他成员互评(去掉最高分和最低分计算平均分,权重 20%)、其他小组的全体成员对本组的综合评分的平均值(权重 15%)。

六、能力和知识拓展

邓小平的领导艺术

邓小平的领导艺术,体现在半个世纪以来他所从事的中国革命和建设的实践活动和领导活动中。举世瞩目的伟大业绩,正是那精湛的领导艺术的展现;卓越的领导艺术,自然是创造举世瞩目伟大业绩的重要因素。当人们看到这些惊人的成就时,首先会想到的,便是邓小平创造这些成就的领导才华和领导艺术。

邓小平的精湛的领导艺术,主要包括这几个方面:

第一,实事求是的领导作风。"实事求是"是毛泽东倡导的中国共产党的思想路线,也是邓小平领导思想的主线和精髓。邓小平素以讲究实效、不务虚名著称。"不管黑猫、白猫,只要抓住老鼠就是好猫",这句蜚声中外的比喻,几乎成了邓小平讲求实效、求真务实的代名词。"一个党、一个国家、一个民族,如果一切从本本出发,思想僵化,迷信盛行,那它将不能前进,它的生机就停止了,就要亡党亡国"。这段著名的文字,将一位脚踏实地的实干家形象,活脱脱地呈现在世人面前。"不争论"的智慧中,又包含着多少令人回味无穷的艺术遐想啊。

第二,善于把握历史发展去向和主流的艺术。作为中国现代化建设的总工程师,邓小平通过对国内外形势的透彻分析,坚定而又果断地把党和国家的工作重心转移到社会主义现代化建设上来,死死抓住经济发展不放,公开倡言:改革是第二次革命! 发展才是硬道理! 社会主义是"富"不是"穷"! 他准确地把握了时代发展的脉搏,顺应着历史发展的方向和主流,引导着中国这艘巨轮平稳地驶向社会主义现代化的港湾。

第三，慎重而果断的决策艺术。邓小平素以为事果断、雷厉风行著称。在重大决策问题上，他总是思考、思考、再思考；慎重、慎重、再慎重；而一旦思考周密，或时机成熟，便会断下决心，以雷霆万钧之势，一干到底，直到成功。对"左"倾路线的政治大清算，建立经济特区，搞社会主义市场经济，百万大裁兵等，这一项项重大决策，是何等的果断！

第四，绵里藏针的领导艺术。从外表上看，邓小平待人和气，为人谦和，但实际上极有主见，很有个性。他有着领导干部必需的策略上的灵活性，但更有着原则问题上的坚定性。宁可被打倒也不愿肯定"文化大革命"；搞改革开放必须坚持四项基本原则；共同开发资源，但决不在主权问题上让步，运用"一国两制"解决港澳问题等，这些事实，着实让世人目睹了"绵里藏针"的高超领导艺术，领略了坚定的原则性与策略的灵活性完美统一的魅力。

第五，大胆开拓和勇于创新的领导艺术。邓小平无疑是一位非常稳健的政治家，但同时更是一位勇于开拓和创新的改革家。在领导中国人民进行亘古未有的现代化建设中，从试办特区到开发区试验发展模式，从农村联产承包责任制到发展乡镇企业，从计划经济到社会主义市场经济，从"摸着石头过河"到"三步走"战略，处处浸透着开拓创新的时代风习。"胆子再大一点，步子再稳一点"，集中体现出了"总设计师"超凡的领导才华。

第六，举重若轻的领导艺术。举重若轻是帅才，举轻若重是将才。这些都是重点论与两点论结合的形式，是两种领导工作方法。邓小平的领导工作特点就在于"举重若轻"。"一个中心，两个基本点"，"两手抓，两手都要硬"，整顿要从教育科技方面寻找突破口等，都是邓小平运用这种领导方法的经典之作。从邓小平"举重若轻"的工作方法中，可以折射出他坦荡无私的宽阔胸怀，展示出一位伟大的战略家把握历史发展主流的超凡智慧。

第七，集体领导的艺术。"文化大革命"结束后，邓小平痛定思痛，反复强调坚持集体领导的重要性，并着力于从"制度是根本"来解决问题。他不但是第一代中员领导集体的重要成员，而且是第二中央代领导集体的核心，更为铸造第三代中央领导集体而运筹。

第八，知人用人的领导艺术。尊重知识，尊重人才，是邓小平对人才问题的基本观点；"选贤任贤"，实现干部年轻化，是邓小平用人的方针；用科学的方法组织和管理人才，促使人才流动，使人才做到"有职有权有责有利"，是培养和使用人才的重要原则。

"实事求是""慎重果断""绵里藏针""举重若轻""韬光养晦"，无疑是邓小平领导艺术中最具有特色之处。邓小平是不平凡的，因为他是时代的伟人，有着卓越的领导素质和精湛的领导艺术。邓小平又是平凡的，因为他是中国人民中的一分子。他说："我是中国人民的儿子，我深情地爱着我的祖国和人民。"

卓越的领导艺术来自人民群众的智慧，人民群众的智慧又体现为邓小平精湛的

笔记

领导艺术。邓小平精湛领导艺术是中国人民集体智慧的结晶,是邓小平留给党和国家的一笔珍贵的精神财富。我们当然有理由继承、领悟邓小平精湛的领导艺术,用它来指导我们的现代化建设实践,沿着他所开辟的建设有中国特色的社会主义现代化道路前进。

[参考文献]

[1]刘勤.管理学实训教程[M].上海:上海财经大学出版社,2013.

[2]冯占春.管理学基础[M].北京:人民卫生出版社,2013.

[3]曾宪达.新编管理学基础实训教程[M].杭州:浙江大学出版社,2009.

[4]单风儒.管理学基础实训教程[M].北京:高等教育出版社,2013.

[5]龚荒.管理学管理·方法·实训[M].北京:机械工业出版社,2013.

[6]崔国成.管理学基础与实训教程[M].武汉:武汉理工大学出版社,2012.

[7]徐国良,王进.企业管理案例精选精析[M].北京:经济管理出版社,2000.

(王小合 钱 宇)

笔记

第二章

公文写作与处理实训

第一节　决定

一、知识准备

（一）决定的适用范围

决定适用于对重要事项做出决策和部署、奖惩有关单位和人员、变更或者撤销下级机关不适当的决定事项。

决定是指挥性下行文，其适用范围非常广泛，各级党政机关、社会团体、企事业单位都可以使用。

（二）决定的特点

1. 约束性

决定是经重要会议或领导班子认真研究，根据有关方针政策和形势需要，在法定范围内，对重要事项、重大问题或重大行动做出的决策和安排，体现着上级机关的权力和意志，在所属范围或所辖系统内具有很强的约束力，下级机关和个人必须遵照执行，不得违背。

2. 具体性

决定除提出贯彻要求外，要充分说明背景、目的和意义，深入全面地阐明道理，做到以理服人；对事项的安排，从指导原则到任务、方法、步骤、措施等，充分具体，切实可行，不抽象空洞，以保证受文单位能够统一思想、统一步调，使工作顺利进行。

3. 广泛性

决定的使用范围灵活广泛，各级党政机关、企事业单位和团体都可以使用。

（三）决定的种类

根据内容和作用的不同，决定可分为指挥性决定、奖惩性决定和变更性决定。

1. 指挥性决定

指挥性决定适用于对重要事项或重大行动做出政策性或规范性的安排和布置。它重在指挥部署，具有极强的政策性和约束力，有关单位和个人必须认真、严格地贯彻执行。

2. 奖惩性决定

奖惩性决定适用于对有突出贡献的先进集体和个人给予表彰；对造成重大事故或有严重违纪行为的单位或个人给予惩戒。

笔记

3.变更性决定

变更性决定适用于对下级机关做出的不适当的决定给予撤销;对重要机构、人员做出安排和调整等。变更性决定中涉及的事项安排或调整,必须严格执行;如没有执行要求,一般了解周知即可。

(四)决定的结构和写法

1.标题

决定的标题一般由发文机关、事由和文种构成,如《中共中央、国务院、中央军委关于表彰青海玉树全国抗震救灾英雄集体和抗震救灾模范的决定》。也可省略发文机关,只由事由和文种构成,如《关于2011年起全国医疗卫生系统全面禁烟的决定》。

如果是会议做出的决定,要在标题之下居中的位置标明通过会议的时间和会议名称,外加圆括号。一些通过报刊媒体发布的指挥部署性决定,也可在标题下方圆括号内注明成文日期。

2.主送机关

决定的主送机关是其受文对象,在正文之前标明。如果受文单位过多,也可移置版记处标明。受文对象泛指或通过媒体发布的决定,则可不写主送机关。

3.正文

决定的正文一般由决定缘由、决定事项、希望或要求三部分组成。

(1)指挥性决定

缘由:概括说明决定的目的、理由和根据等。然后用"为此,特做如下决定""经会议研究决定"或"现决定如下"等承启语过渡到决定事项。

事项:即决定的具体事项、规定或要求。可采用分条列项的写法,根据需要写明指导思想、工作原则、工作目标、工作重点、工作步骤、保证措施等。

希望或要求:一般提出希望号召或执行要求。

(2)奖惩性决定

①表彰性决定

一般先概述表彰对象的先进事迹并给予适当评价;然后写出表彰的具体决定;最后提出希望或号召,希望被表彰的先进人物或集体再接再厉,不断进取,号召大家以表彰对象为榜样,努力工作。

②处分性决定

首先简要说明被处分单位或个人的基本情况和所犯错误的主要事实及严重后果;然后对所犯错误进行分析并做出结论,根据被处理者的认错态度及相关规定明确处理结果;最后希望大家吸取教训,提出今后工作的要求。

(3)变更性决定

首先写明变更或撤销有关事项的原因、依据,然后写具体的决定事项,最后可提出执行的要求,也可在决定事项告知完毕之后自然结束全文。

4.发文机关署名、成文时间、加盖印章

一般的决定在正文右下方写明发文机关和发文时间,上加盖印章。标题下有题注的决定,正文结束后可不再标注发文机关和成文时间。

（五）决定的写作要求

1. 实事求是，有理有据

科学、客观、正确的决定，必须以事实为基础，以国家的大政方针、法律法规及上级机关的有关规定为前提。在写作中，应该交代清楚决定发出的缘由、根据和目的、意义，做到情况真实、理由充分、依据有力，让下级机关做到胸中有数，深刻认识贯彻执行的必要性和必须性。

2. 切实可行，严谨周密

决定所涉及的问题和事项事关全局，意义重大，影响深远。因此相关事项的决定、措施的实施、要求的提出，都要注意政策的连续性，力求务实稳妥、具体准确，具有针对性和可行性，使下级机关清楚地知道"做什么"和"怎么做"，这是决定写作中的重中之重。行文要语气坚定，严谨周密，层次分明，合乎逻辑，切忌模棱两可。一旦出现漏洞或产生歧义，都可能产生严重后果。

（六）决定与决议的比较

1. 相同之处

决定与决议都是指挥性下行公文，都侧重于对重要事项或重大问题做出决策部署，都具有很强的强制性和约束力，都要求受文单位贯彻执行。

2. 不同之处

（1）形成程序不同。决议必须经过与会代表讨论，以举手或投票表决的形式（过半数或 2/3 以上）通过之后，才可以会议名义发布。决议是会议的产物，会议是产生决议的前提和基础。而决定既可以由会议讨论通过（无须采取表决的形式），也可不通过会议，在职权范围内由机关领导班子研究后综合大多数人的意见，由赋予权力的行政领导者同意后直接以机关名义发文。

（2）内容写法不同。决议的内容多是比较重大的、事关全局的原则性问题，重在统一思想认识，进行战略指导，一般不在具体的措施、步骤上详细论述，写法比较概括，下级机关在贯彻执行时，往往还要根据"决议"制定相应的具体办法或实施措施；而决定既可以有指挥性决定，也可涉及法定事件或具体工作，内容比较明确、集中，提出的办法、措施和要求切实可行，重在统一行动，安排落实，可以直接成为下级机关的行动准则。

二、实训目标

1. 巩固决定的特点、结构、写法、写作要求及与决议的区分等主要知识点。
2. 培养决定书写的基本能力。
3. 拓展在不同范围灵活运用不同种类决定的能力。

三、实训内容

材料 1

为适应完善社会主义市场经济体制，转变政府职能，深化行政审批制度，自 2007

笔记

年4月以来,国务院行政审批制度改革工作小组已开展多轮清理行动。近日,国务院展开了第四轮清理行动,针对186项行政审批项目进行取消和调整。其中,取消行政审批项目128项,调整行政审批项目58项。

【材料来源:http://www.gov.cn/zhengce/content/2008-03/28/content_1661.htm.】

材料2

近年来,舟山市第二建筑安装工程公司、普陀南海建筑工程公司、普陀千岛建筑工程有限公司,经济效益连年增长,建筑质量优秀,无安全事故发生,在积极开拓外地市场,自觉遵守建筑市场管理规定方面起到先进带头作用,政府决定予以表彰。

【材料来源:刘俊.实用公文写作一本通[M].北京:民主与建设出版社,2009:90-91.】

材料3

XX,萧山隧道管理所收费四班副班长。在2004年9月20日至2005年10月9日期间采用重复使用遗弃票等手段,私自将收费款占为己有,违纪操作共计56次,涉及金额600元。因此,对XX处以党内严重警告处分。

XX履历:男,汉族,籍贯XX,1973年8月21日出生;1991年12月参加工作;1993年8月入党;2002年1月受聘于萧山隧道管理所。

违纪过程:中班违纪44次,夜班违纪7次,早班违纪5次。

处理依据:1.《中国共产党纪律处分条例》第五十七条;2.《中共中央纪律检查委员会关于共产党在经济方面违法违纪党纪处分的若干规定》第四条。

【材料来源:刘俊.实用公文写作一本通[M].北京:民主与建设出版社,2009:90-91.】

四、实训步骤及要求

1. 根据所给材料,选择合适的决定种类书写公文。
2. 注意不同种类决定的段落层次及内容要求。
3. 注意标题及公文格式书写正确。

五、能力和知识拓展

国务院关于实施银行卡清算机构准入管理的决定

国发〔2015〕22号

各省、自治区、直辖市人民政府,国务院各部委、各直属机构:

笔记

为完善我国银行卡清算服务的市场化机制,防范清算风险,维护支付体系稳定,保护持卡人合法权益,进一步促进银行卡清算市场有序竞争和健康发展,现作出如下决定:

一、对银行卡清算机构实施准入管理

在中华人民共和国境内从事银行卡清算业务,应当向中国人民银行提出申请,经中国人民银行征求中国银行业监督管理委员会同意后予以批准,依法取得银行卡清算业务许可证,成为专门从事银行卡清算业务的机构(以下简称银行卡清算机构)。未依法取得银行卡清算业务许可证的,不得从事银行卡清算业务,本决定另有规定的除外。

本决定所称银行卡清算业务,是指通过制定银行卡清算标准和规则,运营银行卡清算业务系统,授权发行和受理本银行卡清算机构品牌的银行卡,并为发卡机构和收单机构提供其品牌银行卡的机构间交易处理服务,协助完成资金结算的活动。

根据本决定,中国人民银行会同中国银行业监督管理委员会制定行政许可条件、程序的实施细则,以及相关审慎性监督管理措施,依法向符合条件的申请人颁发银行卡清算业务许可证,并按照分工实施监督管理,共同防范银行卡清算业务系统性风险。

二、申请成为银行卡清算机构应当符合的条件和程序

(一)申请成为银行卡清算机构的,应当为依据《中华人民共和国公司法》设立的企业法人,并符合以下条件:

1.具有不低于10亿元人民币的注册资本。

2.至少具有符合规定条件的持股20%以上的单一主要出资人,或者符合规定条件的合计持股25%以上的多个主要出资人,前述主要出资人申请前一年总资产不低于20亿元人民币或者净资产不低于5亿元人民币,且提出申请前应当连续从事银行、支付或者清算等业务5年以上,连续盈利3年以上,最近3年无重大违法违规记录;其他单一持股比例超过10%的出资人净资产不低于2亿元人民币,具有持续盈利能力、信誉良好,最近3年无重大违法违规记录。

3.有符合国家标准、行业标准的银行卡清算标准体系。

4.在中华人民共和国境内具备符合规定要求、能够独立完成银行卡清算业务的基础设施和异地灾备系统。

5.董事和高级管理人员应当取得中国人民银行征求中国银行业监督管理委员会同意后核准的任职资格。

6.具备符合规定的内部控制、风险防范、信息安全保障和反洗钱措施等其他审慎性条件。

银行业金融机构申请发起设立或者投资于银行卡清算机构的,应当依法报经中国银行业监督管理委员会批准。

(二)申请成为银行卡清算机构的,应当按规定向中国人民银行提出筹备申请,中国人民银行在征求中国银行业监督管理委员会同意后,自受理之日起90日内做出批准或者不予批准筹备的决定。申请人应当自获准筹备之日起1年内完成筹备工作,筹备期间不得从事银行卡清算业务。

筹备工作完成后,申请人具备许可条件的,可以向中国人民银行提出开业申请。中国人民银行在征求中国银行业监督管理委员会同意后,自受理之日起90日内做出批准或者不予批准开业的决定。决定批准的,中国人民银行在征求中国银行业监督管理委员会同意后,颁发银行卡清算业务许可证。

申请人应当在取得银行卡清算业务许可证之日起6个月内,正式开办银行卡清算业务。

(三)银行卡清算机构设立分支机构、分立或者合并,变更名称、注册资本、单一持股比例超过10%的出资人、银行卡清算品牌,更换董事和高级管理人员,终止部分或者全部银行卡清算业务及解散的,应当向中国人民银行提出申请。中国人民银行在征求中国银行业监督管理委员会同意后,自受理之日起90日内做出批准或者不予批准的决定。

三、对银行卡清算机构的业务管理要求

(一)银行卡清算机构开展银行卡清算业务,应当使用其自有的或者出资人所有的银行卡清算品牌。

(二)银行卡清算机构不得限制发卡机构和收单机构与其他银行卡清算机构开展合作。

(三)银行卡清算机构应当确保银行卡清算业务基础设施安全、高效和稳定,确保交易数据完整、真实;应当通过境内银行卡清算业务基础设施处理与境内发卡机构或者收单机构之间的业务,并在境内完成资金结算。

(四)银行卡清算机构应当对从银行卡清算业务中获取的信息予以保密,除法律法规另有规定外,未经当事人授权不得对外提供。在中国境内收集的有关个人金融信息的储存、处理和分析应当在中国境内进行,为处理银行卡跨境交易且经当事人授权的除外。

四、对外资银行卡清算机构的管理规定

(一)境外机构为中华人民共和国境内主体提供银行卡清算服务的,应当依法在中华人民共和国境内设立外商投资企业,并根据本决定规定的条件和程序取得银行卡清算业务许可证;仅为跨境交易提供外币的银行卡清算服务的,原则上无须在境内设立银行卡清算机构,但应当就业务开展情况向中国人民银行和中国银行业监督管理委员会报告,并遵循相关业务管理要求。

(二)外国投资者并购银行卡清算机构的,应当按照相关规定进行外资并购安全审查。

五、其他规定

本决定施行前已经在中华人民共和国境内从事银行卡清算业务的机构,应当自

本决定施行之日起 1 年内,依照本决定的规定申请银行卡清算业务许可证或者向中国人民银行和中国银行业监督管理委员会报告业务开展情况。逾期未申请银行卡清算业务许可证的,不得继续从事银行卡清算业务;逾期未报告业务开展情况的,由中国人民银行责令限期改正。

本决定自 2015 年 6 月 1 日起施行。

国务院

2015 年 4 月 9 日

【材料来源:http://www.gov.cn/zhengce/content/2015-04/22/content_9656.htm.】

第二节　意见

一、知识准备

(一)意见的适用范围

意见是对重要问题提出见解和处理办法的公文。

意见的适用范围很广。任何党政机关、职能部门或个人都可以使用意见来提出对重大问题的见解和处理办法,行文方向不固定,既可以用于下行文,也可以用于平行文和上行文。作为上行文,应按请示性公文的程序和要求办理。所提意见如涉及其他部门职权范围内的事项,主办部门应当主动与有关部门协商,取得一致意见后方可行文;如有分歧,主办部门的主要负责人应当出面协调,仍不能取得一致时,主办部门可以列明各方理据,提出建设性意见,并与有关部门会签后报请上级机关决定。上级机关应当对下级机关报送的意见做出处理或给予答复。作为下行文,文中对贯彻执行有明确要求的,下级机关应遵照执行;无明确要求的,下级机关可参照执行。作为平行文,提出的意见供对方参考。

(二)意见的特点

1.政策性强

意见是对重要问题提出见解和处理办法的公文,意见中的重要问题应当是当前工作中遇到的具有全局性、方针政策性的重大事项和主要问题,特别是新出现的问题。对这类重要问题提出的见解和处理办法必须符合党和政府的有关方针、政策并以党和政府的方针、政策作为指导思想。

2.行文的多向性

意见的行文比较灵活,行文方向不限,既可以向上行文,也可以向下或平行行文。中央党政机关、地方党政机关都可以使用。

3.内容的重要性

意见适用于对重要问题提出见解和处理办法,不论行文方向如何,意见都是在调查研究的基础上对当前现实工作中出现的重要问题进行分析,进而提出相应的见解观点和可供实施的处理办法及措施,对解决实际工作存在的问题起着十分重要的作用。

4.效力的多样性

意见的行文方向和具体内容不同,其效力是多样的。有些意见具有规范指导作用,有些意见具有批评、警戒作用,有些意见具有建议参考作用。

(三)意见的种类

根据不同的标准,意见可以分为不同的种类。根据行文方向,意见可以分为以下三种。

1.下行意见

下行意见适用于对带有全局性的重要问题提出见解和处理办法。这类意见是领导机关就一些重大的问题阐明自己的见解、处理办法和具体的措施,要求下级机关贯彻执行,具有较强的规范性和强制性。文中如对贯彻执行有明确要求的,下级机关应遵照执行。

如卫生部于2012年7月4日印发的《"十二五"期间卫生扶贫工作指导意见》就具有很强的操作性,是必须贯彻执行的。在《卫生部关于印发"十二五"期间卫生扶贫工作指导意见的通知》(卫规财发〔2012〕49号)中就明确强调"为贯彻落实《中国农村扶贫开发纲要(2011—2020年)》,指导各地卫生部门在'十二五'期间开展卫生扶贫工作,我部研究制定了《'十二五'期间卫生扶贫工作指导意见》。现印发给你们,请遵照执行"。

文中如对贯彻执行无明确要求的,下级机关可参照执行。

如国家中医药管理局、卫生部、人力资源社会保障部、国家食品药品监督管理局、总后勤部卫生部于2012年8月27日联合下发的《关于实施基层中医药服务能力提升工程的意见》(国中医药医政发〔2012〕31号)。文中指出"为进一步贯彻落实《'十二五'期间深化医药卫生体制改革规划暨实施方案》(国发〔2012〕11号)、《国务院关于扶持和促进中医药事业发展的若干意见》(国发〔2009〕22号)和《国务院办公厅关于印发县级公立医院综合改革试点意见的通知》(国办发〔2012〕33号)等对中医药(民族医药)工作的部署和要求,切实提高基层中医药服务能力,更好地满足城乡居民和部队官兵中医药服务需求,国家中医药管理局、卫生部、人力资源社会保障部、国家食品药品监督管理局、总后勤部卫生部决定在'十二五'期间组织实施基层中医药服务能力提升工程(以下简称提升工程)。为做好提升工程实施工作,现提出以下意见"。从文中可以看出,其对贯彻执行并无明确要求,只是提出意见,下级机关可以参照执行。

2.平行意见

平行意见适用于同级机关和不相隶属机关对某一重要问题提出见解和处理办法。这类意见一般是发文机关就自己职权范围内的有关事项提请受文机关注意。因为平行意见既不像下行文那样带有强制性和指挥性,也不像函那样商请、询问、请批或答复事项,所以应尽量用谦和、商量的语气提出对有关事项的见解和处理办法,供对方参考或借鉴。

例如A省卫生厅向B省卫生厅发出的平行意见,针对共同关心的医疗卫生事业领域中的行政事项或发展构想发表见解,供对方参考借鉴。

笔记

3. 上行意见

上行意见适用于下级机关向上级机关就工作中有关重要问题提出见解和处理办法。上行意见一般由有关业务主管部门就其主管领域中出现的重大新情况和新问题提出建议或处理办法,请政府机关或上级业务主管部门同意后,批准转发给有关方面结合实际情况贯彻执行。如国家发展改革委卫生部、财政部、商务部、人力资源社会保障部联合向国务院上报《关于进一步鼓励和引导社会资本举办医疗机构的意见》,要求国务院批转。国务院经研究同意后,于2010年11月26日发出《国务院办公厅转发发展改革委、卫生部等部门关于进一步鼓励和引导社会资本举办医疗机构意见的通知》(国办发〔2010〕58号)。再如国家发展改革委、财政部、卫生部联合上报国务院请求批转的《关于清理化解基层医疗卫生机构债务的意见》,经国务院研究同意,于2011年7月5日发出《国务院办公厅转发发展改革委财政部卫生部关于清理化解基层医疗卫生机构债务意见的通知》(国办发〔2011〕32号)。

(四)意见的写法

1. 标题

意见采用完全式标题,由发文机关、事由与文种三个部分构成。如《农业部关于进一步加强动物卫生监督工作的意见》,其中发文机关为"农业部",事由为"关于进一步加强动物卫生监督工作",文种则是"意见"。

2. 主送机关

意见作为独立公文使用时,应该写明主送机关,可以是下级机关、平行机关或上级机关。如《商务部等十四部门关于促进中医药服务贸易发展的若干意见》,其主送机关便为"各省、自治区、直辖市、计划单列市及新疆生产建设兵团商务、外交、教育、科技、财政、文化、卫生、海关、税务、质检、林业、知识产权、中医药、外汇主管部门"。

意见作为非独立公文使用时,可以省略主送机关。如《卫生部关于印发"十二五"期间卫生扶贫工作指导意见的通知》,里面作为印发内容的《"十二五"期间卫生扶贫工作指导意见》部分便省略了主送机关。

3. 正文

(1)意见缘由主要是开篇交代提出意见的背景、原委、依据、目的等内容。要求开篇显旨、起句立意、直奔主题,以便尽快引起下文。一般用过渡语"现提出如下意见""为此,提出以下意见""现就……提出意见如下"等。

(2)意见事项是主体部分,一般篇幅较长,其内容主要是针对问题或工作的具体内容进行分析,并在分析的基础上提出解决问题的见解、办法和措施。一般以"分列小标题"的形式作为写作结构,既要把道理讲清楚,也要注意把措施写具体。

(3)结尾。下行意见可以不加结束语而自然收尾。平行意见可用"以上意见供参考"结尾,上行的意见常以"以上意见如无不妥,请批转×××执行"等。

4. 发文机关署名、成文日期、印章

意见正文结束后在其右下方由发文机关署名,并标注成文时间,加盖发文机关印章以示生效。

笔记

（五）意见的写作要求

1. 观点鲜明

意见要反映出对重大问题的见解和处理办法,针对性强。写作时必须对重大问题提出看法和认识,主张做什么,反对做什么,要旗帜鲜明、明确具体,不能含糊其辞。

2. 措施可行

意见一般需要表述解决问题、处理工作的具体要求和措施。写作时必须把各项要求和措施写得条分缕析、实实在在,具有可操作性。

3. 结构完整

意见需要对特定的重要问题进行深刻的分析,并在分析的基础上提出相应的解决办法和处理措施。在写作时,其内在结构必须符合"提出问题—分析问题—解决问题"的模式,脉络清晰、层层深入、表述清楚。

4. 语言贴切

意见行文方向灵活,用语也需灵活贴切。不同行文方向需采用不同的表达语气。下行"意见"多用祈使语气或指令性语气。平行"意见"多用平等、协商语气。上行"意见"多用汇报、陈述语气,但上行请求批转或转发的"意见"仍需以下行文语气写作,以实现经上级部门批转后交有关部门执行的目的。

（六）意见与其他相关文种的比较

由于意见行文的灵活性,既可以下行行文,也可上行或平行行文,因此,在确定使用文种时,需注意意见与决定、通知、报告和请示的区别。

1. 意见与决定的比较

意见和决定都可以向下行文,向下级部署工作,提出工作要求、处理方法和措施,但两者也有区别。

具体来讲,意见和决定主要有以下区别:

（1）适用范围不同

意见适用于对重要问题提出见解和处理办法,而决定适用于对重要事项做出决策和部署、奖惩有关单位和人员、变更或者撤销下级机关不适当的决定事项。意见里的"重要问题"并非是"重要事项",这是两者的根本区别。

（2）内容和结构不同

意见是对重要问题提出见解和处理办法,不仅要明确做什么、怎么做,还需阐明为什么这样做,要做到以理服人,在结构上是"提出问题—分析问题—解决问题"。决定则是对重要事项做出决策和部署,重点是明确做什么和怎么做,不需要解释为什么这样做,在结构上则是"提出问题—解决问题",并不需要分析问题。

（3）具体程度不同

意见具有指导性,针对下级机关出现的新情况、新问题提出的带有指导性的见解和处理办法往往是宏观的和原则性的,下级机关在执行时,可以根据自己的实际情况进行具体化、细化。而决定具有指挥性,对重要事项提出的解决办法往往相对具体,对下级的规定性也较强,下级机关必须不折不扣地无条件执行,行文语气也不似意见柔和委婉。

2.意见与通知的比较

意见和通知都是运用频率较高的公文文种,目的都是解决问题,均可向下发文或平行发文,但两者也有区别。

具体来讲,意见和通知主要有以下区别:

(1)涉及内容不同

意见涉及的内容必须是重要问题,重视对重要问题的见解与办法、措施的阐述。通知则是发布、传达要求下级机关执行或有关单位周知或执行的事项,事项可以是重大事项、重要问题,也可以是日常工作布置。

(2)行文范围不同

意见的行文范围非常广泛,不单可以下行行文和平行行文,还可以上行行文。通知的行文范围虽然也较广泛,但是只能够下行行文和平行行文而不能上行行文。

(3)强制性不同

意见对工作的指导具有灵活性、弹性,可以在政策范围内根据工作实际情况独立自主、灵活机动地运用。通知则具有强制性、指令性、不可更改性,必须认真办理和执行。

3.意见与报告的比较

意见与报告均可向上级机关汇报情况和提出建议,涉及内容都较复杂,但两者也有区别。

具体来讲,意见和报告主要有以下区别:

(1)行文目的不同

意见是对重要问题提出见解和处理办法,目的是要求上级机关予以采纳或批转有关单位执行。报告则是向上级机关反映情况、汇报工作和答复上级机关的询问,目的是为上级机关提供信息、情况和经验教训。

(2)行文范围不同

在行文范围方面,意见不仅可以上行行文,还可以平行行文和下行行文,但报告只能够上行行文。

(3)行文时间不同

意见在行文时间上具有较大的灵活性,其涉及的事项既可以是已经做过的、正在做的或准备要做的事情,行文可以事后、事中或事前。报告所涉及的事项多是过去的或正在发生的,行文则在事后或事中而不能在事前。

(4)上级机关处理方式不同

根据意见和报告的行文目的不同,上级机关对意见和报告的处理方式也不同。意见需要根据内容予以批复、转发或转办,报告则只作为阅件处理。

4.意见与请示的比较

意见作为上行文时与请示相似,但两者在使用时有一定区别。具体来讲,意见和请示主要有以下区别:

(1)行文目的不同

意见是对重要问题提出见解和处理办法,目的是要求上级机关予以采纳或批转有关单位执行,多偏向于向上级要政策、办法等"软件"。请示的目的在于请求上级指示、帮助、批准,为上级批复提供依据,多偏向于向上级要人、财、物等"硬件"。

（2）行文范围不同

在行文范围方面,意见不仅可以上行行文,还可以平行行文和下行行文,但请示只能够上行行文。

（3）行文时间不同

意见在行文时间上具有较大的灵活性,其涉及的事项既可以是已经做过的、正在做的或准备要做的事情,行文可以事后、事中或事前。请示所涉及的事项要等上级机关批复后才能够处理实施,必须在事前行文。

（4）上级机关处理方式不同

意见和请示都需要上级机关及时处理。意见需要根据内容予以批复、转发或转办。请示则需要予以批复。

二、实训目标

1. 巩固意见的特点、结构、写法、写作要求及与其他文种的区别等主要知识点。
2. 培养意见书写的基本能力。
3. 拓展在不同范围灵活运用不同种类意见的能力。

三、实训内容

建立分级诊疗制度,是合理配置医疗资源、促进基本医疗卫生服务均等化的重要举措,是深化医药卫生体制改革、建立中国特色基本医疗卫生制度的重要内容。国务院办公厅针对各地推进分级诊疗制度建设,提出以党的十八大和十八届二中、三中、四中全会精神为中心,立足我国经济社会和医药卫生事业发展实际,按照以人为本、群众自愿、统筹城乡、创新机制的原则,以提高基层医疗服务能力为重点,以常见病、多发病、慢性病分级诊疗为突破口,完善服务网络、运行机制和激励机制,引导优质医疗资源下沉,形成科学合理的就医秩序,逐步建立符合国情的分级诊疗制度,切实促进基本医疗卫生服务的公平可及。要求到 2017 年,分级诊疗政策体系逐步完善,医疗卫生机构分工协作机制基本形成,优质医疗资源有序有效下沉,以全科医生为重点的基层医疗卫生人才队伍建设得到加强,医疗资源利用效率和整体效益进一步提高,基层医疗卫生机构诊疗量占总诊疗量比例明显提升,就医秩序更加合理规范。到 2020 年,分级诊疗服务能力全面提升,保障机制逐步健全,布局合理、规模适当、层级优化、职责明晰、功能完善、富有效率的医疗服务体系基本构建,基层首诊、双向转诊、急慢分治、上下联动的分级诊疗模式逐步形成,基本建立符合国情的分级诊疗制度。

围绕完善分级诊疗服务体系、加强基层人才队伍建设、提高基层医疗卫生服务能力、区域医疗信息化建设及医疗资源共享提出具体指导意见。同时,强调分级诊疗保障机制的建设,包括医疗资源合理配置机制、基层签约服务制度、医保支付制度改革、医疗服务价格形成机制、利益分配机制、医疗卫生机构分工协作机制的建立和完善。

要求加强组织领导,明确各部门职责,积极宣传,稳步推进试点工作,保证推进工作有序进行。

【材料来源:http://www. nhfpc. gov. cn/yzygj/s3593g/201509/c30041e1016a427f9477774c9e864eb4. shtml.】

四、实训步骤及要求

1. 根据材料内容拟写一份意见。
2. 可做合理想象写出完整的公文。
3. 注意意见的书写格式及文章段落结构层次。

五、能力和知识拓展

关于保障儿童用药的若干意见

国卫药政发〔2014〕29 号

各省、自治区、直辖市人民政府,新疆生产建设兵团:

保障儿童基本用药需求,促进儿童用药安全科学合理使用,对于防治儿童疾病、提升儿童健康水平具有重要意义。当前,我国儿童用药适宜品种少、适宜剂型和规格缺乏、药物临床试验基础薄弱、不规范处方行为和不合理用药等问题仍比较突出,亟待采取措施予以解决。为进一步做好保障儿童用药工作,经国务院同意,现提出以下意见:

一、加快申报审评,促进研发创制

(一)建立申报审评专门通道。针对国外已上市使用但国内缺乏且临床急需的儿童适宜品种、剂型、规格,加快申报审评进度。

(二)建立鼓励研发创新机制。根据我国儿童疾病防治需求,借鉴国际经验,逐步建立鼓励研发的儿童药品目录,并将其纳入国家"重大新药创制"科技重大专项、蛋白类生物药和疫苗重大创新发展工程,整合优势单位协同创新研发,提升产业自主创新能力,引导和鼓励企业优先研发生产。

(三)鼓励开展儿童用药临床试验。加强儿童用药临床试验管理,推动临床试验平台建设和研究团队能力建设,提高受试者参与度。探索建立新药申请时提供相关儿童临床试验数据及用药信息的制度。对已上市品种,要求药品生产企业及时补充完善儿童临床试验数据。

二、加强政策扶持,保障生产供应

(一)对儿童用药价格给予政策扶持,儿童专用剂型可单列代表品,不受成人药品定价水平影响;对儿童适宜剂型,研究规定较为宽松的剂型比价系数。对部分临床必需但尚在专利保护期内的进口儿童用药,探索建立价格谈判机制,推动降低药品价格,满足临床需求。发挥医疗保险对儿童用药的保障功能,按规定及时将儿童适宜剂型、规格纳入基本医疗保险支付范围。

(二)优先支持儿童用药生产企业开展产品升级、生产线技术改造,推动企业完善质量管理体系,提升产品质量水平,保障用药安全。

(三)加强儿童用药供应使用情况监测,对临床必需、易短缺的药品采取价格、采购等扶持政策,调动企业生产和配送积极性;对其中用量小的品种,研究采取定点生产或储备的方式保障供应。

(四)各地要建立健全短缺药品供应保障预警机制,及时掌握短缺儿童用药生产动态,积极协调解决生产企业存在的突出问题和困难,提高生产供应保障能力。

三、完善体系建设,提高临床使用综合评价能力

(一)完善用药指南。发挥专业协会学术优势,组织专家总结临床用药经验及安全用药数据,形成行业共识,推动建立科学规范的儿童用药指南,引导企业研发申报,指导企业组织生产。

(二)加强药品说明书管理。对部分已临床使用多年但药品说明书缺乏儿童用药数据的药品,发挥专业协会作用,组织论证、补充完善儿童用药数据,引导企业修订药品说明书。

(三)开展临床使用综合评价。在全国范围内遴选具有医、教、研、防综合优势的儿童专科医院和儿科中医药诊疗水平较高的中医医院,建立健全儿童临床用药综合评价体系。以基本药物为重点,建立儿童用药临床数据库,整理分析各地儿童用药用法用量、疗效、药代动力学及配伍相互作用数据,定期开展综合评价。

(四)推动人才队伍建设。完善儿科教育培训内容,制订专科培训计划,重点加强基层医务人员儿科专项培训,提高专业水平和服务能力,调动医务人员积极性。

四、强化监督管理,确保质量安全

(一)加强药品质量监管。做好安全性、有效性和质量可控性审核,严格技术要求,完善研发评估标准,严格生产流通和使用全过程监管,严厉打击制售假冒伪劣药品的行为,强化责任追究。不断完善药品不良反应监测和应急机制。

(二)规范处方行为,引导合理使用。各级各类医疗机构要参照国家处方集、基本药物临床应用指南和处方集,规范处方行为,推进药品使用管理信息化,提高科学诊疗和合理用药水平。发挥药师作用,加强抗生素等重点药品应用管理和评价,建立用药处方、医嘱点评制度,将点评结果作为医师定期考核和绩效管理依据,确保儿童用药合理使用。

五、坚持中西药并重,发挥中医药特色优势

充分发挥中医药在儿童用药方面的特色优势。总结中医儿科临床用药经验,加大儿科中成药和中药院内制剂研发力度,完善临床评价标准,加快审评进度,推动完善儿科中药安全性、有效性、经济性的再研究、再评价及相应技术标准。逐步规范儿科中药产品的功能主治、用法、用量、配伍及不良反应警示,进一步促进儿科中药临

床合理应用,推动中医药事业快速健康发展。

六、加强合理用药宣传,提高全民健康意识

加大新闻宣传和健康教育力度,坚持正确的舆论导向,积极开展形式多样的儿童合理用药宣传和健康教育活动。普及医学科学及安全用药知识,引导公众形成良好用药观念和习惯,提高社会安全用药意识,最大限度保障儿童用药安全,维护儿童健康权益。

各地区各有关部门要充分认识保障儿童用药工作的重要性,统筹推进,抓好落实。有关部门要加强沟通协作、政策衔接和对地方的指导。各地要结合实际细化工作措施,推动各项工作顺利开展。

国家卫生计生委　国家发展改革委

工业和信息化部　人力资源社会保障部

国家食品药品监管总局　国家中医药局

2014 年 5 月 21 日

【材料来源:http://www.nhfpc.gov.cn/zwgkzt/pzcyj/201405/e51354d631944fa68aac0c4d9585f291.shtml.】

第三节　通知

一、知识准备

(一)通知的适用范围

通知适用于发布、传达要求下级机关执行和有关单位周知或者执行的事项,批转、转发公文。

通知是一种适用范围广泛、使用频率极高的下行文,可以用来部署工作,告知事项,也可用于发布、批转、转发有关机关的文件等。

(二)通知的特点

1. 广泛性

通知没有严格的制发权限限制,发文机关不受级别高低和机关性质的限制,因此其使用者十分广泛,凡是合法的国家行政机关、企事业单位和社会团体均可使用通知行文。另外,通知涉及的内容广泛、多样。

2. 指导性

多数通知都具有一定程度的指导性。用通知来发布规章、转发文件、布置工作、传达指示,都具有指导作用,受文单位对通知的内容需要认真学习,并在规定时间内完成通知布置的任务。

3. 执行性

通知涉及的事项一般都要求及时办理、执行或知晓,具有较强的执行性和约束力。

通知要求办理或执行的事情不容拖延,必须在限期内完成,否则可能失效或误事。

(三)通知的种类

按照通知的内容和用途的不同,可以将其分成指示性通知、印发性通知、转发性通知、批转性通知、事务性通知、知照性通知、任免性通知、会议性通知八类。

1.指示性通知

指示性通知用于上级机关对下级机关提出要求、做出安排部署时使用,这类通知往往带有强制性。

指示性通知又分两种,一是发文机关根据自己的职权直接提出要求,二是为贯彻上级机关的某一精神或文件而制发。

2.印发性通知

印发性通知用于印发法规、规章及其他重要文件,如条例、办法、细则、标准、方案、纲要、计划等,要求下级机关按要求贯彻执行。

3.转发性通知

转发性通知用于转发上级、同级或不相隶属机关的公文。

4.批转性通知

批转性通知用于批转下级机关的公文,下级机关的文件经上级机关认可后,用通知批转给其他下级机关贯彻执行。

5.事务性通知

事务性通知用于向下级机关传达要求办理的日常性、例行性的工作事项,包括布置工作、交代任务或要求配合办理等。

6.知照性通知

知照性通知用于告知某一事项或某些信息,如庆祝节日,成立、调整、合并、撤销机构,启用新印章,更改电话,更正文件差错等。

7.任免性通知

任免性通知用于公布有关职务的任免和干部的聘任等事项。

8.会议性通知

会议性通知在通知会议事宜时使用。

(四)通知的写法

1.标题

通知一般采用完全式标题。印发性通知标题一般也要求由发文机关、事由和文种组成完整标题。其中事由部分应完整引用被印发文件的名称,前面标明"印发"字样。如《国务院关于印发卫生事业发展"十二五"规划的通知》。

转发性通知标题可能出现如下两种特殊情况:

(1)被转发的文件本身也是一个通知,此种情况不可写成《×××关于转发×××关于×××的通知的通知》,应省略被转发文件名称中"的通知"字样,并且标题中只保留一个"关于"字样,省略"转发"或"批转"前的"关于"两字,如《卫生部办公厅转发财政部关于进一步加强党政机关出差和会议定点管理工作的通知》。

（2）层层转发有关文件的通知，如《北京市朝阳区卫生局关于转发北京市卫生局关于转发卫生部关于×××的通知的通知》，标题有三个层次，用了两个"关于转发"，两个"的通知"，十分烦琐与混乱。这种情况下，通知的标题只需标明转发的最高机关的文件，上述标题应写作《北京市朝阳区卫生局关于转发卫生部×××的通知》，中间的转发经过，可在正文中交代清楚。

会议性通知标题中的事由部分由会议名称代替。

任免性通知标题中的事由部分由任免人员姓名加"任免"或"免职"字样组成，涉及两个以上人员标题中之出现一个人的姓名，加上"等同志"字样。同时涉及任职与免职的，标题中加入"职务任免"字样。

2．主送机关

指示性通知的主送机关较多，在写作时用泛称表示，主送机关的分类和排列顺序应规范。如《卫生部关于加强预防接种工作的通知》一文中，其主送机关为"各省、自治区、直辖市卫生厅局，新疆生产建设兵团卫生局，中国疾病预防控制中心"。

3．正文

（1）指示性通知。正文部分通常由通知缘由、通知事项两部分组成。

通知缘由部分交代通知发文的原因、背景和依据。若通知是由发文机关根据自己的职权直接提出指示性要求的，这部分一般写出当前存在的问题和制发本通知的意义；若通知是为贯彻上级机关的某一精神或文件而制发的，缘由部分应交代本通知的发文依据和目的。缘由部分结束后一般以"现就有关工作要求通知如下""现将有关问题通知如下"等过渡语承启下文。

通知事项部分内容是指示性通知正文的核心内容，应写明具体工作的原则、方针、方法、措施、要求和步骤等。这部分内容一般比较复杂，应分条列项，做到层次鲜明、重点突出。

指示性通知的语言要准确得体，措辞应庄重严肃，语气要坚定，体现出上级机关的权威性。

（2）印发性通知和转发性通知。此类通知正文的写作有详、简之分。简写的正文只需简述印发或转发对象、印发或转发依据、印发或转发决定和执行要求。详写的正文部分除上述内容外，还会对发文背景、性质意义、执行重点、注意事项等进行说明和论述。

（3）批转性通知。批转性通知的正文由上级机关批语和下级机关来文两部分组成，也有简写与详写之分。简写的正文只要用一句话表明本机关对所批转公文给予"批准"或"同意"的态度，然后简要提出执行意见和要求即可。详写的正文可以在上述内容外阐述相关问题的重要意义，以此强调贯彻执行的必要性。

转发性通知可以层层转发，批转性通知只能批转一次。如卫生部制发批转性通知给北京市卫生局，此批转性通知对于北京市卫生局而言属上级来文，北京市卫生局如有需要，只能将此通知转发其下级机关，如转发至朝阳区卫生局。

此外还有一种特殊情况：上级机关同意批转某下级机关公文，但不以机关的名义行文（不是特别重要或非全局性的事项），而是授权以机关办公厅（室）的名义"转"，该机关的办公部门与其直属下级机关之间属于不相隶属关系，行文时标题及正文中要用"转

笔记

发",且正文中还需交代有关授权情况。

(4)事务性通知和知照性通知。正文部分一般由通知缘由和通知事项两部分构成,交代清楚要办理或执行的事项即可,文字简明扼要。事项性通知要交代清楚要下级机关做什么,怎么做,什么时候做等,注意把具体事项阐述清楚,主次分明。知照性通知只知照有关事项即可,结尾不提执行要求,可以"特此通知"等惯用语结束全文。

(5)会议性通知。正文分两部分。第一部分交代清楚召开会议的目的或依据、会议的主持单位、会议的名称等内容。第二部分要分条列项交代清楚召开会议的时间和地点,会议的中心议题和主要程序,对与会人员身份的要求,会前准备工作的要求,会议报道的事件、地点及联络人等事务。

(6)任免性通知。一般交代任免依据、任免决定和任免对象及职务。先交代任职情况,再交代免职情况。

4. 发文机关署名、成文日期、印章

通知正文结束后在其右下方由发文机关署名,标注成文时间并加盖发文机关印章以示生效。

(五)通知的写作要求

1. 突出重点,措施具体

通知在撰写过程中应突出重点,并将通知事项表达明确具体,便于收文机关迅速而准确把握关键内容,快速领会通知的精神,有效地实施。

2. 条理清楚,层次清晰

通知涉及的内容一般比较具体,行文中应明确要求,符合实际,逻辑严密。具体事项部分常采用分条列项的方法,做到条理清楚,层次清晰。

3. 文字简明,通俗易懂

通知的语言应通俗易懂,文字要简明扼要,准确得体的措辞是下级机关准确领会要求的保证,可避免因误解导致错误的执行。

4. 明确目的,恰当使用

通知使用广泛,种类较多,不同种类和目的的通知写作上要求不同。

(六)通知与其他文种的比较

1. 通知与决定、意见的比较

决定文种的稳定性较强,一旦下发会在相当长的时间段内发挥作用,但文种的使用频率不高;意见政策性强,针对全局性、政策方针性的重要问题提出意见和见解,稳定性上强于通知;通知对发文机关的限制较少,且文种讲求时效性,在写作时要求撰写得及时、快捷,因此通知在使用中频率较高。从文种的内容上来看,决定的内容更重要和概括,常常是一些宏观的指导原则;意见会涉及解决的办法与措施;通知的内容则具体、明确,便于贯彻执行。

2. 通知与通告的比较

通知与通告均可用于周知事项,使用时要注意区别。

从受文范围来看,通知的受文范围较通告局限,但一般有明确的受众,往往标注主送机关;通告的受文范围更宽泛,但受众一般不明确标注。从两者内容来看,通知的内容较丰富,可用于传达上级机关工作精神,要求下级机关办理或执行的事项,也可用于批转或转发来文;通告仅用于公布需要遵守或周知的事项。此外,从文种约束力上来看通告强于通知。

二、实训目标

1.巩固通知的特点、结构、写法、写作要求等主要知识点。
2.培养书写通知的基本能力。
3.拓展在不同范围灵活运用不同种类通知的能力。

三、实训内容

材料1

2010年启动消除疟疾行动以来,全国消除疟疾工作进展顺利,2015年全国共计报告疟疾病例3116例,其中98%以上为境外输入性病例。防控境外输入是当前消除疟疾工作重点。4月26日是第9个"全国疟疾日",国家卫生计生委决定开展以"消除疟疾:谨防境外输入"为主题的疟疾日宣传活动。

要求如下:

1.围绕宣传主题,制定详细宣传方案,统筹安排资源,共同开展宣传活动,充分利用多种渠道与方式宣传疟疾防治核心信息。

2.各省级卫生计生行政部门要在"全国疟疾日"前后,参照输入性疟疾疫情处置演练方案。

3.组织疾控机构和医疗机构的技术人员开展消除疟疾相关业务知识和技能培训,巩固提高疾控技术人员疟疾实验室复核、流行病学个案调查和疫点调查与快速处置能力。

4.总结本地区"全国疟疾日"宣传活动开展情况,于2016年5月底前将书面材料报送国家卫生计生委疾控局。

【材料来源:http://www.nhfpc.gov.cn/jkj/s5873/201604/ce115eda3d044ca6a87830d104d8037a.shtml.】

材料2

近年来,各地涉医违法犯罪时有发生,为进一步做好维护医疗秩序、构建和谐医患关系工作,保障医患双方合法权益,国家卫生计生委、中央综治办、公安部、司法部联合发文,要求有关部门做到:

1.各地公安机关要始终保持对涉医违法犯罪的严打高压态势,要严格按照《公安机关维护医疗机构治安秩序六条措施》的要求,对各类伤医、闹医等违法犯罪活动依法果断处置。

2.各地、各有关部门要贯彻执行《刑法修正案(九)》,对聚众扰乱社会秩序致使医疗无法进行、造成严重损失的不法分子,要依法追究刑事责任。

3.各地公安机关要会同相关部门和医院,加强医院及周边的秩序维护工作,要进一步调整警力部署,加大公开力量的震慑力度,切实维护医院周边秩序,及时发现问题隐患,为医院创造良好的治安环境。

4.医疗机构要高度重视涉医事件的早介入、早处理。

5.医疗机构内部发生伤医、扰序等涉医违法犯罪行为,应当在做好应急处置的同时,立即报警,提供现场准确情况,特别是基层医疗机构报警时应当讲清当事方人数、具体行为、有无人员受伤等情况。公安机关接到报警后,应当第一时间赶到现场,并迅速控制现场局势,防止事态激化。

6.认真贯彻中央办公厅、国务院办公厅《关于完善矛盾纠纷多元化解机制的意见》,推动完善院内调解、人民调解相结合的医疗纠纷调解体系,建立医疗纠纷多元化解告知制度。

7.加强安全防范系统建设、加强重点区域工作巡查以及重点人群安全防范。

8.进一步改善医疗服务、加强医疗质量安全管理。

9.及时做好信息发布及信息沟通工作。

【材料来源:http://www.nhfpc.gov.cn/yzygj/s3589/201603/821b3e6e99e945088605161df0a856a0.shtml.】

四、实训步骤及要求

1.根据以上材料,选择合适的通知种类书写公文。

2.格式正确,内容准确,层次清楚,表达得体。

五、能力和知识拓展

民政部 卫生计生委关于做好医养结合服务机构许可工作的通知

民发〔2016〕52号

各省、自治区、直辖市民政厅(局)、卫生计生委:

为落实国务院简政放权要求,改进行政审批工作,根据《国务院办公厅转发卫生计生委等部门关于推进医疗卫生与养老服务相结合指导意见的通知》(国办发〔2015〕84号)精神,现就做好医养结合服务机构许可工作通知如下:

一、做好医养结合服务机构许可政策宣讲工作

各地民政、卫生计生部门应当将法律、法规、规章规定的设立养老机构、医疗机构有关行政许可的事项、依据、条件、数量、程序、期限以及需要提交的全部材料的目

笔记

录和申请书示范文本等,在办事服务窗口及政务网站公开。申办人要求对材料内容予以说明、解释的,各地民政、卫生计生部门应当说明、解释,提供准确、可及的服务。

二、做好医养结合服务机构筹建指导工作

申办人拟举办医养结合服务机构的,民政、卫生计生部门应当在接到申请后,按照首接责任制原则,及时根据各自职责办理审批,不得将彼此审批事项互为审批前置条件,不得互相推诿。各地民政、卫生计生部门应当根据申办人的需要和条件,在设立条件、提交材料、建设标准、服务规范等方面,为医养结合机构申办人提供咨询和指导,减少繁文缛节,提高办事效率。省级民政部门、卫生计生部门可以制定统一的筹建指导书,方便申请人到相关部门办理相关行政许可手续。

三、支持医疗机构设立养老机构

医疗机构面向老年人开展集中居住和照料服务的,应当按照《养老机构设立许可办法》规定,申请养老机构设立许可,民政部门予以优先受理。符合设立条件的,自受理设立申请后10个工作日内颁发养老机构设立许可证。对于无内设养老机构,但具有养老服务需求的医疗机构,民政部门应当指导其与养老机构建立协作机制,开展一体化的健康和养老服务。基层医疗机构和二级医院内设养老机构符合条件的,享受养老机构相关建设补贴、运营补贴和其他政策扶持。

四、支持养老机构设立医疗机构

卫生计生部门应当将养老机构设立老年病医院、康复医院、护理院、中医医院、临终关怀等医疗机构纳入区域卫生规划,优先予以审核审批,并加大政策支持和技术指导力度。养老机构内设医疗机构为门诊部、诊所、医务室、护理站的,养老机构应当向当地县级卫生计生部门申请设置和执业登记。卫生计生部门应当在受理设置申请后10个工作日内给予是否同意设置的批复。对于不具备条件设置医疗机构的养老机构,卫生计生部门应当指导其与周边医疗机构签订合作协议,建立绿色通道,优先提供巡诊义诊、接诊转诊、康复指导、远程医疗等服务,或者托管其内设医务室,选派医护人员开展医疗服务。养老机构内设医疗机构,属于社会办医范畴的,按照《关于促进社会办医加快发展的若干政策措施》(国办发〔2015〕45号)等相关规定,享受政策扶持。

各地民政、卫生计生部门要高度重视做好医养结合服务机构许可工作,加强沟通、密切配合,打造“无障碍”审批环境。对于违反相关规定,任意提高许可标准、人为设置准入条件、互相推诿扯皮或不作为的,要按照有关规定予以问责。

民政部　卫生计生委

2016年4月8日

【材料来源:http://www.nhfpc.gov.cn/jtfzs/s3581c/201604/4bb3cfb1765545449cd3954f1398c2cd.shtml.】

笔记

第四节　报告

一、知识准备

（一）报告的适用范围

报告适用于向上级机关汇报工作、反映情况,回复上级机关的询问。

报告属上行公文,主送机关只能是上级机关。报告可用于向上级机关汇报工作的进展情况;汇报工作任务的完成情况;就工作中出现的某些问题向上级机关反映有关情况;也可用于答复上级机关提出的有关问题。

（二）报告的特点

1. 禀报性

报告属于陈述性上行公文。向上级机关汇报工作、反映情况及答复上级机关询问是报告的主要内容,可以为上级机关进一步开展工作或对本机关的工作进行指导提供依据。禀报性是报告最主要的特点之一。

2. 客观性

针对工作情况、工作中的问题进行如实汇报,内容必须客观真实,不能弄虚作假。

3. 概括性

报告汇报的情况要突出重点,简明扼要,以确保报告主题鲜明集中。

（三）报告的分类

1. 按照内容分类

按照内容,报告可分为综合性报告和专题性报告。

综合性报告是一个机关汇报一定时期全面工作情况并提出今后工作意见的报告,一般涉及面广,要把主要工作范围内方方面面均涉及,可以有主次之别,但不能有大的遗漏。可以使上级机关全面了解下级机关的工作情况,以便进行工作指导。综合性报告大多数是定期性的工作总结报告。

专题性报告是一个机关就某一项工作、某一方面情况或某一个问题向上级所写的报告,涉及面窄。它的特点是事项相对集中单一,篇幅较短,行文迅速,便于上级机关及时了解和掌握下级机关的有关工作情况。

2. 按照性质分类

按照性质,报告可分为工作汇报性报告、情况反映性报告、答复询问性报告等。

工作汇报性报告是将工作的成败得失、经验教训以及今后工作安排等向上级机关具体汇报,以取得上级机关的支持与指导。这类报告侧重于陈述工作的进展情况和主要做法。

情况反映性报告是把工作中出现的新情况、新问题、新动态,如群众的思想动态、社会上出现的带有倾向性的问题、突发事件、对某一问题的调查情况等,向上级机关反映,使上级机关及时了解情况,迅速做出决策。如果隐情不报,则是一种失职。

笔记

答复询问性报告用于答复上级机关的询问,以使上级机关了解有关信息。对待上级机关的询问,一定要慎重,如果不了解实情,要经过深入的调查研究后再答复。前两种报告一般由下级机关主动行文,答复询问性报告则是上级机关要求下级机关做出,有一定的被动性。

(四)报告的写法

报告的格式由标题、主送机关、正文、落款及日期四部分组成。主要部分的写法如下:

1. 标题

报告的标题一般由规范化的"三要素"的格式组成,即发文机关、报告内容和文种;也可以由事由和文种构成,可以省略发文机关。有的报告内容紧急,可在"报告"前加上"紧急"两字。

2. 主送机关

报告只能有一个主送机关,一般是发文机关的直接上级机关。受双重领导的下级机关行文时,则应根据报告的具体内容确定主送机关和抄送机关,即谁是报告所涉事项的上级就主送给谁。除上级机关负责人直接交办的事项外,不得以机关名义向上级机关负责人送报告。

3. 正文

报告正文一般由报告缘由、报告事项、结尾三个部分组成。

报告缘由是正文的开头部分。一般简要说明发文的背景、原因,概括报告的基本内容或基本情况,开宗明义。缘由部分的结尾是惯用过渡语,常以"现将有关情况报告如下"引出下文。

报告事项是报告正文的主体部分。工作汇报性报告,一般包括工作情况及成绩、主要经验及做法、存在的问题及不足、今后的工作意见或打算。情况反映性报告,一般包括基本情况、问题及原因、办法及措施(意见或建议)。内容的侧重点是反映发生的基本情况,以陈述情况为主,然后报告处理结果及意见。答复询问性报告,主要针对上级机关的询问和要求,说明情况,表明态度,提出意见。

报告正文的结尾,可根据报告的内容或性质,选用"以上报告、请审阅""特此报告"等惯用语作为结束语。

4. 发文机关署名、成文日期、印章

需要落款,写发文单位全称,再写成文时间,加盖公章。

(五)报告的写作要求

1. 态度诚恳,目的明确

报告属于上行公文,撰写时态度必须谦和恭敬,言辞真诚恳切。且写作目的要明确,以此确定报告的具体种类及选择典型材料和重点内容。

2. 材料真实,观点明确

在报告的写作过程中,要充分掌握实际资料,确保材料翔实、可靠,要用事实说话,发文机关应在报告中表达鲜明的观点,切实提出解决问题的建议及可能措施,不可模棱两可,以便上级机关斟酌、决断。

3. 不可夹带请示事项

根据《党政机关公文处理工作条例》的有关规定,不得在报告中夹带请示事项。在报告的写作中一定要注意这一问题,否则会因"报告"不需批复而影响请示事项的处理和解决。

二、实训目标

1. 巩固报告的特点、结构、写法、写作要求等主要知识点。
2. 培养报告书写的基本能力。
3. 拓展在不同范围灵活运用不同种类报告的能力。

三、实训内容

随着网络和电视制造业的发展,全球电视剧市场已经进入了"大航海时代",随意按动鼠标就能看到世界另一端同样在看的剧集。观众可以坐在家中尽享顶级剧集的极致体验,"追剧"俨然成为都市白领的一种生活方式。

而作为2014年最为火爆的美剧代表,《纸牌屋》一经推出便极度受宠,引起全民热议,连美国总统奥巴马也是《纸牌屋》的忠实粉丝。有观众看完《纸牌屋》后表示对美国政治产生了浓厚的兴趣,对权力与爱情更有了新的认识,甚至翻出以往讲述美国政治历史的书籍、影片观看,参与到这部剧的讨论中。

美国电影和电视节目的总出口额是143亿美元(2011年),畅销100多个国家。美剧《纸牌屋》这类全球剧的热播趋势有目共睹,它们真正开创了电视剧"24小时全球联播"的奇迹。专家认为,电视文化产品的价值日益凸显,中国应从中借鉴经验,提升电视剧制作水平,同时加强文化产品对外输出能力。

《纸牌屋》的热播并不影响《来自星星的你》赚取过亿眼球。由于两部电视剧对受众有明显的划分,出现了同期上映却"平分天下"的局面。《来自星星的你》在韩国播出时,网络最高收视率达68.9%。

美剧、韩剧在全球热播并非偶然。S大学新闻传播学院唐教授认为,与中国电视剧传统意义上的播出模式不同,美剧大都按"季"播出,通常一星期只播一集,边拍边播。由于美国电视剧播放平台不多,每年能在季播期黄金时间段播出的不到2000集,因此竞争异常激烈。近年来韩剧也采取边拍边播的模式。《来自星星的你》每周播出两集,每次网上更新剧集都会引发下载热。

这种开放的模式可以使制作方感受到观众对剧集的关注程度,根据每周更新的收视率和观众的反应,及时调整创作方向。美剧《越狱》第一季播放时,收视高达1800万人次;而《生活大爆炸》主人公谢尔顿的性格是根据观众的反馈,几经改变才定型的。

更值得关注的是,这些热播剧大都是高水准、大投入,保证质量精良,堪比电影制作投入。季播和周播的模式本身就拉高了电视剧制作成本。而对制作团队、剧本、导演、演员、道具等精益求精的追求,使得热播剧拍摄成本很高。

对比艾美奖得主《广告狂人》、《斯巴达克斯》等美剧每集200万美元左右的制作费

笔记

92

用，《纸牌屋》近400万美元的单集平均成本大大超过了一般制作标准。2011年美剧《史前新纪元》重金打造的首集拍摄费用就接近2000万美元，甚至超过众多电影的投资成本。

这些热播剧还有一个特点，就是不同于中国的"武侠剧""清宫剧""名著剧"，以现实为主题，用写实手法描述生活中的酸甜苦辣，不单调，与观众不疏远。除科幻剧外，美剧大都务求内容真实、不虚构，有时涉及技术层面还要请顾问或相关专家亲自操刀。《生活大爆炸》剧组甚至拥有一个真正的"科学顾问"，专门负责剧本中关于科学部分的内容创作。

现实题材的电视剧制播能最充分地反映电视剧生产流程的市场化属性。《来自星星的你》尽管有科幻成分，但人物感情进展、尊老爱幼优良传统贯穿其中，传递出韩国普世价值观。

唐教授说，美剧和韩剧都通过简单的日常生活与谈话交流传递价值取向，剧中对生活中可能遇到的情感问题、生活细节问题的揭示，让人觉得真实可信，贴近生活的文化输出才容易被外国观众认同。

在国产电视剧产量猛增的背景下，专家建议应加强对产品产量把关，积极探索并生产出既承载中国文化价值观，又符合国际主流"文化经验"和"感觉结构"的电视产品。

四、实训步骤及要求

1. 根据所给材料，概括从美剧、韩剧的成功事例中借鉴到的经验，拟写一份国产电视剧的报告。

2. 选择合适的报告种类。

3. 语言简明，文章层次分明，结构合理。

五、能力和知识拓展

关于农村生活饮用水卫生安全状况的报告

××省政府：

农村生活饮用水安全直接关系到广大农民群众身体健康和生命安全。我省历来高度重视农村生活饮用水卫生安全，自2005年我省启动"村村通自来水"工程至今，全省农村公共供水普及率已达到91%，覆盖农村人口超过6100万。为加强农村公共供水管理，2009年我省在全国率先颁布了《××省农村公共供水管理办法》(省政府令第212号)，其19条明确规定，农村公共供水单位应取得"卫生行政主管部门核发的卫生许可证"。2010年，我厅制定了《××省农村生活饮用水公共供水单位卫生许可证发放管理办法》，明了农村公共供水单位许可和监管方法，并于2011年在全省启动生活饮用水卫生安全工程和农村集中式供水卫生安全专项整治。经过1年的努力，基本摸清了我省农村公共供水单位的底数和现状，我省农村公共供水卫生安全状况不容乐观。现就有关情况报告如下：

笔记

一、基本情况

目前,全省共有农村公共供水单位17795家,达到要求并取得卫生许可证的仅1037家,发证率仅为5.83%。其中镇级公共供水单位1229家,达到要求的422家,发证率为34.34%;村级公共供水单位16566家,达到卫生要求的615家,发证率为3.71%。根据"中央补助地方公共卫生专项资金项目"对全省6042个农村公共供水工程水质抽样监测,我省农村饮用水水质20项指标的合格率仅为38%,其中微生物不合格占到40%,截至2011年年底,我省仍有2117万农村人口饮水卫生安全不能保证。今年7月1日,我国将实施新的更严格的《生活饮用水标准》,水质指标要求增加至106项,农村饮用水水质不合格率将更高。我省农村生活饮用水存在重大安全隐患,必须引起高度重视。

二、原因分析

(一)多数农村公共供水工程经费投入不足,规模较小,建设标准较低,卫生设施简陋,缺少水净化处理和消毒措施。据统计,全省进行水质净化处理的有1655家,占9.3%,采取消毒措施的有2278家,占12.8%,未采取任何处理措施的有13115家,占73.7%。

(二)水质监测工作不到位。卫生部门缺乏水质监测经费支持,监测能力相对滞后,监测面较为狭小,监测工作难以达到预期效果,水质状况不能系统全面掌握。而供水单位因自身缺乏水质检测能力又无检测经费而难以落实,全省仅2.63%的农村公共供水单位具有日常检验能力,能按照规定要求检验的为1.9%,无检验室或无日常检验能力的占71.8%,致使公共供水未经检测直接饮用情况非常普遍。

(三)卫生监督力量薄弱。每县从事生活饮用水卫生监督人员平均仅有2.6名,承担着大量城市市政供水、二次供水、自建设施供水和农村公共供水等监管任务,人员缺乏致使监管频次和监管效果难以达到要求。同时各级卫生监督机构水质现场快速检测仪器配备严重不足,92个县(市、区)未配备任何水质快速检测设备,不能满足卫生部水质监测工作要求。

三、工作建议

(一)进一步提高农村公共供水单位建设标准,严格农村公共供水单位卫生设施特别是净化、消毒设施配备要求,借鉴东营等市对农村公共供水单位进行专项补贴的做法,对中、西部地区或经济发展较为落后地区的农村公共供水单位卫生设施配备和水质检测进行补贴。

(二)切实加强饮用水卫生监测工作,保障水质监测经费,建立饮用水卫生监测点,扩大饮用水卫生监测覆盖范围,全面系统地掌握水质情况,及时发现和防范问题隐患,避免突发性饮水污染事件发生。去年,潍坊市投资1200万元完成农村公共供水工程水质普查工作,饮水安全得到保障。

(三)加强饮用水卫生监督和快速监测能力建设,充实基层卫生监督力量,保障卫生监督经费,完善现场快速检测设备,提高卫生监督机构的执法能力。

二〇一二年×月××日

笔记

第五节　请示

一、知识准备

(一)请示的适用范围

请示适用于向上级机关请求指示、批准。

凡是下级机关无权决定、无力解决而确需上级机关给予明确指示、批准或帮助的事项,都应该以请示行文。

请示适用范围较广,可用于:对上级机关颁布的政策、法规、规章以及有关文件等不理解或难以执行而要求做某些变通处理,请求予以指示或认可;下级机关如遇到无力解决或无权处理的问题,请求上级机关予以批准或给予指示;请求审核批准或批转本机关制定的规章、建议等;请求批准经费预算等本机关无权处理事项;在处理问题的程序上需要上级机关批准等。

(二)请示的特点

1.呈请性

请示是下级机关为了解决本单位事情,请求上级机关的指示、批准,其行文目的是请求上级机关帮助解决问题,呈请性是其基本特点。请示中提出的请求应该可行,而且应考虑上级机关的审批权限和能力,不应提出上级无法办到的要求。属于本机关职权范围内的事项,也不可以向上级请示。

2.单一性

请示应当"一文一事",即一份请示只请示一件事,行文内容具有单一性。不可以在一篇请示中提出若干事项,避免给上级机关批复增加难度而影响办事效率。

3.事前性

请示必须在工作开始前行文,只有上级机关批复同意后方可实施。

(三)请示的种类

可将请示分为求示性请示和求准性请示两类。

1.求示性请示

下级机关对上级机关出台的政策、法规、规章有不明之处难以执行;对上级机关来文不明确难以执行;下级机关内部针对部分问题有不同意见甚至分歧而使工作无法开展;下级机关在工作中遇到了新情况、新问题且无章可循等,需请求上级指示。上述涉及政策、认识上的问题而写的请示均属求示性请示。

2.求准性请示

下级机关在工作中遇到了自身无法解决的困难;在工作中遇到自身无权决定的事项;在处理问题的程序上需要上级机关批准等,需请求上级批准。上述涉及立项、人事、财务等方面的问题所写的请示均属求准性请示。

笔记

（四）请示的写法

1. 标题

请示的标题一般采用完全式标题，由发文机关、事由和文种构成。撰写请示的标题要注意两点：(1)请示事项要写得明确简要；(2)标题不能仅写成"请示"。

2. 主送机关

请示的主送机关是指负责答复和批准请示事项的上级机关或业务主管部门，是请示最直接的受理单位。请示只能有一个主送机关，一般为直接上级机关，不能多头请示。请示一般不得越级行文，并非谁有最后审批权就向谁请示。直接上级机关如无审批权时，可向自己的上一级机关再行请示。只有在特殊情况下可以越级请示，允许越级请示的特殊情况大致可以归纳为：一是突然发生严重自然灾害或社会突发性事件，情况非常紧急，逐级上报请示会贻误时机造成重大损失，可以越级请示，但需同时抄送被越过的上级机关；二是多次请示被上级机关长期搁置而又确需解决的问题，可以越级请示，也需同时抄送被越过的上级机关；三是按有关业务管理体制，可以越级请示。

3. 正文

其结构一般由请示缘由、请示事项、请示结语等部分组成。

(1)请示缘由。是请示提出的依据，主要写明请示的原因、理由。它是请示事项能否成立的前提条件，也是上级机关批复的根据。这部分写作时要求实事求是，情况清楚，客观具体，依据有力，说理充分。只有这样，上级机关才好及时决断，予以有针对性的批复。

请示缘由是请示的关键，直接关系到请示事项是否成立以及上级是否给予预期的批复。缘由要兼顾精炼、扼要及充分、周全。如果原因比较复杂，不能因为精炼而简化，需要确保讲清事实情况。在写法上，一般采取叙事及说理相结合的方法。

(2)请示事项。主要写明请求上级机关帮助解决的具体事项，确有必要时可进一步提出解决问题的办法、措施、意见与建议，供领导批复参考。这一部分常用"为此，特请求……"或"鉴于上述情况，特请示如下"等语句引出所要请示的具体事项。

请示事项内容必须符合国家的法律、法规，符合实际，具有可行性；表述必须明确、具体，使人一目了然。如果内容较多，应分条撰写；如果有几种意见，可以一并列出；如有时限要求，要明确提出。

(3)请示结语。是请示的终结与强化，在请示事项后，另起一段书写。常用"当否，请批示""妥否，请批示""特此请示，请批复"等结束。

4. 发文机关署名、成文日期、印章

署名发文机关全称或者规范化简称。写签发日期并加盖发文机关印章。

（五）请示的写作要求

(1)请示应当一文一事。

(2)请示只有一个主送机关。受双重领导的机关向上级机关请示，也应根据请示的具体内容、上级机关权限范围的不同选择某一直接上级机关为主送机关，可抄送另一上级机关，但不得抄送下级机关。

（3）请示不可转发。下级机关的请示事项，如需以本机关名义向上级机关请示时，应当提出倾向性意见后上报，不得原文转报上级机关。

（六）请示与报告的比较

报告与请示两个文种相当接近，均属上行公文，其行文规则有相同之处。党委、政府部门向上级机关请示、报告重大事项，应当经本级党委、政府同意或者授权；属于部门职权范围内的事项应当直接报送上级主管部门。但请示与报告毕竟是两个不同文种，其区别具体表现在以下几个方面：

（1）行文目的不同。请示是为解决某一问题而请求上级机关指示、批准，上级机关必须回复；报告是下情上传，其目的是让上级机关了解、掌握情况，与上级保持沟通联系，以便上级机关更好地指导工作，且不要求上级机关回复。

（2）性质内容不同。请示的重要性质是呈请性，以说理为主，且必须是"一文一事"；而报告的重要特性是陈述性，以叙事为主，一事数事皆可。

（3）行文规则不同。请示可以汇报有关工作情况；而报告不得夹带请示事项。

（4）行文时间不同。请示必须在事前行文；而报告在事前、事后及事情进行中皆可行文。

二、实训目标

1. 巩固请示的特点、结构、写法、写作要求等主要知识点。
2. 培养请示书写的基本能力。
3. 拓展在不同范围灵活运用不同种类请示的能力。

三、实训内容

某工业学校在校学生1100人，共22个教学班，而语文教师仅有3人，其中50岁以上并患有慢性疾病的有2人，青年教师有1人，各担负五六个教学班的语文课，每人每周课时达16节以上，长期超负荷教学。近来两位教师相继病倒，但因找不到代课老师，他们仍要带病上课。根据以上情况，学校向市教育局请求在今年高等师范院校的中文系毕业生中，分配两名到学校任教。

四、实训步骤及要求

1. 根据所给材料，选择合适的请示类型进行公文写作。
2. 注意请示的正文结构和写作要求。

五、能力和知识拓展

关于明确卫生监督执法车辆配备标准的请示

卫办监督发〔2005〕210号

卫生部：

卫生监督机构作为各级卫生行政部门履行卫生监督执法职责的执行机构，承担

97

《职业病防治法》、《传染病防治法》、《执业医师法》、《献血法》等7部法律、30余部法规和100多个部门规章的监督执法任务,负责职业卫生、生活饮用水卫生、公共场所卫生、学校卫生、放射卫生、传染病防控和医疗市场等方面的监管工作,负责查处卫生违法案件。工作职责涉及面广量大、点多线长,与人民群众健康权益密切相关,受到社会各界广泛关注。按照中央关于以人为本、执法为民的要求,必须全面履行卫生监督执法职责,不断加大卫生监督执法力度,保证卫生监督执法频次,才能有效保障医疗卫生和公共卫生安全。

卫生监督体制改革以来,××省卫生监督体系建设取得了长足进步,各项卫生监督工作得到有效落实,人民群众的健康权益保障力度不断加大。车辆配备作为卫生监督体系建设的重要组成部分,在保障和推动卫生监督工作落实方面发挥着重要作用。但从目前情况看,车辆配备仍是卫生监督体系建设的短板,车辆配备不足已经成为影响落实卫生监督频次和工作要求的重要瓶颈。以我省为例,我省现有人口××万,各类卫生管理相对人××万家,按照国家卫生法律法规和部门规章要求,对每一个管理相对人每年必须到现场监督检查2次,对严重违法案件进行立案查处,据此推算,我省需出动车辆开展监督检查××万余车次。按照卫生部关于每万人配备0.9名卫生监督员标准要求,我省应配备卫生监督员××人,目前,我省现有卫生监督执法车辆××台,车辆配备标准为××人/辆,这远远满足不了当前卫生监督工作的需要;同时按照当前配备数量,每辆车的使用频次须为××次/年,实际情况远远达不到这个频次要求。根据我们实际调研,卫生监督执法、执勤用车每年出动频次为××次左右,能够维持基本监督执法需要,按此配备,我省现需要卫生监督执法车辆××辆,平均配备标准为××人/辆。

按照《党政机关公务用车配备使用管理办法》(中办发〔2011〕2号)规定,执法、执勤用车编制由财政部门会同公安、国家安全、司法和纪检监察及其他行政执法机关主管部门,根据车辆保障配备标准和工作需要确定。为落实监督执法频次,保障卫生监督执法效果,中央应明确卫生监督执法车辆配备标准。从目前卫生监督实际情况看,建议配备标准应为××人/辆。

妥否,请批示。

二〇一二年三月十三日

第六节　函

一、知识准备

(一)函的定义与适用范围

1. 函的概念

函适用于不相隶属机关之间商洽工作、询问和答复问题、请求批准和答复审批事项。

2.函的适用范围

(1)平级机关或不相隶属机关单位之间的公务联系、往来。

(2)向无隶属关系的业务主管部门请求批准有关事项。

(3)业务主管部门答复审批无上下级隶属关系的机关请求批准的事项。

(4)机关单位对个人的事务联系,如回复群众来信等。

(二)函的特点

1.平等性和沟通性

函主要用于不相隶属机关之间互相商洽工作、询问和答复问题,体现着双方平等沟通的关系,姿态、措辞、语气要体现平等性和沟通性的特点。

2.灵活性和广泛性

函对发文机关的资格要求很宽松,内容、篇幅、格式具有一定的灵活性。

3.单一性和实用性

函的内容必须单纯,一事一文,一函一复。

(三)函的种类

1.按发文目的分类

(1)去函。为了商洽工作,咨询问题或提出请求,告知或催办事项等,主动向有关单位发出的函。

(2)复函。回答来函、来文所提出的问题或事情,被动发出的函。

2.按内容和用途分类

(1)商洽函。不相隶属机关之间商洽工作、联系有关事宜的函,如人员商调、联系参观学习等。

(2)询问函。不明确的问题向有关机关和部门询问。

(3)告知函。用于告知或通知某一事项或活动,邀请参加会议等,一般不需要对方答复。

(4)请批函和审批函。请批函是向不相隶属的政府主管部门请求批准某一事项或要求,或解释有关政策、法律、法规、规章等的函。审批函是有关主管部门对不相隶属机关请求批准某业务事项或请求解答某政策性问题的请批函的正式答复。

(四)函的写法

1.标题

完全式标题,由发文机关、事由、文种三部分组成。

2.发文字号

在机关代字后加写"函"。

3.主送机关

函有明确的受文对象,必须标明主送机关。应写全称或规范化简称。

4.正文

(1)发函缘由。去函写明发文的原因、目的,或说明根据上级的有关指示精神,或简要叙述本地区、本单位的实际需要、疑惑和困难。答复函一般在开头引述来函的标题和发文字号。

（2）发函事项。写明需要商洽、询问、答复、请求批准或答复审批及告知的事项。如果事项比较复杂，则分条列项书写。

（3）结尾。去函常用"特此函告""即请复函""敬请函复"；复函常用"特此复函""此复"等。

5. 发文机关署名、成文日期、印章

在正文之后的右下方标注发文机关名称、成文时间并加盖发文机关印章。

（五）函的写作要求

1. 开门见山，直奔主题

使受文机关一看开头便知来文的主要目的。去函要突出商洽、知照、请求的具体事项，复函要针对来文答复对方的问题和要求。

2. 一文一函，简洁明了

函的制作上十分强调一文一事的原则，目的是使收文机关易于把握，便于处理，提高办事效率。

3. 语言规范，语气得体

公函是平行文公文，文辞不能像私人函件那样随意，要具有公文的庄重，又有礼貌。对主管机关——语言要尊重、谦敬，对级别低的单位——语言要平和，对平行单位和不相隶属的单位——语言要友善。复函态度要明朗，语言要准确，避免含糊笼统、犹豫不定。

二、实训目标

1. 巩固函的特点、结构、写法、写作要求等主要知识点。
2. 培养函书写的基本能力。
3. 拓展在不同范围灵活运用不同种类函的能力。

三、实训内容

药品：消渴平，生产企业：北京康辉制药有限公司，生产批号：20080217，被抽验单位：安徽省濉溪县杨广英大药房。北京市药品监督管理局在北京市药品监管部门已核发的《医疗机构制剂许可证》《药品生产许可证》《药品经营许可证》《经营性互联网药品信息服务证书》单位中无北京康辉制药有限公司，北京地区也没有药品"消渴平"的生产企业。

药品：虫草芪参胶囊，生产企业：浙江南洋药业有限公司，生产批号：20081126，被抽检单位：贵州省平坝县城关陈记药店。浙江省食品药品监督管理局调查发现浙江南洋药业有限公司从未生产过该产品，也没有代加工过该产品。

北京市药品监督管理局和浙江省食品药品监督管理局按照《关于对中成药非法添加化学物质进行调查的函》（食药监稽〔2010〕6号）的要求，将结果报至国家食品药品监督管理局稽查局。

　　现国家食品药品监督管理局稽查局请各省、自治区、直辖市食品药品监督管理局(药品监督管理局)加大对在辖区内药品经营和使用单位的检查力度,依法按照假药查处;上述产品被抽验单位所在地的食品药品监管部门,应对上述两家被抽验单位依法查处,并查清假药来源,涉及刑事犯罪的,要及时移交司法机关。并将调查和处理情况及时上报国家食品药品监督管理局稽查局。

　　【材料来源:http://www.sda.gov.cn/WS01/CL0844/47341.html.】

四、实训步骤及要求

　　1. 根据所给材料,选择合适的文种,进行公文写作。
　　2. 注意正文层次结构,用词语气。

五、能力和知识拓展

国家卫生计生委办公厅关于征求 2015 年食品安全国家
标准项目计划(征求意见稿)意见的函

国卫办食品函〔2015〕774 号

工业和信息化部、农业部、商务部、质检总局、食品药品监管总局(国务院食品安全办)办公厅,粮食局、标准委、认监委办公室,各有关单位:

　　根据《食品安全法》和《食品安全国家标准管理办法》有关规定,为做好食品安全国家标准制定、修订工作,我委公开征集了 2015 年食品安全国家标准项目建议。根据各方意见建议,结合 2015 年食品安全国家标准工作重点领域,并征求食品安全国家标准审评委员会各相关专业委员会意见,拟定了《2015 年食品安全国家标准项目计划(征求意见稿)》(附件1)。现征求你单位意见并向社会公开征求意见。请于 2015 年 10 月 20 日前将意见反馈表(附件2)以传真或电子邮件形式反馈我委。

　　传　真:010-52165408
　　电子信箱:biaozhun@cfsa.net.cn
　　附件:1. 2015 年食品安全国家标准项目计划(征求意见稿).doc
　　2.《2015 年食品安全国家标准项目计划》(征求意见稿)意见反馈表.doc

国家卫生计生委办公厅
2015 年 9 月 11 日

　　【材料来源:http://www.nhfpc.gov.cn/sps/s3593/201509/3cfa1c2f6d0e41b0a1e93ba2950823ce.shtml.】

第七节 纪要

一、知识准备

(一)纪要的适用范围

纪要用于记载会议主要情况和议定事项。纪要是对相关会议的记录、会议的文件和有关资料进行概括提炼,反映会议情况和精神的一种公文。

纪要适用于党政机关、企事业单位和团体。不论是重大工作事项的部署,还是具体问题的研究探讨,都可以根据需要采用纪要的形式行文。

纪要可以下行,也可以平行。下行的纪要往往针对实际问题提出解决的办法或方案,或针对一些带政策性的问题提出明确的界限,做出具体的规定。这种纪要具有下行文的权威性和约束力,受文机关应根据情况"参照执行"或"贯彻执行"。平行的纪要要向同级机关或不相隶属机关通报会议情况,概括会议上的倾向性意见及其依据、理由和必要性,其目的是取得有关方面的支持与配合。

(二)纪要的特点

会议纪要是根据会议记录、会议文件、会议的其他有关资料整理而成的。

1. 内容的纪实性

会议纪要如实地反映会议内容,它不能离开会议实际搞再创作,不能搞人为的拔高、深化和填平补齐。否则,就会失去其内容的客观真实性,违反纪实的要求。

2. 表达的提要性

会议纪要是依据会议情况综合而成的。撰写会议纪要应围绕会议主旨及主要成果来整理、提炼和概括。重点应放在介绍会议成果,而不是叙述会议的过程,切忌记流水账。

3. 称谓的特殊性

会议纪要一般采用第三人称写法。由于会议纪要反映的是与会人员的集体意志和意向,常以"会议"作为表述主体,"会议认为""会议指出""会议决定""会议要求""会议号召"等就是称谓特殊性的表现。

(三)纪要的种类

1. 以会议类型为标准分类

(1)办公会议纪要

办公会议纪要是记载和传达办公会议事项,送发有关单位或个人阅知或贯彻执行的纪要,具有较强的权威性。形成纪要时,应把会议所研究的工作、做出的决定和决议,按讨论顺序或重要程度,分成若干部分或条目逐项陈述清楚,以便于有关部门贯彻执行和检查督办。

(2)工作会议纪要

工作会议纪要是根据工作会议形成的纪要,也是专题性的,主要记载会议概况、会议宗旨、讨论和决议事项。工作会议纪要不仅记载会议的成果,而且还要对其进行理论上的阐述,除具有一定的权威性外,还具有一定的说理性。

2. 以纪要的作用为标准分类

（1）决议性会议纪要

主要记载和反映领导层制定的决策事项，作为传达和部署工作的依据，对今后的工作具有指导作用。具有很强的政策性和指导性。

（2）协作性会议纪要

主要记载双边或多边会议达成的协议情况，以便作为各方执行公务和履行职责的依据。

（3）周知性会议纪要

主要传达会议情况、会议精神。

根据写法的不同，会议纪要分为三种类型：分项式、综述式、摘要式。

（四）纪要的写法

1. 标题

由会议名称和文种"会议纪要"组成。

2. 正文

（1）正文的主要内容

纪要的内容一般分两大部分。开头部分一般应写明会议概况，包括会议的时间、地点、届次、组织者、重要的出席者、主持人、会议议程以及对会议的总体评价等。第二部分是纪要的主体部分，反映会议的主要精神、讨论意见和议决事项等。

（2）正文的写法

纪要的正文常用写法有集中概述法、分项叙述法、发言提要法。

①集中概述法：把会议的基本情况、主要问题、人员意见、议定的有关事项，进行整体概述和说明。适用于小型的、讨论问题比较集中单一、意见统一、容易贯彻操作的会议。

②分项叙述法：将议定事项分条列出，适用于问题较复杂，涉及面较广泛的大型会议。

③发言提要法：将具有典型性、代表性的发言加以整理，提炼出要点和精神实质，按照发言顺序或不同内容，加以阐述说明。

3. 会议出席人员名单

采用纪要格式时，需要标注出席人员名单，一般用3号黑体字，在正文或附件说明下空一行、左空两格编排"出席"二字，后标全角冒号，冒号后用3号仿宋体字标注出席人单位、姓名，回行时与冒号后的首字对齐。标注请假和列席人员名单，除依次另起一行并将"出席"二字改为"请假"或"列席"外，编排方法同出席人员名单。

4. 发文机关署名、成文日期、印章

作为文件制发的纪要，需要有发文机关署名、成文日期，并加盖印章。纪要的发文机关是主办或召集会议的机关。转发或印发的纪要，一般则没有这些项。

（五）纪要的写作要求

1. 六要素齐全

时间、地点、主持人（或主持单位）、参加人（代表或单位）、议题、决议。

2. 条理清晰

纪要应条理清晰，真实反映会议的情况和与会者的观点，对会议内容进行整理、归

笔记

纳、提炼。

3. 突出重点

抓住会议的主要议题和主要解决的问题,集中反映会议的主要精神和一致意见。

4. 语言准确

纪要语言应准确、简洁,决议部分应使用"会议认为""与会代表一致认为""部分代表认为"等过渡性词语。

(六)纪要与会议记录的区别

会议纪要和会议记录二者的主要区别是:第一,性质不同。会议记录是讨论发言的实录,属事务文书。会议纪要只记要点,是法定行政公文。第二,功能不同。会议记录一般不公开,无须传达或传阅,只作资料存档;会议纪要通常要在一定范围内传达或传阅,要求贯彻执行。

会议纪要是在会议记录的基础上,对会议的主要内容及议定的事项,经过摘要整理的、需要贯彻执行或公布于报刊的具有纪实性和指导性的文件。

二、实训目标

1. 巩固纪要的特点、结构、写法、写作要求等主要知识点。
2. 培养纪要书写的基本能力。
3. 拓展在不同范围灵活运用不同种类纪要的能力。

三、实训内容

××××年×月×日上午,市政府办公厅×××主任主持召开会议,协调解决沙面大街56号首层房屋使用权问题。

考虑到市外轮供应公司在沙面大街56号经营了30多年,已投入了不少资金,退出后,办公地方暂时难以解决,决定给予其商品损耗费、固定资产投资和搬迁费等一次性补偿费用共95万元。其中省政府办公厅和广东胜利宾馆负责80万元;考虑到省政府领导曾多次过问此事和省、市关系,另15万元由广州市政府支持补助。

会议强调,双方在房屋使用权移交中要各自做好本单位干部群众的工作,团结协作,增进友谊,保证移交工作顺利进行。

会议认为,沙面大街56号首层房屋使用权的问题,是在过去计划经济和行政决定下形成的历史遗留问题。早几年曾多次协调,虽有进展,但未有结果。最近,按照省、市领导同志"向前看""了却这笔历史旧账"的批示精神,在办公厅的协调下,双方本着尊重历史、面对现实、互谅互让的原则,合情合理地提出解决这宗矛盾的方案。市外轮供应公司应将沙面大街56号房屋的使用权交给胜利宾馆。

参加会议的有省政府办公厅交际处、广东胜利宾馆、市商委、市国土房管局、二商局、市外轮供应公司等有关部门的负责同志。经过协商、讨论,双方达成了一致的认识。

省政府办公厅和胜利宾馆的补偿款于××××年×月×日前划拨给市外轮供应公司。市政府的补助款于×月×日左右划拨,市外轮供应公司应于×月×日开始搬迁,×月×日前搬迁完毕并移交钥匙。

笔记

市外轮供应公司原搭建的楼阁按房管部门规定不能拆迁。空调器和电话等×月×日前搬迁不了的,由胜利宾馆协助做好善后工作。

四、实训步骤及要求

1. 根据所给的材料,以××市政府办公厅的名义,写一篇会议纪要。
2. 注意会议纪要的段落格式及要素组成。

五、能力和知识拓展

关于加强土地统一管理的会议纪要

国办发〔1987〕5 号

田纪云副总理一九八六年十二月三十一日上午主持会议,听取并讨论了国家土地管理局负责同志关于工作情况的汇报。国务院秘书长陈俊生以及国家计委、财政部、农牧渔业部、建设部、劳动人事部、国务院机关事务管理局的有关负责同志参加了会议。现纪要如下:

国家土地管理局自 1986 年 8 月 1 日成立以来,主要抓了非农业用地清查工作、推动各级土地统管机构的组建和实施《中华人民共和国土地管理法》的准备工作。非农业用地清查工作在全国已经展开,从清查的情况看,违法占地十分严重,清查工作发展很不平衡,大多数地方的清查工作要拖到 1987 年六七月完成,全国要到年底才能完成。各地组建土地统管机构的工作进展不够快。到 1986 年年底,全国还有十一个省、自治区、直辖市没有组建统管机构,85% 的乡镇没有土地管理人员。为了健全土地管理制度,加强土地管理,国家土地管理局拟与有关部门协商征收非农业用地使用费(税)和非农业建设占用耕地垦复费(税),同时,实行用地计划指标控制,在编制全国土地利用总体规划中重点划定农田保护区,以保证农业稳定发展的需要。

会议认为,国家土地管理局成立时间不长,办了不少事,已初具规格。各地对土地管理工作必须高度重视。目前,全国每年人口增加一千万左右,而耕地减少七八百万亩,问题是很严重的。今后农民建房,应在旧宅基地上改建,有条件的地方,应引导和鼓励建房向山坡、荒地发展,果园和水产养殖向荒山和江河湖海发展,不能占良田。对工厂、行政事业单位以及乡镇企业等占地,采取有偿使用、下达用地计划指标、规定各类不准占用的保护区等措施严加控制,再不能圈工厂大院、单位大院,以减少土地占用。

会议指出,加强城乡土地统一管理很重要。土地管理不统一,各方面都有权批准用地,弊病很多。统管原则已经明确,城乡土地利用(包括外资、合资、合作企业用地)都应服从统一规划,凡是非农业建设占地都要报土地管理部门办理审批手续。当然,在统管的过程中会出现这样那样的矛盾,有关部门在工作中要密切合作,搞好协调。有的协调性机构,建议吸收土地管理局为成员,以便于工作。

笔记

对国家土地管理局目前工作中遇到的几个具体问题,会议议定以下意见:

一、关于组建土地统管机构问题。县以上地方各级人民政府都要按照中央和国务院的要求,根据统一管理城乡土地的原则,建立健全政府土地管理机构,此项工作不受停止机构升格规定的限制。至于机构设置的级别、名称和编制等,由各省、自治区、直辖市根据工作需要确定。对未建立土地统管机构的省、自治区、直辖市,由劳动人事部联系督促,抓紧组建。乡镇一级的土地管理工作,要有专人负责,不一定再增编增人,可从现有人员中指定人员分管这项工作。

二、关于征收非农业用地使用费(税)和非农业建设占用耕地垦复费(税)问题,要专题研究。基本原则是,征收上来的资金,一部分留给地方用于耕地垦复,一部分国家掌握用于大江大河的治理。总之是要取之于农,用之于农,以农养农,使农田基本建设有一个固定的资金来源。

三、关于国家土地管理局的编制问题。国家土地管理局如果现在编制不足,请劳动人事部研究一下,可考虑适当增加,但不要搞得太多。要在不增加国家机关总编制的前提下,本着精简的原则。今后解决机构编制和增人,主要从现有机构中调整,对调入人员,注意搞好业务培训。这样,有利于政治体制改革的顺利进行。国家土地管理局本身也要把好关,业务分工不要太细,司、处不要搞得很多,人员也不要一下子进满,要留有一定余地。

四、关于国家土地管理局的事业经费和办公用房问题。国家土地管理局是新建单位,土地管理事业费应予立户,拨给必要的事业费,具体问题由财政部研究解决。

会议确定,国家土地管理局日常工作中需要协调的问题,由国务院王书明副秘书长负责联系。

全国文物拍卖管理工作座谈会会议纪要

办博函〔2011〕78 号

2011 年 1 月 11 日,国家文物局召开全国文物拍卖管理工作座谈会。来自全国24 个省、自治区、直辖市文物行政部门的负责同志,以及商务部、海关总署、国家工商行政管理总局、北京市工商局有关同志参加了会议。国家文物局副局长宋新潮出席会议并做了重要讲话。

会议认为,在党中央、国务院加快振兴文化产业和推动文化大发展大繁荣的大背景下,近年来文物艺术品拍卖市场取得长足发展,市场规模不断扩大,拍卖经营活动日趋规范与活跃。同时,我国的文物艺术品拍卖市场在发展规模、发展方式、自身定位以及社会责任、法律意识等方面也存在诸多不足和亟待完善的方面,这其中有企业自身的问题,有社会经济整体环境的问题,也有相关法律法规不健全、政府主管部门管理服务不到位的问题,需要各有关部门认真面对和加以解决。

与会代表充分肯定了文物艺术品拍卖市场在吸引海外中国文物回流、满足人民群众多层次的文化需求、推动文化产业的发展振兴、提升我国的文化软实力、促进文

笔记

106

化大发展大繁荣等方面发挥的积极作用,对当前文物拍卖管理工作中存在的文物拍卖标的备案复核程序、文物拍卖标的审核范围和重点、文物拍卖专业人员资格认定等问题进行了深入的分析,提出了明确的解决思路和措施。

经过会议认真讨论,会议确定了以下事项:

一、认真执行《关于加强文物拍卖标的审核工作的通知》及《关于加强文物拍卖标的审核备案工作的通知》规定的文物拍卖标的审核和备案制度。各省级文物行政部门必须在拍卖公告发布 15 日之前向国家文物局报送拍卖会拍卖标的资料及省级文物部门审核意见;拍卖会结束 30 个工作日内向国家文物局报送拍卖会成交记录。

二、严格确定文物拍卖标的审核重点。会议重申以下文物不得作为拍卖标的或应严格审核:①出土(水)文物;②以出土(水)文物名义宣传的复仿制品;③国有不可移动文物的附属构件;④国有文物购销经营单位收藏的珍贵文物;⑤损害国家利益或有可能产生不良社会影响的物品;⑥被盗窃、盗掘、走私的文物或明确属于历史上被非法掠夺的中国流失文物;⑦涉嫌危害国家安全和损害民族利益的物品;⑧涉嫌丑化国家形象及政治人物的非主流艺术品;⑨带有黄色暴力等内容的物品等。

三、认真研究治理文物拍卖企业"知假拍假"问题。会议认为,文物部门要认真反思以往拍卖标的审核"管真不管假"的不正确认识和做法,要进一步认识拍卖标的审核工作对文物艺术品拍卖市场健康有序发展的积极作用。通过拍卖标的审核工作从制度上完善文物艺术品拍卖市场的各项规范。同时,应对拍卖企业宣传及拍卖图录印刷加强管理,制定相关规范标准。

四、加强对文物网络交易活动监管,对现有涉及文物经营的网站进行评估,制定相关规范政策,逐步建立网络文物经营准入和网络交易文物审核的制度。

五、加强文物拍卖管理队伍建设和文物拍卖专业人员培养。针对省级文物行政部门管理机构薄弱和人员缺乏的现状,各地文物部门要高度重视,切实加强机构和人员建设;进一步加强文物拍卖专业人员培养工作,扩大培训考核的范围,增加考核科目;不断完善文物拍卖专业人员资格管理制度,稳步扩大文物拍卖专业人员聘用试点范围。

[参考文献]

[1]《国务院关于第四批取消和调整行政审批项目的决定》国发〔2007〕33 号.

[2]《国务院办公厅关于推进分级诊疗制度建设的指导意见》国办发〔2015〕70 号.

[3]《国家卫生计生委办公厅关于组织开展 2016 年全国疟疾日宣传活动的通知》国卫办疾控函〔2016〕357 号.

[4]《关于进一步做好维护医疗秩序工作的通知》国卫医发〔2016〕10 号.

[5]《关于查处假药"消渴平"和"虫草芪参胶囊"的函》食药监稽函〔2010〕41 号.

(孟凡莉　沈　歆)

笔记

第三章

信息收集与统计分析能力实训

第一节　医学科研选题与方案设计

一、知识准备

(一)科研设计

医学科研是以科学的观点和方法,对未知事物进行探索、观察和分析的过程,从而发展有关科学理论和技术的活动。医学科研过程由五部分内容组成,包括科研选题、方案设计、课题实施、统计分析和结果的报告与应用。以下讲述这五部分内容及常用的几种研究方法。

1. 科研选题

对于医学科研而言,选题即确定所要研究的题目。科研选题既是医学科研活动的起点,也是医学科研成败的关键问题。科研选题的基本程序是:进行文献复习,提出想法→形成科研假说→开展文献评价→科研立项。医学科研的选题原则主要包括创新性、科学性、可行性、效益性和需要性等几项基本原则。其中,需要性对科研方向进行了规定,效益性体现了科研活动的社会功利性,创新性是科学的本质特征,科学性则是科学研究的依据,可行性反映了科研活动的求实精神。医学研究选题的常见来源:(1)项目指南;(2)医学实践;(3)学科发展的前沿;(4)学术争论;(5)文献资料;(6)已研究课题;(7)学科交叉的边缘区;(8)机遇。立题的基本程序主要包括:(1)提出问题;(2)查阅文献;(3)建立假设;(4)确定方案。

2. 方案设计

方案设计是对科学研究活动的内容与方法进行设计和安排,指导整个科研过程的具体开展。方案设计包括专业设计和统计学设计。专业设计是指运用专业理论和知识技术对课题进行设计;统计学设计是运用数理统计学理论和方法对课题进行设计。方案设计的内容概括为以下三部分:(1)研究目的,即为什么要选这个题目,这部分要描述该研究的意义与重要性;(2)研究方法,主要包括研究对象、实验方法、测定指标和偏倚控制,反映了研究者学术水平和科研素质的高低;(3)进度和经费预算,可以根据工作量大小和研究流程的需要来安排,时间进度既要紧凑,又要留有机动的余地;经费预算的基本要求是科学合理,符合规范。

3. 课题实施

按照研究对象的属性和研究场所不同,医学科研实施方法一般可分为观察、实验和理论三大类型。在实施阶段要按照前述制定的科研设计方案来开展研究,获得第一手客

笔记

观事实资料,所以这个阶段也称为资料收集阶段。收集的资料必须能够全面、客观、准确地反映研究对象的本来面目,其中原始数据的保存是关键。同时研究者要十分关心资料的完整性、可重复性和真实性,避免主观性和片面性。

4.统计分析

大多数情况下,医学科研通常是对研究对象总体进行随机抽样后,对抽取的样本进行研究,依靠样本的结果来推断总体参数。这一过程中需要医学统计学方法,包括统计描述和统计推断。

5.结果的报告与应用

结果的报告与应用是医学科研过程中最后一个步骤,即根据研究事实与统计分析结果,运用综合、归纳与演绎等方法,把感性认识上升为理性概念,从而得出科研结论,应用于实际的医学活动或生产活动中。结果的总结与报告的基本形式是撰写科研论文和课题鉴定总结,应注意两点:(1)推理要基于已有的研究数据。既要尊重研究证据和客观公理,不可天马行空、凭空捏造,又要不拘泥于传统观念,敢于怀疑,推陈出新。(2)重视研究对象的固有特征,即只能推断出本研究设计的总体特征,切不可轻易外延推断。

6.现况研究

(1)定义

现况研究是通过对特定时点(或期间)和特定范围内人群中的疾病或健康状况和有关因素的分布状况的资料收集、描述,从而为进一步的研究提供病因线索。因为其收集的资料是在特定时间内发生的情况,因此又称为横断面研究,或者患病率研究。

(2)特点

①在时间序列上属于横断面研究。②现况研究开始时一般不设有对照组。③在确定因果联系时受到限制。④对不会发生改变的暴露因素,可以提示因果联系。

(3)用途

①掌握目标群体中疾病或健康状况的分布。②提供疾病病因研究的线索。③确定高危人群。④评价疾病监测、预防接种等防治措施的效果。

(4)优缺点

优点主要有:①现况研究常用的研究方法是抽样调查。抽样调查的样本一般来自人群,即从一个目标群体中,随机地选择一个代表性样本来进行暴露与患病状况的描述研究,故其研究结果有较强的推广意义,以样本估计总体的可信度较高。②现况研究在资料收集完成之后,可将样本按是否患病或是否暴露来分组比较,即有来自同一群体的自然形成的同期对照组,使结果具有可比性。③现况研究往往采用问卷调查或采样检测等手段收集研究资料,故一次调查可同时观察多种因素,为病因探索提供了重要依据。缺点有:①现况研究与分析性研究的一个明显区别是其对特定时点和特定范围的规定,因此调查时疾病与暴露因素一般同时存在,难以确定先因后果的时相关系。②现况研究调查得到的是某一时点是否患病的情况,故无法获得发病率资料,必须通过定期连续的调查才能获得疾病的发病率资料。③在现况研究中,若一部分研究对象正处于目标疾病的潜伏期或临床前期,则极有可能被误判为正常人,使研究结果发生偏倚,造成对该研究人群患病水平的低估。

笔记

（5）类型

现况研究主要包括普查和抽样调查。

7.普查

（1）定义

普查即全面调查，是指在特定时点或时期，以特定范围内的全部人群（总体）为研究对象的一种大规模全面调查，主要用来调查那些适于普查普治的情况。这个特定时点应该较短。特定范围是指某个地区或某种特征的人群，如我国于1953—2010年已先后组织了6次全国性的人口普查工作。普查工作涉及面广，指标多，工作量大，时间性强，需要有足够的人力、物力和设备保障。

（2）特点

①通常是一次性或周期性的调查，如我国每逢末尾数字为"0"的年份进行人口普查，每逢末尾数字为"3"的年份进行第三产业普查，每逢末尾数字为"5"的年份进行工业普查，每逢末尾数字为"7"的年份进行农业普查，每逢末尾数字为"1"或"6"的年份进行统计基本单位普查；②规定统一的标准时点，使调查资料能准确反映调查对象在该时点上的状况，以避免调查时因情况变动而产生重复登记或遗漏；③规定统一的普查期限，并在最短的期限内完成，以保证调查方法和技术的一致性，保证资料的准确性和时效性；④普查的项目和指标力求一致，以便进行历次调查的对比分析；⑤一般只对一些普遍问题进行普查。

（3）用途

①了解人群中某种疾病或健康的分布情况，如高血压、乙型肝炎病毒的感染情况和青少年生长发育状况等；②建立生理指标的正常值参考范围，如血压、肝功能相关指标等；③早发现、早诊断和早治疗病人，提高治愈率，减少病残和病死率，如育龄期妇女的宫颈癌普查；④当发生疫情流行时，可在小范围人群中开展普查以初步掌握该病在人群中的流行情况及影响因素。

（4）优缺点

优点主要有：①通过普查可以掌握某疾病或健康问题在人群中的实际分布情况，有利于疾病的早发现、早诊断和早治疗；②调查对象为某人群的全体成员，不存在抽样误差；③普查可以全面了解某疾病或事件的分布特征，能及时发现与疾病或健康相关的可疑危险因素，为病因学研究提供参考依据；④一次调查可以同时明确目标人群中多种疾病或健康状况的分布情况；⑤通过普查有利于医学卫生知识的普及。

缺点有：①工作量大而不易细致，难免存在漏查；所获资料相对较粗糙，准确性较差；②不适于患病率低或诊断技术复杂的疾病；③调查对象数量大，调查时限短，漏查率和无应答率可能会较高；④调查工作人员涉及面广，掌握的调查技术与方法的熟练程度不一，对调查项目的理解往往很难统一和标准化，人员数量及仪器配备不足等，均可能影响调查的速度和质量；⑤无法获得发病率资料；⑥开展一项普查需耗费大量的时间、人力、物力和财力。

8.抽样调查

（1）定义

抽样调查是指通过随机抽样的方法，对特定时点、范围内人群的一个代表性样本进行调查,以样本的统计量来估计总体参数所在范围,即通过对样本中的研究对象的调查研究来推论其所在总体的情况。抽样方法可分为非随机抽样和随机抽样。

（2）用途

包括:①描述疾病、健康或其他卫生事件在不同时间、地区和人群的分布特征,并分析其影响因素,以衡量一个国家或地区医疗卫生水平及健康状况。②分析疾病与健康的影响因素,为制定疾病防治措施提供科学依据。③检查或衡量资料的质量。如在现场调查研究中,通过随机抽取一部分研究对象进行重复调查,用抽样调查的资料与原调查相应对象的资料进行比较分析,以评价收集的资料的质量。

（3）一般步骤

①确定研究总体。研究总体一般根据研究目的而确定,是研究开展的基础和关键。②设计抽样方案。根据研究需求和研究开展条件制定抽样的具体方案。制定抽样方案的关键是确定抽样方法和编制抽样框。其中,抽样框是以研究总体为基础确定的一个框架,以框架内的研究对象代表研究总体,并从中抽取样本。③按照设计方案实施抽样。在抽样过程中应开展相应的质量控制,以保证抽样质量。④应对抽取的样本质量进行评估。

（4）优缺点

优点包括:①因为抽样调查样本含量较普查小,调查的开展省时、省力、省钱;②调查范围的缩小减少了调查完成所需的时间,提高了工作精度与调查结果的质量。缺点主要有:①不适用于发病率或患病率低的疾病调查;②抽样调查的设计、实施以及资料分析比普查复杂;③不易发现重复或遗漏;④不适用于需要普查普治或变异过大等情况的调查分析。

9.随机抽样技术

样本的选择遵循随机化原则,即保证总体中的每一个对象都有已知的、非零的概率被选入作为研究对象,以保证样本的代表性。如果样本量足够大,调查数据可靠,分析正确,则可以把调查结果推论到总体。常用的随机抽样方法有单纯随机抽样、系统抽样、分层抽样、整群抽样和多阶段抽样。

（1）单纯随机抽样:也称为简单随机抽样。从总体 N 个对象中,利用抽签或其他随机方法抽取 n 个,构成一个样本。这是最简单、最基本的抽样方法。

（2）系统抽样:又称机械抽样。是按照一定顺序,机械地每隔若干单位抽取一个单位的抽样方法。

（3）分层抽样:是指先将总体按某种特征分为若干次级总体(层),再从每一层内进行单纯随机抽样,组成一个样本。

（4）整群抽样:是指将总体分成若干群组,抽取其中部分群组作为观察单位组成样本。

（5）多阶段抽样:是指将抽样过程分阶段进行,每个阶段使用的抽样方法往往不同,即将以上抽样方法组合使用,在大型流行病学调查中常常被使用到。

10.非随机抽样技术

（1）定义

非随机抽样又称非概率抽样,是指在不确定的总体中,不遵循随机化原则,研究人员

笔记

根据主观经验判断或其他条件抽取样本,以样本结果推断或估计总体参数分布范围的一种抽样类型。此抽样方法不遵循随机抽样中的概率原则,通常会产生较大的误差,且难以对误差进行较为准确的估计,仅适用于无法进行随机抽样、调查对象的总体难以界定及不需要准确推断总体情况的调查,一般很少在大规模的正式调查研究中使用,而在探索性研究和定性分析中应用较多。

（2）优缺点

非随机抽样选取的样本质量主要取决于调查者的主观状况和各种机会因素,因而其代表性与客观性较差,样本调查结果无法从数量上对总体参数的分布范围进行推断。但非随机抽样方法简便易行,可用于获得调查对象的一般情况,在社会学研究中应用广泛。

（3）种类

①重点抽样即选择研究总体中的重点对象为调查对象的抽样方法。重点对象是指那些在研究总体中数目不多,所占比重不大,但调查内容集中的研究对象。通过对重点对象进行调查,可以了解和掌握研究总体的基本情况。

②典型抽样是指选择少数具有代表性的典型对象为调查对象的抽样方法。先掌握研究总体的一般情况,根据研究目的从中选出备选单位,再从备选单位中选出典型对象,开展调查。典型抽样的样本量一般较小,因此选择具较高代表性的典型对象是这类抽样方法的关键。

③偶遇抽样也称任意抽样、方便抽样,是指调查者依据实际情况,以便利的形式抽取自己在特定场合下偶然遇到的研究单位,或者仅仅选择那些距离最近、最易找到的研究单位为研究对象的一种方法。"街头拦人"和"空间抽样"是该类抽样最常采用的两类具体实施方法。

④判断抽样也称立意抽样,是研究人员根据研究目的及主观分析(如主观印象、经验或对研究对象的了解)从总体中选择判定最能代表总体的研究单位作为样本的一种方法。

⑤定额抽样又称配额抽样,是指研究人员根据研究目的将研究总体按地区、性别等特征或标志进行分类或分层,按一定比例在各类(层)中分配样本单位数额,并按各类(层)规定配额内任意选取样本的抽样方法。

⑥滚雪球抽样是指先随机选择一些对象进行调查,再根据这些对象提供的线索,选择其他属于研究总体的调查对象,再由这些对象提供第三批对象的线索,依次类推。该方法收集样本的方式如同滚雪球,以初始的随机样本为基础,然后获得越来越多的对象,直至样本规模达到足够的样本量。

⑦应答推动抽样:该方法的实施建立在滚雪球抽样的基础上。它与经典链式推举法类似,先在目标人群中选取部分"种子"对象,然后通过推举"种子"对象获得一级抽样人群,再由一级抽样人群获得二级抽样人群,经过多级抽样后最终获得一个稳定的目标人群作为样本。

11. 抽样过程中的偏倚

随机抽样的准确度与可靠性主要受抽样误差与非抽样误差的影响。抽样误差虽不可避免,但抽样误差可以测量,并可通过调整样本含量大小和采取科学的抽样方案进行

笔记

控制。非抽样误差是产生偏倚的主要原因,是必须控制或防止的系统误差,产生的原因主要包括:(1)主观选择对象,是"随意"样本,无法代表调查总体或研究总体;(2)任意变换抽样方法,或未能真正做到随机抽样。

12.样本量

样本量是指研究所包含的研究单位数量。样本量估计的目的是在保证一定的研究精度和检验效能的基础上,确定最适宜的观察单位数。样本量不仅受研究目的和研究对象性质的影响,还受客观条件和抽样方法的限制。如果研究要求调查结果具有较高的精确性,即较小的允许误差,则需较大的样本量。反之,样本量较小。不同的抽样方法,对样本量的要求也不同:整群抽样要求的样本量最大,简单随机抽样次之,系统抽样再次之,分层抽样所需的样本量最小。研究指标的集中趋势和离散程度也是影响样本量的一个重要因素。此外,无应答和失访情况也是影响样本量的重要因素。无应答率和失访率越高,研究所需样本量就越大。

(二)文献检索与阅读

文献是记录有知识的一切载体。作为知识的载体,其有四个基本要素,即:①信息内容,即文献所表达的思想意识、知识信息的含义和内容;②符号系统,是指揭示和表达知识、信息内容的标识符号,是物化和标识文献信息内容的工具,如文字、图形、编码、声频、视频等;③文献载体,是承载文献信息符号,从而使信息内容有所依附并便于传播交流的物质材料,一般可分为纸质和非纸质两大类;④记录方式,是指将包含信息内容的信息符号存储到载体材料上的方式,如书写、雕刻、印刷、拍摄、录制、复印、刻录等。因而,文献的检索即是以文献作为检索对象,查找与用户需求相关的文献信息。而与检索相关的技术和语言则均与文献的基本要素有关。

1.信息检索语言

(1)定义

用来描述文献内部特征和外表特征、表达信息提问的一种人工语言,又称标引语言、索引语言、概念标识系统等,是信息检索系统存储和检索信息时共同使用的一种约定性语言。

(2)作用

主要包括:①用以标引信息的主题,把信息的内容特征及其外表特征规范化地标引揭示出来;②沟通标引人员和检索人员的思想,引导检索人员和标引人员理解一致,避免漏检和误检;③便于将标引语词和检索语词进行相符性比较;④保证了信息存储的集中化、系统化和组织化,便于检索人员按一定的排列次序进行有序化检索。

(3)种类

按照描述信息特征的不同,检索语言可以分为描述信息内容特征的检索语言和描述信息外表特征的检索语言两大类。

2.主题语言

主题语言是直接用自然语词作主题概念标识,并用字顺排列标识和参照系统等方法来间接表达概念之间的相互关系的一种检索语言。主题语言的具体表现形式是主题词表,主题词表是文献标引人员标引文献的依据,也是文献检索人员表达其信息需求的依据。主题语言根据其构成原则和编制方法的不同,可以分为标题词语言、单元词语言、叙词语言和关键词语言。

3. 关键词语言

关键词语言是从文献标题或文章正文中抽出来的,对表达文献主题具有实质意义的词汇。那些无检索意义的词汇,诸如冠词、介词、连词、代词、某些副词、部分动词、部分名词(如理论、研究、实验、应用)等,均不能作为关键词。

4. 信息检索途径

信息检索途径指信息检索的渠道或角度,也叫作检索点、检索项,由于在数据库系统中常用字段来表示,因此也常被称为检索字段。各种检索工具具有不同的检索途径,常用的检索途径包括内容特征途径和外表特征途径两大类。其中内容特征途径包括分类途径和主题途径。外表特征途径包括题名途径、著者途径、号码检索和引文检索。

5. 数据库

数据库是在计算机存储设备上按一定方式存储的相互关联的数据集合。它是计算机技术与情报检索技术相结合的产物,是现代重要的信息资源管理工具,是情报检索系统的核心部分之一。其中比较有名的数据库包括:

(1)PubMed

PubMed 是由美国国立医学图书馆提供的一个免费的搜寻引擎,提供生物医学方面的论文搜寻以及摘要。它的数据库来源为 MEDLINE。

(2)中国知网

又称为中国学术期刊网络出版总库。它是世界上最大的连续动态更新的中国学术期刊全文数据库。内容覆盖人文社会科学、自然科学、工程技术、农业、哲学等各个领域。收录年限为自 1915 年至今出版的期刊,部分期刊回溯至创刊号。

(3)中文科技期刊数据库

由科技部西南信息中心下属的重庆维普资讯公司(中国科技情报研究所重庆分所)在 1989 年研制开发出版的国内第一家 CD-ROM 光盘数据库。它收集的数据广泛,年代久远,是国内利用率最高的容量最大的综合性、题录型文献数据库。收录的中文科技期刊近 5000 种,基本包括了内地出版的全部自然科学及部分社会科学期刊,并收录了部分港台期刊。内容覆盖理、工、农、医及法律、经济、管理、文化教育等领域。检索结果为期刊论文题录(篇名、作者、出处)。

6. 计算机检索技术

即文献数据库检索技术。在计算机检索的条件下,利用各种检索技术,用计算机能够理解和运算的形式加以表达,形成检索表达式,然后交由计算机执行的一种检索技术。在检索过程中,常常需要使用一定的检测策略。检索策略是为实现检索目标而制定的全盘计划和方案,是对整个检索过程的谋划和指导。即在分析情报提问实质的基础上,确定检索途径与检索用词,并明确各词之间的逻辑关系与查找步骤的科学安排。具体可使用的技术包括:

(1)布尔逻辑检索

这是指通过布尔逻辑运算来表达检索词与检索词之间逻辑关系的一种查询方法。

（2）词组检索

检索系统将固定词组或短语看成单个词进行处理,只有当提问中所含的检索词组与文献中所含有的固定词组完全一致时,文献才能命中。

（3）字段检索

将检索词的匹配限定在某个或某些特定的字段范围内的一种查询方法。

（4）限制检索

一种将检索结果限制在一定范围之内的辅助检索技术。

二、实训目标

1. 巩固科研选题和科研设计等基本知识要点。

2. 培养文献检索与阅读、研究方案设计的基本能力。

3. 拓展学生对文献综合检索、随机抽样技术和样本量计算等的能力。

三、案例分析与指导

案例

大学生的就医行为是小张一直都感兴趣的问题。哪些因素会对大学生的就医行为产生怎样的影响? 小张想对此进行调查和研究。

首先,小张对相关文献进行了系统检索和阅读。通过利用中国知网(CNKI)数据库,以"大学生"和"医疗服务"为关键词,共检索到了 211 篇相关文献。对这 211 篇文献进行阅读后,小张发现目前国内对于大学生的就医行为及相关问题的研究还不是很多,而且大部分研究往往流于表面和宏观分析。如一部分研究虽然以大学生为研究对象,但研究的重点是大学生医疗保障体系的构建和改革,或高校医院市场化运作模式等内容。另外还有一些研究尽管调查了大学生的就医行为,但在其影响因素研究方面仅局限于一般人口学基本信息,调查和研究不够全面。此外,大部分调查的样本量均在 200～300,且有些调查采用的抽样方法是非随机抽样法,如偶遇调查。因此,根据这一研究现状,小张提出了本次的研究目的,即对大学生的就医消费态度和行为进行调查,并分析可能的影响因素。

基于此研究目的,小张接下去又对调查研究方案进行了如下设计:采用随机抽样的方法,共抽取杭州下沙三所综合性大学的 900 名全日制在校大学生。采用问卷调查的方法,对调查对象的信息进行了收集。对调查所获得的问卷,通过软件进行数据录入和统计分析。

（一）要求

1. 认真阅读分析案例,并查阅有关资料。

2. 每人写出案例分析与发言提纲。

3. 利用 1～2 课时,以班级为单位组织讨论。

(二)分析思路与重点

本案例的重点是科研选题的提出,研究目的的提炼,及科研方案的设计。科研选题的提出与研究目的的提炼可以从文献检索方面进行分析,如本例中小张是否进行了全面和科学的文献检索,文献检索技巧是否运用得当。科研方案的设计可以小张的研究方案设计为出发点进行分析,如现有方案内容的整体设计是否科学合理,样本量计算有无依据,抽样方案叙述是否详尽,方案内容是否全面,是否还有遗漏的内容等。在上述分析的基础上,归纳个人体会与建议。特别注意文献检索与科研方案设计两大块的重点环节与要领。

1. 简要分析该案例,简述科研选题与方案设计的基本步骤和内容。
2. 试简要分析和评价小张的科研选题和研究方案设计过程。
3. 如果是你的话,你打算如何进行本次科研选题和方案设计?
4. 请对本案例进行小结。

四、实训情境

1. 情境1:国家自然科学基金申请书的撰写要求与评判标准

国家自然科学基金是我国支持基础研究的主渠道之一,面向全国,重点资助具有良好研究条件、研究实力的高等院校和科研机构中的研究人员,目的是培育创新思想,提升原始创新能力。每年会进行一次全国范围的项目申报和评审活动。每个申报者要根据指南进行申报书的填写和提交。那么申报书的撰写主要包括哪几部分内容?评审专家判断是否资助申报项目的关键又是什么?

2. 情境2:尴尬的毕业论文开题答辩

又到了一年一度的毕业论文开题报告的日子了。小王精心准备了一份PPT用于汇报他的毕业论文设计思路:市场上有大量的紧急避孕药物,且不安全流产还是世界范围内的一个严重问题,因而,应该宣传紧急避孕药的相关知识,从而提高避孕有效率,降低人工流产率。因此,他拟通过调查人群紧急避孕知识的认知水平,分析一般人群对紧急避孕知识的需求,为制定人群紧急避孕方法的健康教育方案提供参考依据,最终目的是保障女性生殖健康,提高人群的生殖质量。然后小王还详细介绍了他的调查内容和研究方案。在小王信心满满地汇报结束后,答辩组张老师却给他泼了盆大大的凉水:"小王,你认为紧急避孕是防止意外妊娠的最佳手段么?"张老师提出的问题关键是什么?

技能要求与应用:以4人为小组单位对设置的情境展开讨论,以小组为单位进行汇报。要求通过讨论正确掌握所学的基本知识和专业知识并能综合运用,准确分析并解决实际研究中的问题,对问题的讨论有一定的深度和规范性。

五、实训项目一:文献检索与阅读

(一)实训内容

每班学生以4人为单位组成小组,以小组的形式进行项目训练。通过确定感兴趣的主题,利用不同数据库进行文献检索,并整理检索结果。阅读检索得到的文献,掌握该问题目前的研究进展,最终提出本次调查研究的目的。

（二）实训要求

通过巩固文献检索的原则、步骤和内容等主要知识点,培养学生制定文献检索策略、多种数据库文献检索和文献阅读的基本能力,拓展多种文献检索技巧的综合应用、使用软件进行文献管理等能力。

（三）实训步骤

文献检索:应使学生注意,文献检索的方式包括两类,即手工检索和机器检索。手工检索即利用图书、期刊、目录卡片等工具书来进行文献检索的手段。机器检索即主要依赖于计算机完成的文献检索。本次训练项目以锻炼机器检索能力为主,但仍不应忽略手工检索的必要性。其中,文献数据库检索方法和技巧包括:文献的机器检索,即利用计算机实现对网络数据库的搜索。因而,文献数据库的检索方法和技巧是重点训练内容,主要包括检索策略的制定、关键词、逻辑运算符、字段检索等。数据库方面,本次文献检索涵盖了中文数据库和英文数据库的训练。中文数据库主要以维普、CNKI 和万方为主,英文数据库以 PubMed 为主。

文献管理:在完成了大量文献检索后,如何更有效地对文献进行筛选则成为训练难点之一。因而 Endnote 软件的使用是本次训练项目的扩展训练内容之一。通过学习和了解 Endnote 软件的特点与功能,拓展学生的文献管理能力。

文献阅读:文献阅读与文献管理相辅相成,也是检验文献检索策略是否适宜、检索结果是否符合预期目的的唯一手段。因而,还需拓展训练学生的文献阅读能力。

（四）实训成果检测

1. 每个小组提交一份文献检索方案和检索结果,要求检索方案具体,检索结果真实、全面、准确。

2. 根据检索结果,形成一份阅读报告,阐述选定主题的研究进展,并提出本次调查研究的目的。

六、实训项目二：科研方案设计

（一）实训内容

每班学生以 4 人为单位组成小组,以小组的形式进行项目训练。根据实训项目一确定的研究目的,制定一份完整的科研方案,主要包括研究目的和类型、研究内容和方法。

（二）实训要求

通过巩固医学科研的内容和方法,科研设计的原则、步骤和内容等主要知识点,培养学生科研设计的基本能力,拓展使用软件进行样本量计算、选择合适的随机抽样技术等能力。

（三）实训步骤

确定研究类型:应使学生注意,现况调查包括两类,即普查和抽样调查。选择标准则依据研究目的而定。因而本次实训中,每组学生应根据各自在实训项目一中制定的研究目的而进行适当选择。

计算样本量:注意计数资料和计量资料的不同计算公式。相关软件包括 epi info 等。

选择抽样方法:可供选择的抽样方法有单纯随机抽样、系统抽样、分层抽样、整群抽样、多阶段抽样。

明确资料收集方法:如查阅档案、询问调查、实验室检测等。

设计质量控制方法:包括调查员的选择与培训、调查问卷与手册的制定、监督与核查等。

(四)实训成果检测

1. 方案内容完整,设计周密。

2. 方案的研究目的明确,研究内容适宜。

3. 方案的研究方法科学,如样本量的确定有科学依据,抽样方案合理,资料的收集与整理方法明确,质量控制方法可行。

七、能力和知识拓展

什么是实验设计

实验设计(实验研究)是指研究者根据研究目的(或研究假设),主动施以干预措施,并观察总结其结果,回答研究假设所提出的问题。实验设计是实验过程的依据,是实验数据处理的前提,也是提高科研成果质量的重要保证。实验设计的三要素是处理因素、受试对象和实验效应。实验设计的基本原则是随机化、对照和重复。实验设计的基本内容和步骤是:①建立研究假设;②明确研究范围;③确立处理因素;④明确观察指标;⑤控制误差和偏倚。常用的实验设计方法有随机对照试验、配对设计、交叉设计和配伍组设计。

第二节 问卷设计与现场调查

一、知识准备

(一)问卷

问卷是指根据研究目的编制的、以提问方式表达的、由一系列与研究目标有关的问题组成的测量工具。按问卷中问题的设计类型,问卷可分为封闭型、开放型、混合型和图画型四种。使用问卷进行调查即为问卷法。问卷法具有适用范围广、不受样本大小限制、易于控制调查项目和内容、便于统计分析等优点,但也存在如受限于调查对象的文化水平与问卷回收率,及很难纠正实际应用于调查后发现的遗漏或错误等缺点。

1. 问卷的类型

按使用方法或发放形式,可分为自填式问卷和访谈问卷。若根据问卷中问题的设计类型,则可分为封闭型、开放型、混合型和图画型四类问卷。

(1)封闭型问卷

又称结构型问卷,设计者在问卷中不仅列举问题,而且在每个问题后提供有限个备选答案,调查对象根据自己的情况选择其中的一个或几个答案。这适合于大范围的调查。优点有:①回答问题标准化,易于回答;②节省时间,应答率高;③便于统计分析,结果的可信度较高。缺点包括:①由于研究者事先设立了备选答案,调查对象不能充分表达自己的意见,研究者也难以进行深度挖掘;②有时容易造成调查对象盲目回答,致使资料产生偏倚。

(2)开放型问卷

又称非结构型问卷,设计者只列举问题,不提供备选,调查对象根据自己的情况自由回答。适合于调查人数少、资料不必量化的探索性调查。优点有:①使用灵活,适合于探索性研究;②调查对象有更多的报告机会,因而可以收集到较为丰富生动的资料。缺点有:①由于调查对象的文化程度和知识层次各异,问题的信息无法保证得到充分的使用;②回答结果也可能存在较大的差异;③调查结果非标准化,较难进行统计分析。

(3)混合型问卷

同时具备封闭型问卷和开放型问卷的内容。只有当问卷设计者不能肯定问题的所有答案或对某些问题需进一步了解情况时,才采用开放型设计。

(4)图画型问卷

以生动、形象的图画形式向调查对象提出问题,调查对象根据自己的实际情况选择合适的图画。适合小范围、问题少的调查,尤其适合文化层次低的调查对象。

2. 问卷的设计

(1)设计要点

包括:①明确调查目的和内容;②明确研究对象;③充分考虑数据统计分析工作的可操作性;④卷首应附简短说明;⑤问题表述明确、数量合理、设置符合逻辑;⑥问卷项目齐全。

(2)设计原则

包括:①合理性,即问卷内容必须与研究目的紧密相关,问卷内容是为研究目的服务的。②一般性,即问题的设置是否具有普遍意义,是问卷设计的基本要求。③逻辑性,即问卷的设计要有整体感,即问题与问题之间要具有逻辑性,不能前后矛盾,独立的问题本身也不能出现逻辑上的谬误。逻辑性的要求与问卷的条理性、程序性是分不开的。④明确性,即问题设置的规范性。这一原则具体是指:命题是否准确,提问是否清晰明确、便于回答,调查对象是否能够对问题做出明确的回答等。⑤非诱导性,是指问题应设置在中性位置,不具有提示性或主观臆断,完全将调查对象的独立性与客观性摆在问卷操作的限制条件的位置上。⑥便于整理与分析,是指为便于调查后整理分析工作的顺利开展,调查指标应具可累加性。同时,指标的累加与各指标相对数的计算是有意义的,最后能够通过数据清楚地说明所要调查的问题。

笔记

（3）基本步骤

包括：①明确研究目的。在设计问卷之前，首先要确定研究目的。可通过查阅文献等，对研究课题的性质、目的、意义以及与本研究相关的研究动态和发展趋势进行深入的了解。根据研究目的和文献研读情况，结合提出的问题或现象，建立研究假说和理论框架。在此基础上，根据现阶段掌握的资料，以研究目的为导向制定具有可操作性的研究计划，使研究目标可以用一系列的指标来测量，完成问卷设计的前期工作。②建立问题库。根据研究目的、主题、内容、项目以及范围，广泛收集与研究有关的资料、信息，将研究过程中涉及的内容列成提纲，建立问题库。③拟定问卷初稿。根据研究目的和建立的问题库，拟定问卷的初稿。初稿尽可能包括与研究相关的所有问题。问卷初稿要经反复修改和讨论。原则上，尽可能不要遗漏与研究相关的任何问题，尽可能不保留与研究不相关的问题。④开展预调查。设计好的问卷初稿不能直接应用于实际调查，而应先通过开展小范围的预调查，验证问卷设计的科学性和可操作性，同时发现问卷设计中存在的问题以及在实际应用中碰到的问题，并根据反馈的信息来进一步修改和完善问卷。⑤问卷评价及修改。问卷试用修改的客观检验法和主观评价法是对问卷进行评价及修改的两种主要方法。前者即通过开展预调查，根据调查结果对问卷设计的质量进行评价，发现问卷中存在的问题。后者通过将问卷分送该领域的专家，请专家予以评价和修改。⑥问卷定稿。问卷定稿主要包括两方面内容，一是问卷内容，二是问卷版面。经预调查、评价与修改后的问卷，还应对其进行版面的美化，使整份问卷简洁明了。定稿后的问卷，一经交付印刷，一般不得随意更改。

（4）问卷结构

一份完整的问卷内容应包括：①问卷标题；②卷首说明；③填表说明；④问卷主体；⑤问卷结束语。

问卷标题应能说明研究主题，且表述简明扼要，能够吸引调查对象的兴趣。不应简单采用"调查问卷"等主题不明、无法引起调查对象应答兴趣，甚至引起应答者怀疑、猜忌而拒绝回答的标题。

卷首说明是在问卷首页给调查对象的简要说明。目的是阐明研究的目的、内容和要求，希望得到调查对象的真诚合作。内容应包括：介绍调查员的身份；阐明问卷调查的目的和意义；保证信息保密；说明调查主办单位和地址；致谢。

填表说明是对问卷内容的具体说明，对问卷中可能引起疑问或歧义的地方加以解释、定义、举例和说明，指导调查员正确填写，以确保问卷答案的统一性。

问卷主体即问卷中的问题及答案。问题通常可分为以下四个类型：事实型；行为型；态度或情感型；原因或理由型。

问卷结束语通常用来表示对调查对象合作的感谢，还包括调查员姓名、调查起止时间、调查地点等信息。结束语要求简短明了，有些问卷也可省略。

3.问卷中问题的设置

（1）问题的类型

按内容可将问题分为：①事实型问题，如性别、年龄、职业等；②行为型问题，如是否经常参加体育锻炼、是否经常失眠等；③态度或情感型问题，如喜欢与不喜欢、愿意与不愿意等;④原因或理由型问题,如为什么做某事等。

（2）问题的数量和顺序

问题的数量应根据具体的研究目的进行增减。问题太少,则无法达到预期的研究目的;而问题太多,则极易造成调查对象的厌烦心理。因此,问题的数量一般以调查对象半小时内能够回答完毕为度。问卷中问题的排列还应当符合逻辑顺序,便于调查对象思考,以降低拒答的可能性。设置问题顺序的一般性原则包括:①问题按一定的逻辑顺序排列,相关问题列在一起,时间应由近到远;②容易回答的问题放在前面;③敏感的问题放在最后回答,如个人隐私、经济状况、政治观点等,以降低拒答率;④开放式问题通常放在最后。

（3）问题的形式

根据研究设计的要求,可以将问卷问题分为备查类问题和分析类问题两类。备查类问题包括姓名、地址等,通常不直接用于分析,而是为了便于检查、校正等目的而设立;分析类问题可直接用于计算分析研究指标的内容,因此是问卷的主体部分。此外,如前所述,根据问题提供答案的不同方式,还可将问题分为开放式、封闭式和半封闭式问题。

（4）问题的编码

编码是指用一个数字代表一个答案选项,以便数据录入和进一步的统计分析。设计者在设计问卷时就应该考虑到问题的编码。封闭式问题一般即以其答案的选项为编码;开放式问题须将自由回答或非结构化问题结构化,然后进行编码。问题编码常见的形式有二项式、多项式、矩阵式、填空式、图画式、尺度式、关联式、顺位式和自由式等,各种编码形式各有利弊,在问卷设计中应结合使用。

4. 问卷的评价

作为一类应用于现场调查的常用测量工具,问卷在完成设计后必须通过有效的问卷评价,保证其可靠性和有效性,才能实际应用于现场调查。根据评价目的,问卷评价可分为信度分析和效度分析。

（1）信度分析

信度是评价现场调查测量工具质量高低的重要指标。信度分析的主要目的在于反映调查工具测量结果的可靠性,控制和减少随机误差。因此,信度分析也称为可靠性分析。

（2）效度分析

效度是评价测量工具的另一个重要指标。效度分析的主要目的在于评价测量工具的调查结果的有效性,即其反映受试者真实情况的程度。

5. 预调查

在正式开展调查前进行的一种小范围问卷调查,目的是对设计好的问卷进行进一步测评,以判断有无需要修订的地方。

（二）现场调查

现场调查是指通过观察（测量）系统地收集信息的过程。通过问卷进行的调查统称为问卷调查。具体形式包括自填式和他填式。与现场调查有关的知识要点如下。

笔记

1.调查员

问卷调查的实施者。一名合格的医学研究调查员应具备以下几项基本素质：①良好的语言表达能力；②较强的人际交往能力；③具有一定的医学背景知识；④具有良好的分析判断能力；⑤对待调查对象应热情诚恳、彬彬有礼，且保持中立态度；⑥具有应有的独立性，不会因别人的劝告而更改调查结果，或者伪造调查结果。

在正式开展任何形式的调查前，需对调查员进行有关问卷调查的培训，考核通过者方能成为一名合格的调查员，开展相关调查。主要应包括以下内容：①研究工作的概况介绍；②调查时的注意事项；③调查技巧；④问卷的内容与使用；⑤其他。

2.敏感性问题

（1）定义

敏感性问题是指涉及个人（或单位）的隐私或利益的问题，以及不宜在公开场合表态或陈述的问题，有时也包括一些违法或犯罪的行为。因此，在调查此类问题时，调查对象通常会拒绝回答，从而导致应答率降低，产生无应答偏倚。或者是调查对象不按照自己的实际情况回答，而根据社会期望的取向来回答，使调查结果偏离实际情况。

（2）分类

按其答案的特征一般可以分为属性敏感问题和数量敏感问题。属性敏感问题是指调查对象是否具有敏感问题的特征属性，如"是否有吸毒行为"和"是否有婚外性行为"等。数量敏感问题是指具有敏感问题的数量大小，如"您的月工资是多少"和"您有过几个性伴侣"等。数量敏感问题具有数量的特征，可以用来估计敏感问题的数量均值。

（3）调查技术

常采用一些专门的技术和方法对敏感性问题进行调查，以提高调查所获资料的质量和可信度，主要包括：启迪教育式询问的方法、改良问卷调查技术、随机应答技术。

①启迪教育式询问的方法：在获取敏感性问题的信息时，可改变传统的直接询问的方式，而采用启迪教育式询问的方法。首先对调查对象说明进行敏感性问题调查的必要性，以及对调查对象的意义、对调查对象周边人群尤其是亲密接触者的意义，同时还要说明社会中对敏感性问题存在一些不正确的看法和非议，指出这些看法和非议的不科学性，强调这类问题的严肃性和科学性，从而让调查对象觉得回答敏感性问题是一个科学的过程，是一个严肃正常且对其自身有益处的事情，进而消除调查对象的疑虑，诚实回答敏感性问题。

②改良问卷调查技术：当问卷中的部分问题属于敏感性问题时，在问卷全部问题的编排和设置上，需要进行一定的改良和修正。一般随着调查的逐步深入，可按非敏感性问题、弱敏感性问题、敏感性问题的顺序渐次提出敏感性问题。用对象转移法或假定的方法间接询问敏感性问题。采用封闭式不记名自填式问卷法。为打消调查对象的恐惧心理，可在问卷的前或后附带保护调查对象隐私的保证书或协议书，列举保密的原则和措施以及泄密的惩罚措施等，进一步消除调查对象的顾虑，提高应答率。调查时给予调查对象一定的物质奖励，再辅以严密的保密承诺，有助于提高调查对象的应答率和回答的真实程度。

③随机应答技术（randomized response technique，RRT）：是由美国社会学家沃纳

笔记

（Warner）于1965年首先提出并应用于敏感性问题调查的一种技术。指在调查过程中使用特定的随机化装置，使被调查者以一个预定的基础概率 P 从两个或两个以上的问题中选择一个问题进行回答，除被调查者以外的所有人（包括调查者）均不知道被调查者的回答是针对哪一个问题，以便保护被调查者的隐私，最后根据概率论的知识计算出敏感性问题特征在人群中的真实分布情况的一种调查方法。根据敏感问题的分类，RRT调查的设计也可分为属性特征敏感问题 RRT 设计和数量特征敏感问题 RRT 设计。属性特征敏感问题 RRT 设计又可分为二分类和多分类敏感问题 RRT 调查的设计。二分类敏感问题调查的 RRT 有两个相关问题的 RRT 模型、两个无关联问题的 RRT 模型（又称西蒙斯模型，Simmons model）和改进后的单问题 RRT 模型。用于多分类敏感问题的调查RRT 有多分类敏感问题的多样本 RRT 模型和多分类敏感问题的单样本 RRT 模型。用于数量特征敏感问题调查的 RRT 有单样本单问题 RRT 模型、随机截尾 RRT 模型、无关联问题 RRT 模型以及加法和乘法 RRT 模型。

3.质量控制

质量控制是指为尽量减少和消除调查研究过程中可能产生的各类偏倚所采取的各种措施。为保证调查研究结果的真实性，应将质量控制的理念贯穿于整个科学研究的过程中，包括研究方案的设计、调查准备、实施、资料整理核查、统计分析和结果评价等。

二、实训目标

1.巩固问卷设计和现场调查等基本知识要点。

2.培养学生对问卷类型和调查内容的选择，问题措辞与排列，问卷版面设计与优化等基本问卷设计能力，及调查现场和调查对象的组织协调、问卷的面对面调查技术等现场调查基本能力。

3.拓展学生的调查员手册制定与调查员培训、敏感性问题设计与调查、问卷调查现场质量控制等的能力。

三、案例分析与指导

案例

为了对大学生的就医消费态度和行为及可能的影响因素进行调查，小张设计了一份名为《大学生就医情况调查》的问卷（问卷内容见案例最后附录）。

问卷编制完成后，小张印制了900份，与其就读于化学专业的好朋友一起，分别对 A、B 和 C 三所高校共900名学生，开始了为期1个月的问卷调查。主要通过问卷发放和调查对象自填的方式完成了调查。应调查900人，有200人拒访。另外，调查结束后对问卷进行了整理，发现并剔除了150份质量不合格的问卷，如缺失项过多、答案明显错误等。最终获得有效问卷550份。

附录：《大学生就医情况调查》调查问卷

同学您好！为了了解大学生校园就医情况及其影响因素，希望您能在百忙之中抽出

笔记

时间填写这份问卷。对于您所填的信息,我们将严格保密。谢谢配合!

1. 性别:a. 男　　b. 女

2. 年级:a. 大一　b. 大二　c. 大三　d. 大四

3. 您参加了哪些医疗保险(可多选):

a. 新农合　b. 城镇居民保险(包括大学生医保)c. 商业保险　d. 其他　e. 未参保

4. 您对自己参加的医疗保障了解吗:a. 很了解　b. 了解一点　c. 不了解

5. 这半年来您患病几次:a. 0~1 次　b. 2~4 次　c. >4 次

6. 您看病治病的花费占您生活费多少比例:

a. 10% 以下　b. 10%~30%　c. 30% 以上

7. 您身体不舒服一般会如何处理:

a. 马上去医院(包括校医务室)　b. 自己买药,自我治疗　c. 不采取任何措施

8. 您看病一般会首选校医务室吗:a. 是　b. 否

9. 您是否曾经通过校医务室为家人买药:a. 是　b. 否

10. 专业:a. 医学类　b. 文科类　c. 理工科类　d. 艺体类　e. 其他

11. 户籍:a. 城镇　b. 农村

12. 月生活费:a. <600 元　b. 600~1000 元　c. >1000 元

13. 父亲学历:a. 本科及以上　b. 高中　c. 初中　d. 小学及以下

14. 母亲学历:a. 本科及以上　b. 高中　c. 初中　d. 小学及以下

15. 您是否吸烟:a. 是　b. 否

(一)要求

1. 认真阅读分析案例,并查阅有关资料。

2. 每人写出案例分析与发言提纲。

3. 利用 1~2 课时,以班级为单位组织讨论。

(二)分析思路与重点

本案例的重点是问卷设计和现场调查技术。问卷设计可以从问卷结构、调查内容等方面进行分析,如本例中小张的问卷结构是否完整,调查内容是否全面,问题表达与答案编制是否科学,题目顺序是否科学,有无采取及采取了何种措施进行问卷的修订等。现场调查可以小张的调查步骤和方式方法等为出发点进行分析,如其调查员的选择是否合适、有无进行调查员的培训与考核、选择了何种问卷调查方式及是否科学合理、有无进行或采取了何种问卷调查质量控制手段、该种手段的效果如何等。在上述分析的基础上,归纳个人体会与建议。特别注意问卷设计与现场调查两大块的重点环节与要领。

1. 简要分析该案例,简述问卷设计与现场调查的原则、步骤和内容。

2. 试简要分析和评价小张的问卷设计和现场调查。

3. 如果是你的话,你打算如何进行本次问卷设计和现场调查?

4. 请对本案例进行小结。

笔记

四、实训情境

1. 情境 1

2 个课题组前后隔了 2 个月在杭州下沙的同一个社区进行中老年女性吸烟行为的调查。但是调查结果大相径庭。先行调查的 A 课题组统计发现约 50% 的被调查女性吸烟，而后来进行调查的 B 课题组仅发现 5% 的被调查女性吸烟。为什么结果会有这么大的差异？

2. 情境 2

小张通过托三位熟人发放问卷，分别对三所高校的大学生进行了焦虑与抑郁情况的调查。整理问卷时发现，某一所高校出现了大量的雷同问卷。出现这种情况说明什么问题？应采取何种措施避免这种情况的出现？

技能要求与应用：以 4 人为小组单位对设置的情境展开讨论，以小组为单位进行汇报。要求通过讨论正确掌握所学的基本知识和专业知识并能综合运用，准确分析并解决实际研究中的问题，对问题的讨论有一定的深度和规范性。

五、实训项目一：问卷设计

（一）实训内容

根据本章第一节实训项目二制定的科研方案，设计一份完整的调查问卷。

（二）实训要求

通过巩固问卷设计的目标、原则、内容和步骤等主要知识点，培养学生进行问卷设计的基本能力，包括根据研究目的和研究对象选择合适的问卷类型，明确问题内容与编码，注意问题措辞与排列，优化问卷版面设计等，拓展如敏感性问题设计、调查员手册制定等能力。

（三）实训步骤

确定所需调查信息：如人口学基本信息，与研究目的相关的其他信息。

调查问题设计及编码：包括类型、内容、表达、顺序、敏感性问题的设计等。

问卷预试：包括打印、校对、预调查、修订等。

（四）实训成果检测

1. 每个小组设计并提交一份完整的调查问卷。
2. 根据设计好的调查问卷，制定相应的调查员手册。

六、实训项目二：现场调查

（一）实训内容

根据本节实训项目一制定的调查问卷，依照第一节实训项目二制定的科研方案，开展现场调查。

（二）实训要求

通过巩固现场调查的原则、步骤和内容等主要知识点，培养学生进行现场调查的

笔记

基本能力,包括调查现场和调查对象的组织协调、问卷的面对面调查技术、追问技巧等,拓展如调查员的选择、培训与考核,敏感性问题调查技术,问卷调查现场质量控制等能力。

(三)实训步骤

1.进行调查现场的选择和调查对象的组织协调:注意按照前期制定方案中的内容实施,切忌随意更换研究点和抽样方法。

2.进行调查员的选择、培训与考核:注意选择标准、培训与考核的内容与方式等。

3.进行现场调查:调查形式包括面访、电话调查等,注意每种调查形式的技巧和要点,如追问和敏感性问题的调查等。

4.注意现场监督与核查:按照制定方案中的质量控制手段,严格控制现场调查质量。

(四)实训成果检测

每个小组根据制定的方案和问卷完成现场调查,提交的全部相关资料作为成果,主要包括整理和核对过的问卷,调查员选择、培训与考核结果。要求:

1.应根据已制定的研究方案,保证问卷调查的数量和质量。

2.根据制定好的调查员选择与培训方案,利用调查员手册,进行调查员的选择、培训与考核。

3.问卷调查过程和结果应真实可信,问卷填写应字迹清晰,以便于下一单元的实训。

七、能力和知识拓展

社会学的研究方法

社会学的研究方法大致分为定性研究方法和定量研究方法。定量研究主要用观察、实验、调查、统计等方法研究社会现象,对研究的严密性、客观性、价值中立都提出了严格的要求,以求得到客观事实。定量研究通常采用数据的形式,通过收集资料和证据来评估或验证在研究之前预想的模型、假设或理论。定量研究是基于一种称为"先在理论"的基础研究,这种理论以研究者的先验想法为开端,这是一个自上而下的过程。

定性研究大多是采用参与观察和深度访谈而获得第一手资料,具体的方法主要有参与观察法、行动研究法、历史研究法等。其中参与观察法是定性研究中经常用到的一种方法,通过参与,研究者能获得一个特定社会情景中一员的感受,因而能更全面地理解行动。然后通过对观察和访谈法等所获得的资料,采用归纳法,使其逐步由具体向抽象转化,以至形成理论。与定量研究相反,定性研究是以"有根据的理论"为基础的。这种方式形成的理论,是从收集到的许多不同的证据之间相互联系中产生的,这是一个自下而上的过程。

第三节　数据统计分析

一、知识准备

(一)信息来源

一般情况下,大众媒体如报纸、杂志、书籍、广播、电视、因特网等都是信息的重要来源,实际运用中应根据信息的不同来源,选择与之相应的信息获取方法。由于人的主要健康和疾病问题一般是在接受相关卫生服务(如预防、保健、医疗、康复等)过程中被发现和被记录的,所以卫生管理相关信息主要来源于各类卫生服务记录。主要有三个方面:一是卫生服务过程中的各种服务记录;二是定期或不定期的健康体检记录;三是专题健康或疾病调查记录。

卫生服务记录的主要载体是卫生服务记录表单。卫生服务记录表单是卫生管理部门依据国家法律法规、卫生制度和技术规范的要求,用于记录服务对象的有关基本信息、健康信息以及卫生服务操作过程与结果信息的医学技术文档,具有医学效力和法律效力。

(二)信息管理

1. 数据库

(1)数据的含义

数据(data)是载荷或记录信息的按一定规则排列组合的物理符号。数据是对客观事物的真实反映,它没有掺杂任何主观性因素,可以是数字、文字、图像,也可以是计算机代码。对信息的接收始于对数据的接收,对信息的获取只能通过对数据背景的解读。数据背景是接收者针对特定数据的信息准备,即当接收者了解物理符号序列的规律,并知道每个符号和符号组合的指向性目标或含义时,便可以获得一组数据所载荷的信息。亦即数据转化为信息,可以用公式"数据+背景=信息"表示。

(2)数据的分类

数据的种类很多,按性质分为:①定位的,如各种坐标数据;②定性的,如表示事物属性的数据(居民地、河流、道路等);③定量的,反映事物数量特征的数据,如长度、面积、体积等几何量或重量、速度等物理量;④定时的,反映事物时间特性的数据,如年、月、日、时、分、秒等。按表现形式分为:①数字数据,如各种统计或测量数据;②模拟数据,由连续函数组成,又分为图形数据(如点、线、面)、符号数据、文字数据和图像数据等。按记录方式分为地图、表格、影像、磁带、纸带。按数字化方式分为矢量数据、格网数据等。

(3)数据库的建立

数据库是按照数据结构来组织、存储和管理数据的仓库。随着信息技术和市场的发展,特别是20世纪90年代以后,数据管理不再仅仅是存储和管理数据,而转变成用户所需要的各种数据管理的方式。数据库有很多种类型,从最简单的存储有各种数据的表格到能够进行海量数据存储的大型数据库系统,都在各个方面得到了广泛的应用。

当用户需要利用关系数据库管理系统管理一个部门的数据时,首先要建立关系数据模型,进而按照关系规范化的要求建立起每一个关系,即每一个数据库文件。

原始数据中,变量分为标识变量和分析变量两种。标识变量主要用于数据管理,包括数据的核对与增删等,是研究记录中不可缺少的内容,如编号和姓名即为标识变量,其他均为分析变量。

分析变量又被分为反应变量和解释变量。反应变量是表示实验效果或观察结果大小的变量或指标。解释变量又称为指示变量、分组变量、分类变量、协变量等。在进行数据分析前,原始数据需录入计算机,录入的文件类型大致有:数据库文件,如 dBASE、Fox-BASE、Lotus、EPI info 等;Excel 文件;文本文件,如 Word 文件、WPS 文件等;统计应用的相应软件,如 SPSS 数据库文件、SAS 数据文件、Stata 数据文件等。上述文件类型大多数都可以相互转换。

录入数据时,应遵循便于录入、便于核查、便于分析的原则。便于录入是指尽可能减少录入工作量;便于核查是指一定要设有标识变量,方便核查。便于转换是指录入数据时要考虑不同软件对字节和字符的要求,例如文本文件对变量名字节数量没有要求,但 SPSS12.0 以前版本、Stata 软件的变量名要求不超过 8 个字节,有些软件不识别中文。因此,数据录入时,定义变量尽可能用英文,且不超过 8 个字节,并可用中文标记的方式表示,如将阳性反应结果标识为"1 = 阳性,0 = 阴性"。便于分析是指每项研究最好录成一个数据文件,录入格式能满足各种统计分析的需要。

2. 信息整理

(1)数据核查

数据录入后,首先必须对录入的数据进行核查。核查数据的准确性分两步进行,第一步通过运行统计软件的基本统计量描述过程,列出每个变量的最大值和最小值,如果某变量的最大值或最小值不符合逻辑,则数据有误,例如,如果年龄的最大值为 500 时,一定有误,利用统计软件的查找功能可找到该数据。第二步是数据核对,将原始数据与录入的数据一一核对,更正错误,有时为了慎重起见,采用双份录入方式,然后用程序一一比较,不一致一定是录错的数据。

(2)信息整理

信息整理就是将所获取的信息资料分门别类地加以归纳,使原来分散的、个别的、局部的、无系统的信息资料,变成能说明事物的过程或整体,显示其变化的轨迹或状态,论证其道理或指出其规律的系统的信息资料。资料的整理一般可分为三步。

第一步是根据信息资料的性质、内容或特征进行分类。将相同或相近的资料合为一类,将相异的资料区别开来。资料的分类上,要按一定的标准将所研究课题的有关信息资料分成不同的组或类。然后,按分类标准将总体资料加以划分,构成系列。例如,可以把资料按年代分类,把调查资料按地区分类等。

第二步是进行资料汇编。汇编就是按照研究的目的和要求,对分类后的资料进行汇总和编辑,使之成为能反映研究对象客观情况的系统、完整、集中、简明的材料。汇编有三项工作要做。一是审核资料是否真实、准确和全面,不真实的予以淘汰,不准确的予以核实准确,不全面的补全找齐。二是根据研究目的要求和研究对象客观情况,确定合理的逻辑结构,对资料进行初次加工。如:给各种资料加上标题,重要的部分标上各种符

笔记

号,对各种资料按照一定的逻辑结构编上序号等。三是汇编好的资料要井井有条、层次分明,能系统完整地反映研究对象的全貌。还要用简短明了的文字说明研究对象的客观情况,并注明资料来源和出处。

第三步就是进行资料分析。即运用科学的分析方法对所占有的信息资料进行分析,研究特定课题的现象、过程及内外各种联系,找出规律性的东西,构成理论框架。

搜集到的信息经初步鉴别、筛选后,需进行加工整理。首先应对信息进行外部整理,即将信息加以剪贴、摘录,按学科体系归类。通常是将搜集到的资料制成资料卡片,加以分类,或将记录有资料的活页笔记进行分类存放,使之系列化。

信息经外部整理后,还要进行内容整理。内容整理包括:对有关资料的论点进行归纳;对内容进行综合,加以提炼整理;对数据加以汇总;对图表进行编排;围绕研究课题编制专题索引等。情报资料通过内容整理,对资料内容进行概括、排序、综合、分析、比较,去粗取精、去伪存真,使之系统化、条理化,以便保管、传递、研究和利用。信息的内容整理过程,实际上就是对课题进行研究的过程。在这个过程中,通过创造性的思维活动,通过对资料由此及彼、由表及里的思考,就可能发现一些事物的内部联系和规律,从而可能提出一些有价值的问题。

(三)统计分析基本步骤与相关概念

1.统计设计:包括调查设计和实验设计。调查设计主要有抽样方法、调查技术、质量控制技术等;实验设计主要有各种实验设计模型、分组方法、样本量估计等。统计设计是保证统计描述和推断正确的基础。

2.统计描述:通过对原始数据进行归纳整理,用相应的统计指标,如率、均数等,表示出研究对象最鲜明的数量特征,必要时选择统计表或统计图。

3.统计推断:在统计描述的基础上,对统计指标的差别和关联性进行分析和推断。

4.统计学中的几个基本概念

(1)同质与变异

在统计学中常把同质理解为对研究指标影响较大的、可以控制的主要因素尽可能相同。同质基础上的个体差异称为变异。事实上,客观世界充满了变异,生物医学领域更是如此。哪里有变异,哪里就需要统计学。

(2)总体与样本

任何统计研究都必须首先确定观察单位(observed unit),亦称个体(individual)。观察单位是统计研究中最基本的单位,可以是一个人、一个家庭、一个地区、一个样品、一个采样点等。

总体是根据研究目的确定的同质观察单位的全体,或者说,是同质的所有观察单位某种观察值(变量值)的集合。

样本是按照随机化原则,从总体中抽取的有代表性的部分观察单位的变量值的集合。从总体中抽取样本的过程为抽样,抽样方法有多种。抽样研究的目的是用样本信息推断总体特征。

(3)参数与统计量

参数指总体指标,如总体均数、总体率、总体标准差等。统计量指样本指标,如样本均数、样本率、样本标准差等。一般情况下，参数是未知的，需要用统计量去估计。用统计量推论参数的方法，统计学上称为参数估计和参数检验。

（4）误差

医学科学研究中的误差通常指测量值与真值之差，其中包括系统误差和随机测量误差；以及样本指标与总体指标之差，即抽样误差。系统误差应该通过周密的研究设计和调查（或测量）过程中的严格质量控制措施予以解决；随机测量误差及抽样误差都属于随机误差，随机测量误差是不可能避免的，但应尽量小；抽样误差是抽样机遇所致，是客观存在，不可避免的，这种误差可以通过统计方法估计，也可通过增大样本量使其减小。

（5）资料与变量及其分类

总体确定之后，研究者应对每个观察单位的某项特征进行测量或观察，特征称为变量。如"身高""体重""性别""血型""疗效"等。变量的测定值或观察值称为变量值或观察值，亦称为资料。

变量的类型不同，其分布规律亦不同，对它们采用的统计分析方法也不同。在处理资料之前，首先要分清变量类型。

①定量变量：其变量值是定量的，表现为数值大小，可经测量取得数值，多有度量衡单位。如身高（cm）、体重（kg）、血压（mmHg 或 kPa）、脉搏（次/min）和白细胞计数（$\times 10^9$/L）等。这种由数值变量的测量值构成的资料称为定量资料。大多数的数值变量为连续型变量，如身高、体重、血压等；而有的数值变量的测定值只能是正整数，如脉搏、白细胞计数等。

②定性变量：其变量值是定性的，表现为互不相容的类别或属性。定性变量可分为无序分类变量和有序分类变量两类。

无序分类变量是指所分类别或属性之间无程度和顺序的差别。它又可分为：二项分类，如性别（男、女）、药物反应（阴性和阳性）等；多项分类，如血型（O、A、B、AB）、职业（工、农、商、学、兵）等。对于无序分类变量的分析，应先按类别分组，清点各组的观察单位数，编制分类变量的频数表，所得资料为无序分类资料。

有序分类变量：各类别之间有程度的差别。如尿糖化验结果按 −、±、+、+ +、+ + + 分类；疗效按治愈、显效、好转、无效分类。对于有序分类变量，应先按等级顺序分组，清点各组的观察单位个数，编制有序变量（各等级）的频数表，所得资料称为等级资料。

变量类型不是一成不变的，根据研究目的的需要，各类变量之间可以进行转化。

（6）随机事件与概率

医学研究的现象，大多数是随机现象，对随机现象进行实验或观察称为随机试验。随机试验的各种可能结果的集合称为随机事件，亦称偶然事件，简称事件。

概率是描述随机事件发生的可能性大小的数值，常用 P 表示。随机事件概率的大小在 0 与 1 之间，即 $0 < P < 1$，常用小数或百分数表示。P 越接近 1，表示某事件发生的可能性越大；P 越接近 0，表示某事件发生的可能性越小。$P = 1$ 表示事件必然发生，$P = 0$ 表示事件不可能发生，它们是确定性的，不是随机事件，但可以把它们看成随机事件的特例。

若随机事件 A 的概率 $P(A) \leq \alpha$，习惯上，当 $\alpha = 0.05$ 时，就称 A 为小概率事件。"小概率"的标准 α 是人为规定的，对于可能引起严重后果的事件，如术中大出血等，可规定 $\alpha = 0.01$，甚至更小。

（四）统计描述

1.定量资料的统计描述

（1）频数表

在观察值个数较多时，为了解一组同质观察值的分布规律和便于指标的计算，可编制频数分布表，简称频数表。通过频数表可以揭示资料分布类型和分布特征，以便选取适当的统计方法；便于进一步计算指标和统计处理；便于发现某些特大或特小的可疑值。

频数分布的两个重要特征是：集中趋势和离散程度。频数分布有对称分布和偏态分布之分。对称分布是指多数频数集中在中央位置，两端的频数分布大致对称。偏态分布是指频数分布不对称，集中位置偏向一侧，若集中位置偏向数值小的一侧，称为正偏态分布；集中位置偏向数值大的一侧，称为负偏态分布。

（2）集中趋势的统计描述指标

描述一组同质观察值的平均水平或中心位置的常用指标有均数、几何均数、中位数等。

①均数：是算术均数的简称。常用 $\bar{X}$ 表示样本均数，μ 表示总体均数。均数用于反映一组同质观察值的平均水平，适用于正态或近似正态分布的定量变量资料。

②几何均数用 G 表示，适用于原始观察值分布不对称，但经对数转换后呈对称分布的变量，如服从对数正态分布的变量，例如医学实践中的抗体滴度、平均效价等。计算几何均数时观察值中不能有 0，因 0 不能取对数；一组观察值中不能同时有正或负值。

③中位数用 M 表示。中位数是一组由小到大按顺序排列的观察值中位次居中的数值。中位数可用于描述：非正态分布资料（对数正态分布除外）；频数分布的一端或两端无确切数据的资料；总体分布不清楚的资料。在全部观察值中，小于和大于中位数的观察值个数相等。

④百分位数：用 PX 表示。一个百分位数 PX 将一组观察值分为两部分，理论上有 $X\%$ 的观察值比它小，有 $(100 - X)\%$ 的观察值比它大，是一种位置指标。中位数是一个特定的百分位数，即 $M = P_{50}$。

（3）离散程度的统计描述指标

描述定量变量资料频数分布的另一主要特征是离散程度，用变异指标表示。只有把集中指标和离散指标结合起来才能全面反映资料的分布特征。常用变异指标有全距、四分位数间距、方差、标准差、变异系数。

①全距（简记为 R）：亦称极差，是一组同质观察值中最大值与最小值之差。它反映了个体差异的范围，全距大，说明变异度大；反之，全距小，说明变异度小。

②四分位数间距（简记为 Q）：为上四分位数 P_{75} 与下四分位数 P_{25} 之差。四分位数间距可看成是中间 50% 观察值的极差，其数值越大，变异度越大，反之，变异度越小。

③方差与标准差：方差与标准差是描述对称分布资料离散趋势的重要指标。方差与标准差的数值越大，说明观测值的变异度越大，即离散程度越大，此时的数据就会越分散，均数的代表性就越差。方差用 σ^2 表示，标准差为方差的算术平方根。

④变异系数（简记为 CV）：常用于比较度量单位不同或均数相差悬殊的两组或多组资料的变异度。其公式为 $CV = (S/\bar{X}) \times 100\%$。

笔记

2.定性资料的统计描述

定性资料可用频数分布表和相对数来描述,频数表在此不再累述,下面主要介绍一下几个常用的相对数指标。

(1)率:率是一频度指标,用以反映某现象发生的频度或强度。常以百分率(%)、千分率(‰)、万分率(1/10000)和十万分率(1/100000)等表示,计算公式为

$$率 = \frac{发生某现象的观察单位数}{可能发生某现象的观察单位总数} \times 100\%(或 1000‰\cdots)$$

式中100%、1000‰等,依据习惯选定,或使得所计算的率保留一到两位整数。

常用的率包括发病率、患病率、死亡率、病死率等,要特别注意不同的率之间意义不同,计算过程中率的分子、分母也不同,如发病率与患病率、死亡率与病死率。

(2)构成比:说明某事物内部各组成部分所占的比重或比例。常以百分数表示,计算公式为

$$构成比 = \frac{某组成部分的观察单位数}{同一事物内部的观察单位总数} \times 100\%$$

(3)比:又称为相对比,比较两个指标时用以反映两个有关指标间数量上的比值,如A指标是B指标的若干倍,或A指标是B指标的百分之几,通常用倍数或分数表示。计算公式为

$$比 = \frac{A}{B}$$

应用相对数时应注意的事项如下。

相对数看似简单,但在实际应用中却容易用错,主要表现在以下方面:计算相对数时分母过小;以构成比代替率;求几个相对数的平均数时,简单地将几个相对数相加后除以相对数的个数;忽视资料的可比性,各相对数直接相比较;抽样所得的样本相对数存在抽样误差,相对数间的比较未做假设检验。

3.统计表和统计图

统计表和统计图是统计描述的重要方法。医学科学研究资料经过整理和计算各种统计指标后,所得结果除了用适当的文字说明外,常将统计资料及其指标以表格列出(称为统计表),或将统计资料形象化,利用点的位置、线段的升降、直条的长短或面积的大小等形式直观表示事物间的数量关系(称为统计图)。统计表与统计图可以代替冗长的文字叙述,表达清楚,对比鲜明。

(1)统计表的结构与编制

1)统计表的结构

统计表由表号、标题、标目、线条和数字构成,如下表所示:

表号　标题

横标目名称	纵标目	合　计
横标目	数　字	
合　计		

2）列表的原则

重点突出,简单明了,即一张表一般表达一个中心内容,便于分析比较;主谓分明,层次清楚,符合逻辑,明确被说明部分(主语)与说明部分(谓语)。

3）编制要求

①标题要能概括表的内容,写于表的上端中央,一般应注明时间与地点。

②标目。标目是表格内的项目。以横、纵向标目分别说明主语与谓语,文字简明,层次清楚。横标目列在表的左侧,一般用来表示表中被研究事物的主要标志;纵标目列在表的上端,一般用来说明横标目的各个统计指标的内容。

标目内容一般应按顺序从小到大排列,小的放在上面,不同时期的资料可按年份、月份先后排列,有助于说明其规律性。

③线条。线条不宜过多,常用 3 条线表示,谓之"三线图"。表的上下两条边线可以用较粗的横线,一般省去表内的线条,但合计可用横线隔开。表的左右两侧的边线可省去,表的左上角一般不用对角线。

④数字以阿拉伯数字表示。表内的数字必须正确,小数的位数应一致并对齐,暂缺与无数字分别以"…""—"表示,为"0"者记作"0",不应有空项。为方便核实与分析,表一般应有合计。

⑤说明一般不列入表内。必要说明者可标"＊"号,于表下加以说明。

（2）常用统计图

医学领域中常用的统计图有条形图、百分条图、圆形图、线图、半对数线图、直方图、散点图、箱式图与统计地图等。

1）绘制统计图的基本要求

①根据资料的性质和分析目的采用适当的图形。

②标题应说明资料的内容、时间和地点,一般位于图的下方。

③图的纵、横轴应注明标目及对应单位,尺度应等距或具有规律性,一般自左而右、自上而下、由小到大。

④为使图形美观并便于比较,统计图的长宽比例一般为 7：5,有时为了说明问题也可加以变动。

⑤比较、说明不同事物时,可用不同颜色或线条表示,并常附图例说明,但不宜过多。

2）常用统计图的适用条件

①条形图:用等宽长条的高度表示按性质分类资料各类别的数值大小,用于表示它们之间的对比关系,一般有单式与复式之分。

②圆形图:圆形图适用于百分构成比资料,表示事物各组成部分所占的比重或构成。以圆形的总面积代表100%,把面积按比例分成若干部分,以角度大小来表示各部分所占的比重。

③百分条图:百分条图的意义及适用资料与圆形图相同,不同的是表现形式不一样。百分条图亦称构成条图,是以直条总长度作为100%,直条中各段表示事物各组成部分构成情况。

④线图:线图适用于连续性资料,以不同的线段升降来表示资料的变化,并可表明一

事物随另一事物(如时间)而变动的情况。常见的有纵横轴均为算术尺度,表示时间变化趋势的普通线图;纵轴为对数尺度,横轴为算术尺度,表示消长趋势的半对数图。

⑤直方图:直方图用于表达连续性资料的频数分布。以不同直方形面积代表数量,各直方形面积与各组的数量成正比关系。

⑥散点图:散点图以直角坐标系中各点的密集程度和趋势来表示两现象间的关系。根据点的散布情况,推测两种事物或现象有无相关性,故常在对资料进行相关分析之前使用。

(五)统计推断

统计推断包括两个重要的方面:参数估计和假设检验。以下介绍这两方面内容,并详述几种常用的假设检验方法。

1.参数估计

用样本指标(称为统计量)来估计总体指标(参数)。参数估计有两种方法:①点估计,如在服从正态分布的总体中随机抽取样本,可以直接用样本均数来估计总体均数,用样本标准差来估计总体标准差。②区间估计,即按一定的概率(可信度)估计未知的总体参数可能所在的范围(或称置信区间)的估计方法。

2.假设检验

假设检验,亦称为显著性检验,是统计推断的核心,也是实际应用最广的内容。

通常把需要判断的总体特征叫作"统计假设",简称假设,利用样本信息判断假设是否成立的统计方法称为假设检验。假定总体分布类型已知,对其参数进行假设检验称为参数检验,如假定总体服从正态分布,对总体均数进行 z 检验、t 检验、方差分析等;若总体分布类型未知,或总体为偏态分布资料,此时对总体分布类型不做任何假设,其假设检验不是对总体参数进行检验,称为非参数假设检验,如秩和检验等。

假设检验的注意事项如下。

(1)在抽样研究中,研究设计、收集数据和统计分析是一个整体。每一种假设检验方法都是与相应的研究设计相联系的。应严格按照研究设计方案,收集客观的数据。样本的获取必须遵循随机的原则。只有在这样的基础之上,假设检验的结论才是有意义的。

(2)应用检验方法必须符合其适用条件,每一种检验方法都有相应的适用条件。

(3)假设检验是反证法的思想,依据样本统计量做出的统计推断,其推断结论并非绝对正确,结论有时也可能有错误,错误分为两类。

Ⅰ型错误又称第一类错误(type Ⅰ error):拒绝了实际上成立的 H_0,为"弃真"的错误,其概率通常用 α 表示。α 可取单尾也可取双尾,假设检验时研究者可以根据需要确定 α 值大小,一般规定 $\alpha = 0.05$ 或 $\alpha = 0.01$。

Ⅱ型错误又称第二类错误(type Ⅱ error):不拒绝实际上不成立的 H_0,为"存伪"的错误,其概率通常用 β 表示。β 只取单尾,假设检验时 β 值一般不知道,在一定情况下可以测算出,如已知两总体的差值 δ(如 $\mu_1 - \mu_2$)、样本含量 n 和检验水准 α。

当样本量一定时,第Ⅰ类错误的概率 α 变小,第Ⅱ类错误的概率 β 就变大。反之亦然。在假设检验可能出现的两类错误之中,往往会有一种错误危害较大。要权衡两类错

笔记

误的危害来确定 α 的大小。

3. t 检验

（1）样本与总体比较的假设检验

统计量计算公式为

$$t = \frac{\bar{x} - \mu_0}{\frac{s}{\sqrt{n}}} \quad v = n - 1$$

式中：$\bar{x}$ 为样本均数；μ_0 为已知总体的均数；s 为样本标准差；n 为样本含量；v 为自由度。

如果样本含量足够大时，可将样本均数转化为 z 值

$$z = \frac{\bar{x} - \mu_0}{\frac{s}{\sqrt{n}}}$$

（2）配对设计资料的假设检验

配对设计是为了控制某些非处理因素对实验结果的影响，将那些因素相同或相近的受试对象配成对子，使得同一对子中的受试对象除处理因素不同外，其他因素相同或相近，同一对子中的两受试对象分别接受不同的处理，其实验结果的差异可以简单地认为是"纯"处理因素的作用。对于配对资料可以分析其差值。

对配对资料的分析，一般用配对 t 检验，其检验假设为：差值的总体均数为零。计算统计量的公式为

$$t = \frac{\bar{d}}{\frac{s_d}{\sqrt{n}}} \quad v = n - 1$$

式中：$\bar{d}$ 为差值的均数；s_d 为差值的标准差；n 为对子数。

（3）两独立样本比较的假设检验

完全随机设计两样本的比较，用 t 检验或 z 检验时，要求样本服从正态分布，并且两样本方差齐同。如果资料满足上述要求，样本含量小时，用下式计算统计量

$$t = \frac{\bar{x}_1 - \bar{x}_2}{s_{x_1 - x_2}} \quad v = n_1 + n_2 - 2$$

式中：$\bar{x}_1$ 和 $\bar{x}_2$ 分别为两样本的均数；$s_{x_1 - x_2}$ 为两样本均数差值的标准误，可用下式计算

$$s_{x_1 - x_2} = \sqrt{\frac{(n_1 - 1)s_1^2 + (n_2 - 1)s_2^2}{n_1 + n_2 - 2}\left(\frac{1}{n_1} + \frac{1}{n_2}\right)}$$

如果样本含量足够大时，可计算 z 统计量

$$z = \frac{\bar{x}_1 - \bar{x}_2}{\sqrt{\frac{s_1^2}{n_1} + \frac{s_2^2}{n_2}}}$$

如果方差不齐同，可以考虑用 t' 检验。两样本的方差是否齐同，可对样本的方差做方差齐性检验：

$$F = \frac{s_{大}^2}{s_{小}^2} \quad v_1 = n_1 - 1, v_2 = n_2 - 1$$

式中：$s^2_{大}$ 和 $s^2_{小}$ 分别为较大和较小的方差；n_1 和 n_2 分别为方差较大和较小样本的样本含量。

根据计算得的 F 统计量，查 F 界值表（方差齐性检验用），做出推断。

4. 方差分析

（1）基本思想

方差分析是用于多个样本均数比较的一种统计推断方法，其基本思想就是把全部观察值间的变异——总变异按设计和需要分成两个或多个组成部分，再做分析。

总变异包括组间变异和组内变异两部分，或者说可把总变异分解为组间变异和组内变异。组内变异是由组内的个体差异所致。组间变异可能由两种原因所致，一是抽样误差；二是各组间所接受的处理不同。在抽样研究中抽样误差是不可避免的，故导致组间变异的第一种原因肯定存在；第二种原因是否存在，需通过假设检验做出推断，假设检验的方法很多，多个样本均数的比较，应选用方差分析。

方差分析的检验假设 H_0 为各样本来自均数相等的总体，H_1 为各总体均数不等或不全相等。若不拒绝 H_0 时，可认为各样本均数间的差异是由抽样误差所致，而不是由处理因素的作用所致。理论上，此时的组间变异与组内变异应相等，两者的比值即统计量 F 为1；由于存在抽样误差，两者往往不恰好相等，但相差不会太大，统计量 F 应接近于1。若拒绝 H_0，接受 H_1 时，可认为各样本均数间的差异，不仅是由抽样误差所致，还有处理因素的作用。此时的组间变异远大于组内变异，两者的比值即统计量 F 明显大于1。在实际应用中，当统计量 F 值远大于1且大于某界值时，拒绝 H_0，接受 H_1，即意味着各样本均数间的差异，不仅是由抽样误差所致，还有处理因素的作用。

$$F = \frac{MS_{组间}}{MS_{组内}}$$

方差分析的基本思想是根据研究目的和设计类型，将总变异中的离均差平方和 SS 及其自由度 v 分别分解成相应的若干部分，然后求各相应部分的变异；再用各部分的变异与组内（或误差）变异进行比较，得出统计量 F 值；最后根据 F 值的大小确定 P 值，做出统计推断。

例如，完全随机设计的方差分析，是将总变异中的离均差平方和 SS 及其自由度 v 分别分解成组间和组内两部分，$SS_{组间}/v_{组间}$ 和 $SS_{组内}/v_{组内}$ 分别为组间变异（$MS_{组间}$）和组内变异（$MS_{组内}$），两者之比即为统计量 F（$MS_{组间}/MS_{组内}$）。

又如，随机区组设计的方差分析，是将总变异中的离均差平方和 SS 及其自由度 v 分别分解成处理间、区组间和误差三部分，然后分别求得以上各部分的变异（$MS_{处理}$、$MS_{区组}$ 和 $MS_{误差}$），进而得出统计量 F 值（$MS_{处理}/MS_{误差}$、$MS_{区组}/MS_{误差}$）。

（2）方差分析的应用条件与用途

方差分析的应用条件为：① 各样本须是相互独立的随机样本；② 各样本来自正态分布总体；③ 各总体方差相等，即方差齐。

方差分析的用途有：① 两个或多个样本均数间的比较；② 分析两个或多个因素间的交互作用；③ 回归方程的线性假设检验；④ 多元线性回归分析中偏回归系数的假设检验；⑤ 两样本的方差齐性检验等。

5. χ^2 检 验

（1）χ^2 检验的基本思想

χ^2 值反映了实际频数与理论频数的吻合程度，其中 $\frac{(A-T)^2}{T}$ 反映了某个格子实际频数 A 与理论频数 T 的吻合程度。若检验假设 H_0 成立，实际频数与理论频数的差值会小，则 χ^2 值也会小；反之，若检验假设 H_0 不成立，实际频数与理论频数的差值会大，则 χ^2 值也会大。χ^2 值的大小还取决于 $\frac{(A-T)^2}{T}$ 个数的多少（严格地说是自由度 v 的大小）。由于各 $\frac{(A-T)^2}{T}$ 皆是正值，故自由度 v 愈大，χ^2 值也会愈大；所以只有考虑了自由度 v 的影响，χ^2 值才能正确地反映实际频数 A 和理论频数 T 的吻合程度。χ^2 检验时，要根据自由度 v 查 χ^2 界值表。当 $\chi^2 \geq \chi^2_{\alpha,v}$ 时，$P \leq \alpha$，拒绝 H_0，接受 H_1；当 $\chi^2 < \chi^2_{\alpha,v}$ 时，$P > \alpha$，尚没有理由拒绝 H_0。

（2）四格表资料 χ^2

1）当总例数 $n \geq 40$ 且所有格子中 $T \geq 5$ 时：用 χ^2 检验的基本公式或四格表资料 χ^2 检验的专用公式；当 $P \approx \alpha$ 时，改用四格表资料的 Fisher 确切概率法。

基本公式 $\qquad \chi^2 = \sum \frac{(A-T)^2}{T}$

专用公式 $\qquad \chi^2 = \frac{(ad-bc)^2 n}{(a+b)(c+d)(a+c)(b+d)}$

2）当总例数 $n \geq 40$ 且只有一个格子中 $1 \leq T < 5$ 时：用四格表资料 χ^2 检验的校正公式；或改用四格表资料的 Fisher 确切概率法。

校正公式 $\qquad \chi^2_c = \sum \frac{(|A-T|-0.5)^2}{T}$

校正公式 $\qquad \chi^2_c = \frac{(|ad-bc|-\frac{n}{2})^2 n}{(a+b)(c+d)(a+c)(b+d)}$

3）当 $n < 40$，或 $T < 1$ 时，用四格表资料的 Fisher 确切概率法。

（3）配对四格表资料的 χ^2 检验

属于配对设计的两组频数分布的 χ^2 检验。配对四格表的 χ^2 统计量的计算公式为

$$\chi^2 = \frac{(b-c)^2}{b+c} \quad v = 1$$

若 $b+c < 40$，需对以上公式进行校正，校正公式为

$$\chi^2 = \frac{(|b-c|-1)^2}{b+c} \quad v = 1$$

以上检验称为 McNemar 检验。将两变量不一致的总例数 $(b+c)$ 视为固定值，在此条件下进行推断无须考虑两变量一致的总例数 a 和 d 的大小。这类方法在统计学中称为条件推断方法。

（4）行 × 列表资料的 χ^2 检验

行 × 列表资料的 χ^2 检验，用于多个样本率的比较、两个或多个构成比的比较以及双向无序分类资料的关联性检验。其基本数据有以下三种情况：① 多个样本率比较时，有 R

行 2 列,称为 $R \times 2$ 表;②两个样本的构成比比较时,有 2 行 C 列,称 $2 \times C$ 表;③多个样本的构成比比较,以及双向无序分类资料关联性检验时,有 R 行 C 列,称 $R \times C$ 表。以上三种情况可统称为行 × 列表资料。

行 × 列表资料 χ^2 检验的专用公式为

$$\chi^2 = n\left(\sum \frac{A^2}{n_R n_C} - 1\right), \quad v = (行数 - 1)(列数 - 1)$$

式中各符号的意义同前。

行 × 列表资料 χ^2 检验的注意事项如下。

1)一般认为,行 × 列表中的理论频数不应小于 1,或符合 $1 \leqslant T < 5$ 的格子数不宜超过格子总数的 1/5。若出现上述情况,可通过以下方法解决:①最好是增加样本含量,使理论频数增大;②根据专业知识,考虑能否删去理论频数太小的行或列,能否将理论频数太小的行或列与性质相近的邻行或邻列合并;③改用双向无序 $R \times C$ 表的 Fisher 确切概率法(可用 SAS 软件实现)。

2)多个样本率比较,若所得统计推断为拒绝 H_0,接受 H_1 时,只能认为各总体率之间总的来说有差别,但不能说明任两个总体率之间皆有差别。要进一步推断哪两两总体率之间有差别,需进一步做多个样本率的多重比较。

3)对于有序的 $R \times C$ 表资料不宜用 χ^2 检验。

6. 秩和检验

秩和检验属于非参数统计方法,应用灵活,易于对各种设计类型的资料进行假设检验;在原假设下统计量与分布无关,有完备的大样本理论;秩和检验与参数检验方法如 t 检验相比,其检验效率不差、有时更好。

(1)检验方法的选择

1)一组样本资料。若来自正态总体,可用 t 检验;若来自非正态总体或总体分布无法确定,可用 Wilcoxon 符号秩和检验方法。

2)配对设计资料。二分类变量,可用 McNemar 检验;有序多分类变量,可用 Wilcoxon 符号秩和检验;连续型变量,来自正态总体,可用配对 t 检验,否则可用 Wilcoxon 符号秩和检验。

3)两组独立样本。连续型变量,若来自正态总体,可用 t 检验,否则,可用 Wilcoxon 秩和检验;二分类变量,可用 χ^2 检验;无序多分类变量,可用 χ^2 检验;有序多分类变量,宜用 Wilcoxon 秩和检验。

4)多组独立样本。连续型变量值,来自正态总体且方差相等,可用方差分析。否则,进行数据变换使其满足正态性或方差齐性的要求后,采用方差分析;数据变换仍不能满足条件时,可用 Kruskal-Wallis 秩和检验。二分类变量或无序多分类变量,可用 χ^2 检验。有序多分类变量宜用 Kruskal-Wallis 秩和检验。

5)随机区组设计。连续型变量,来自正态总体且方差相等,可用随机区组设计方差分析。否则,进行数据变换使其满足正态性或方差齐性的要求后,用方差分析进行分析;数据变换仍不能满足条件时,可用 Friedman 秩和检验。

(2)秩和检验功效

笔记

138

若满足 t 检验的前提条件,在样本含量较小时(例如为 10),t 检验和秩和检验的功效均很低,t 检验的功效略高一些;而当样本含量增加时,两种检验的功效随之增加,且差别不大。若样本来自非正态分布,在样本含量小时,t 检验的功效很低,Wilcoxon 秩和检验的功效较高;随着样本含量的增大,Wilcoxon 秩和检验的功效高于 t 检验的功效,有时甚至高出很多。如果不清楚资料是否符合参数检验的检验条件,不要贸然应用参数检验方法。

7. 相关与回归

在医学科学研究中,常要分析变量间的关系,如年龄与血压、吸烟与肺癌、药物剂量与动物死亡率、环境介质中污染物浓度与污染源的距离等,回归与相关就是研究这种关系的统计方法。最简单、最基本的就是两个变量间呈直线关系,相关分析的目的是把两变量间直线关系的密切程度及方向用统计指标表示出来,回归分析的目的则是把自变量与应变量间的关系用函数公式定量表达出来。

(1)直线相关分析时的注意事项

1)并非任何有联系的两个变量都有线性联系,可能的话在计算相关系数之前首先利用散点图判断两变量间是否具有线性联系,曲线联系时是不能用直线相关分析的。

2)有些研究中,一个变量的数值随机变动,另一个变量的数值却是人为选定的。如研究药物的剂量—反应关系时,一般是选定 n 种剂量,然后观察每种剂量下动物的反应,此时得到的观察值就不是随机样本,算得的相关系数 r 会因剂量的选择方案不同而不同。故一个变量的数值为人为选定时不应做相关分析。

3)做相关分析时,必须剔除异常点。异常点即为一些特大特小的离群值,相关系数的数值受这些点的影响较大,有此点时两变量相关,无此点时可能就不相关了。所以,应及时复核检查,对由于测定、记录或计算机录入而产生的错误数据,应予以修正和剔除。

4)相关分析要有实际意义,两变量相关并不代表两变量间一定存在内在联系。

5)分层资料不要盲目合并做直线相关分析,否则可能得到错误结论。

(2)应用回归分析的注意事项

1)回归分析要有实际意义,不能把毫无关联的两种现象,随意进行回归分析,忽视事物现象间的内在联系和规律;两个变量间存在回归关系时,也不一定是因果关系,必须结合专业知识做出合理解释和结论。

2)进行回归分析时,应先绘制散点图。若提示有直线趋势存在时,可作直线回归分析;若提示无明显线性趋势,则应根据散点分布类型,选择合适的曲线模型(curvilinear modal),经数据变换后,转化为线性回归来解决。一般说,不满足线性条件的情形下去计算回归方程会毫无意义,最好采用非线性回归方程的方法进行分析。

3)绘制散点图后,若出现一些特大特小的离群值(异常点),则应及时复核检查,对由于测定、记录或计算机录入而产生的错误数据,应予以修正和剔除。

4)回归直线不要外延。直线回归的适用范围一般以自变量取值范围为限。若无充足理由证明,超出自变量取值范围后直线回归关系仍成立时,应该避免随意外延。

二、实训目标

1. 巩固数据分析的基本知识,包括统计分析的基本概念与常用统计学方法所需的设

笔记

计要点、使用条件和结果的意义。

2.培养学生利用统计分析软件进行数据整理与分析的基本能力。

3.拓展学生对复杂数据问题的统计分析、阅读、解释的能力。

三、案例分析与指导

案例

研究选取某市主城区 15 岁以上的社区居民进行拦截调查与访谈。了解居民对低碳生活方式的认知、信念和行为现状及自测健康状况（SRHMS 自测健康评定量表）。共发放问卷 603 份,回收有效问卷 600 份,有效率为 99.50%。采用 SPSS 17.0、EpiData 3.0 和 Excel 2003 进行数据录入、整理和统计分析。调查人群基本情况见表 3-1。

表 3-1 调查人群基本情况

基本情况		男		女	
		人数	占比（%）	人数	占比（%）
年龄	15～29 岁	138	51.30	224	67.70
	30～44 岁	89	33.10	80	24.20
	45～59 岁	21	7.80	18	5.40
	60 岁以上	21	7.80	9	2.70
文化程度	小学及以下	6	2.20	8	2.40
	初中	18	6.70	21	6.30
	高中	46	17.10	59	17.80
	专科	77	28.60	92	27.80
	本科及以上	122	45.40	151	45.60
婚姻状况	未婚	135	50.20	210	63.40
	已婚	131	48.70	119	35.95
	其他	3	1.10	2	0.65
合计		269	100	331	100

1.低碳生活方式知晓现状

仅 14 人表示从未听说过低碳生活,其余 586（97.67%）人均听说过,但其中 185（31.57%）人表示对其含义并不清楚。对低碳生活方式常识的知晓情况见表 3-2。

表 3-2 社区居民对低碳生活方式常识的知晓情况

认知选项	知晓人数	知晓率（%）
太阳能比天然气更环保	508	84.67
日常生活是碳排放的主要途径之一	492	82.00
棉质衣服比尼龙衣服生产过程中排放更少的二氧化碳	364	60.67
减少肉制品的摄入量可以减少碳排量	284	47.33
杂物放在汽车后备厢会增加二氧化碳的排放量	281	46.83
合计	1929	64.30

2.低碳生活方式信念现状

71.50% 的居民认为低碳生活几乎与生活息息相关;67.67% 的居民认为进行低碳生

活会提升自己的生活质量;93.50% 的居民表示愿意尝试低碳生活,但其中 48.00% 的人不知道该怎么做。具体见表3-3。

表 3-3　社区居民对低碳生活方式的信念情况

信念选项	信念程度	人数	百分比(%)
与生活关系大小	不大,那是政府的事	19	3.17
	有点关系,某些方面	152	25.33
	关系很大,几乎与生活息息相关	429	71.50
对生活的影响	降低生活质量	54	9.00
	没什么影响	140	23.33
	提升生活质量	406	67.67
尝试的意愿性	愿意尝试,知道应该怎么做	273	45.50
	愿意尝试,但不知道怎么做	288	48.00
	不愿意尝试,太麻烦	21	3.50
	不愿意尝试,没什么意义	7	1.17
	不愿意尝试,其他原因	11	1.83

3. 低碳生活方式行为现状及影响因素分析

本研究从衣、食、住、行、用五个维度对低碳生活方式进行归类,共设15题,按照从不、偶尔、经常和总是四个频度,以 1~4 分进行打分,总分记为低碳生活方式行为分数,满分60分。正向题目中选择经常和总是的算作行为合格,反向题目中选择从不和偶尔的算作行为合格。结果见表3-4。

表 3-4　社区居民低碳生活方式行为状况

行为选项	合格人数	合格率(%)	排序
在市区出行尽量骑自行车、步行或乘公交车	466	77.67	1
衣服除大件的自己手洗	418	69.67	2
买衣服会优先选择棉料的	412	68.67	3
购买节能型电器	407	67.83	4
电脑、电视不用会关掉显示器	395	65.83	5
家庭或办公室会放置绿色植物(花草树木)	383	63.83	6
出去买东西自带购物袋	357	59.50	7
用过的水会再利用,如拖地、冲厕所	313	52.17	8
打印时采用双面打印	277	46.17	9
以素食为主	272	45.33	10
外出就餐时,如有剩菜会打包	194	32.33	11
馈赠礼物时采用精美包装	190	31.67	12
把垃圾分类后再扔	186	31.00	13
四层楼以下乘坐电梯	201	33.50	14
使用一次性餐具	72	12.00	15
合计	4543	50.48	

将表3-2中关于低碳生活方式常识的认知选项进行赋值,知晓记为1分,不知晓为0分,对低碳生活方式概念的知晓按照从未听过、听说过但不清楚、听说过且知道含义三个程度分别赋值0、1、2分,总分记为知晓分数,满分7分;将表3-3中不愿意尝试低碳生活的三个选项赋值0分,愿意尝试的两个选项赋值1分,其他题目的选项按照同向性分别按照 1~

笔记

3 分赋值,总分记为信念分数,满分 7 分。通过多重线性回归,最终纳入方程的有知晓分数、婚姻状况、信念分数、对所住社区周围的环境评价如何、文化程度。结果见表 3-5。

表 3-5　行为分数多重线性回归系数表

变　　量	非标准化回归系数	标准误	标准化系数	t 值	P 值
常数项	24.622	1.952		12.611	< 0.001
知晓分数	0.855	0.132	0.271	6.485	< 0.001
婚姻状况(1 = 未婚,2 = 已婚)	2.000	0.344	0.223	5.815	< 0.001
信念分数	0.687	0.200	0.130	3.430	< 0.001
您对所住社区周围的环境评价如何?(1 = 非常差,2 = 较差,3 = 一般,4 = 较好,5 = 非常好)	0.631	0.260	0.090	2.431	0.015
文化程度(1 = 小学及以下,2 = 初中,3 = 高中,4 = 专科,5 = 本科及以上)	− 0.483	0.218	− 0.092	− 2.216	0.027

4. 社区居民低碳生活方式与健康状况相关性研究

通过线性相关的方法来反映低碳生活方式与健康状况之间可能存在的线性联系的方向和程度。采用 Spearman 等级相关,将知晓、信念和行为分数,自测生理、心理、社会和总体健康状况作为变量进行相关性检验。知晓、信念和行为分数三个不同等级健康状况的相关性结果见表 3-6。

表 3-6　低碳生活方式与健康状况相关性统计表

程度(分值)		生理健康状况 $\bar{x} \pm s$	心理健康状况 $\bar{x} \pm s$	社会健康状况 $\bar{x} \pm s$	总体健康状况 $\bar{x} \pm s$
相关系数		0.077 *	0.141 * *	0.125 * *	0.151 * *
知晓分数	< 3	136.08 ± 16.25	95.92 ± 14.11	84.83 ± 16.38	322.50 ± 41.16
	3 ~ 4	138.48 ± 16.92	99.95 ± 14.44	89.81 ± 16.13	333.24 ± 44.27
	5 ~ 7	139.27 ± 19.59	100.91 ± 15.96	89.86 ± 18.03	337.87 ± 48.27
相关系数		0.091 *	0.109 * *	0.096 * *	0.167 * *
信念分数	< 3	130.93 ± 11.44	97.20 ± 13.53	88.73 ± 16.03	309.73 ± 39.38
	3 ~ 4	137.27 ± 16.88	97.25 ± 14.38	89.12 ± 16.14	323.78 ± 41.72
	5 ~ 7	138.85 ± 18.72	100.28 ± 15.65	89.66 ± 17.68	336.27 ± 46.22
相关系数		0.026	0.133 * *	0.129 * *	0.129 * *
行为分数	< =20	70.00 ± 0.00	100.00 ± 0.00	87.00 ± 0.00	264.00 ± 0.00
	21 ~ 40	137.96 ± 16.65	101.59 ± 14.63	87.88 ± 17.79	329.93 ± 45.23
	41 ~ 60	139.71 ± 16.94	102.16 ± 14.66	91.65 ± 18.01	341.68 ± 45.86
合计		138.30 ± 18.42	99.51 ± 15.44	88.86 ± 17.40	332.86 ± 45.49

注: * 在 0.05 水平(双侧)上显著相关。

　　* * 在 0.01 水平(双侧)上显著相关。

(一)要求

1. 认真阅读分析案例,并查阅有关资料。

2. 每人写出案例分析与发言提纲。

3. 利用 1 ~ 2 课时,以班级为单位组织讨论。

（二）分析思路与重点

本案例的重点是熟悉数据统计分析的整个过程,复习回顾数据统计分析的基本知识,特别是不同统计分析方法的应用条件与适用范围,以及数据分析过程中的注意事项,如数据收集的科学性、分析的合理性以及变量特征的转换等。在上述分析的基础上,归纳个人体会与建议。

1.试分析该作者的统计分析过程。

2.文中采用了哪些统计方法,这些统计方法对数据有什么要求?

3.根据案例中的数据,你觉得还可以如何分析?

4.试讨论文中数据描述与分析存在的缺陷。

四、实训情境

硬件环境:多媒体计算机。

软件环境:Windows 操作系统、Office 办公系统、SPSS 软件。

1.情境 1:如何回答编辑的问题?

小周申请了学校的"挑战杯"科研项目并获得了批准,对某市 6 所大学的 922 名学生进行慢性病预防素养现状的调查,结题时需要有正式发表的文章,在投稿过程中,编辑将杂志外审专家的意见发给了他,并要求做出修改,其中有几条意见让小周一筹莫展,"为什么你要选择这 6 所学校?""文中所示的大学生慢性病预防素养的指标应为率还是构成比?""影响大学生慢性病预防素养的因素包括学校、性别、年级、专业、居住地、平均绩点等,用单因素分析的结果是否有偏差?"。

2.情境 2:对社区卫生服务满意度评估的疑问

社区卫生服务质量是社区卫生服务健康持续发展的关键策略,满意度是体现服务质量的重要指标,卫生局对某市 29 家社区卫生服务机构采用患者拦截调查方式进行满意度调查,依据被调查者对各条目的评价结果,对很不满意、不太满意、一般、比较满意、很满意分别进行赋值后,内容包括对服务态度、内容、设备、费用、程序和环境等方面情况的感受和满意程度,其中选择比较满意和很满意均按对社区卫生服务机构满意处理,在分析数据过程中,有人主张应该用满意率来分析,有人主张应该用分数来表示,另外还有人希望了解影响居民满意度的主要因素是什么,这该怎么办呢?

技能要求与应用:以 4 人为小组单位对设置的情境展开讨论,以小组为单位进行汇报。要求通过讨论正确掌握所学的基本知识和专业知识并能综合运用,准确分析并解决实际研究中的问题,对问题的讨论有一定的深度和规范性。

五、实训项目

以小组为单位,由学生自主讨论并选题,在学校和周边范围内,开展一定样本量的调查研究。根据确定的研究目的和科研方案,收集数据并进行数据整理。根据研究目的的需要确立数据分析策略,利用统计软件开展具体的分析工作,对结果进行正确解读,并将主要结果制成统计图表。

六、实训步骤及要求

（一）实训要求

要求学生以小组为单位，小组内交流讨论确立数据分析策略，围绕研究目的，利用统计软件进行数据录入、整理与分析，教师对各小组的分析方案进行指导。

（二）实训步骤

数据录入：根据研究设计的要求，对数据特征进行分析，确立数据录入格式、变量名称、变量类型、变量标签、备注说明、缺失值定义、数据列宽等项目，建立数据库资料。

资料整理：根据研究目的，进行数据库文件的合并、拆分以及数据转换，便于开展后续分析工作。

资料分析：根据研究目的，讨论并确立分析项目，进行统计描述和统计推断，尝试运用不同的分析手段对同一问题进行分析，对分析的结果进行解读，探讨结果的合理性，确立最佳分析策略。

结果表述：将分析的最终结果制作成合适的统计图表，并解释其含义，以小组为单位进行汇报。

（三）实训成果检测

1. 形成数据库文件和结果文件，并正确保存。
2. 根据数据特征确立的统计分析方法正确，符合统计分析方法的条件。
3. 统计分析结果的解释正确无误。
4. 统计图表制作规范。

七、能力和知识拓展

多元统计方法

现实生活中，受多个随机变量共同作用和影响的现象大量存在。统计分析中，有两种方法可同时对多个随机变量的观测数据进行有效的分析和研究。一种方法是把多个随机变量分开分析，一次处理一个随机变量，分别进行研究。但是，这样处理忽略了变量之间可能存在的相关性，因此，一般丢失的信息太多，分析的结果不能客观全面地反映整个问题，而且往往也不容易取得好的研究结论。另一种方法是同时对多个随机变量进行研究分析，此即多元统计方法。通过对多个随机变量观测数据的分析，来研究随机变量总的特征、规律以及随机变量之间的相互关系。所以，多元统计分析是研究多个随机变量之间相互依赖关系及内在统计规律的一门统计学科，是处理多维数据不可缺少的重要工具，通过利用统计学和数学方法，将隐没在大规模原始数据群体中的重要信息集中提炼出来，简明扼要地把握系统的本质特征，分析数据系统中的内在规律性。内容涉及多元正态总体参数估计、假设检验和常用的多元统计方法。多元正态总体参数估计、假设检验是多元统计推断的核心和基

笔记

础,而常用的多元统计分析方法则是多元统计推断的具体应用。从形式上,常用的多元统计分析方法可划分为两类:一类属于单变量常用的统计方法在多元随机变量情况下的推广和应用,如多元回归分析、典型相关分析等;另一类是对多元变量本身进行研究所形成的一些特殊方法,如主成分分析、因子分析、聚类分析、判别分析、对应分析等。随着电子计算机的普及和发展,多元统计分析方法已愈来愈多地应用于社会、经济、医药卫生等各个领域的数据分析之中。

第四节　专题调查报告的撰写

一、知识准备

(一)调查报告的概念、特点及要求

调查报告是通过在一定范围的人群中开展某一疾病或健康问题和事件的现场调查,将调查所得的分布特征、发生状况、防治方法及其效果等资料加以系统整理、分析评价,以书面形式汇报调查情况并提出防治对策的一种文书。调查报告具有针对性强、结果客观真实、时间性强等特点。调查报告要求具有科学性、真实性、创造性、实用性、时效性、针对性、思想性和流畅性。撰写时应写清调查研究方法,详细介绍调查对象的选择及样本量,利用已有的知识分析资料,并做出科学性推论、阐明观点。做好研究设计和细致的调查工作是撰写调查报告的前提。

(二)调查报告的主要类型

1.根据调查事件发展过程分类

根据所调查事件的发生、发展过程及相关调查报告的撰写时间,调查报告可以分为发生报告、过程报告、结案报告和阶段报告。

发生报告(初次报告)是指在事件发生后或到达现场对事件进行初步核实后,根据事件发生情况及初步调查结果所撰写的调查报告,主要针对事件的发生、发现过程及事件的诊断或特征进行扼要的描述,简要分析对事件性质、波及范围、可能的发展趋势以及危害程度的判断,初步分析事件的原因或可疑因素,并简要介绍已经采取的措施或开展的工作等内容。

进程报告主要用于动态反映某事件调查处理过程中的主要进展、预防控制效果及发展趋势,以及对前期工作的评价和对后期工作的安排或建议。

结案报告是在事件调查处理结束后,对整个事件调查处理工作的全面回顾与总结,包括事件的发展、调查研究工作的开展及其结果、事件发生及调查处理中暴露出的问题、值得总结的经验教训、做好类似工作或防止类似事件发生的建议等。

阶段报告是在事件调查处理持续较长时间时,每隔一段时间对调查事件所进行的阶段性总结报告,主要用以对前期调查研究工作进行全面回顾,对事件处理情况进行阶段性评价,并对事件发展趋势及后期工作进行展望。

2.根据应用目的分类

根据调查报告使用对象和撰写目的的不同,调查报告可以分为行政报告、业务总结、医学论文、新闻通稿和简报(通报)等。

行政报告主要是向政府及卫生行政部门所做的报告,主要介绍事件发生、发展的情况和原因,已经开展的工作和成绩,存在的主要问题,下一步的工作打算和建议以及需要政府或卫生行政部门解决的问题等内容。

业务总结多为一起事件调查处理结束后所撰写的全面报告,与结案报告类似,通常不受格式和篇幅的制约,可根据需要对各部分内容进行较为灵活的安排。

医学论文是就整个事件或事件调查处理的某个侧面,严格按照医学论文的格式和要求所撰写的调查报告。

新闻通稿在需要通过媒体对外正式发布消息时使用,主要说明事件发生的主要情况、有关部门反应及处理简况、社会或群众应该配合及注意的事项等内容。

简报(通报)多用于系统内部通报情况,一般要求简单介绍事件的发生发展及调查、控制工作的开展情况,侧重于分析事件调查处理过程中所暴露的问题,总结有益的做法或经验,并就如何及时发现、处理类似事件或防止类似事件的发生提出相应的建议与对策。

3.根据报告内容分类

调查报告可根据报告的内容分为全面性调查报告和专题性调查报告。全面性调查报告(综合性调查报告)所反映的内容比较广泛,可以包括社会的政治、经济、军事、文化、教育、卫生等各方面的状况,以及社会各阶级、阶层的状况。专题性调查报告是针对某一具体事物进行细致入微的调查研究,找出其形成、发展(或消失)的根本原因,科学地阐明其自身的运动规律,指出这种规律的价值,目的在于宣传、推广或回答人们普遍存在的疑问。根据内容所反映的对象,专题性调查报告又可以分为新事物调查报告、典型调查报告、揭露问题调查报告、案例调查报告等。其中典型调查报告使用最多,又可以细分为典型人物调查报告、典型经验调查报告、典型事件剖析报告等,常见于报纸杂志和机关内部资料、文件。

(三)专题调查报告撰写的格式和要求

1.常用格式

专题调查报告的结构通常包括前置部分和主体部分,必要时还可以附有结尾和附录部分。前置部分包括题名、作者及所在单位、摘要、关键词、符号表(必要时);主体部分包括前言(引言)、正文(资料与方法、结果、讨论)、结论(可以不写)、致谢(必要时)和参考文献部分。

2.基本要求

(1)题名。又称为标题、篇名或主题。应具有可检索性、特异性、明确性和简明性。具体要求:应包括文章的主要关键词,反映出文章应有的主题特色,简短精练。通常中文标题不超过 20 个汉字,外文标题不超过 10 个实词。撰写时应避免题名明显不通顺、像标语口号、过大或空泛、题目大而内容少以及题文不符等问题,尽量不使用副标题、化学结构式、数学公式、符号、简称、缩写以及商品名称等。

笔记

（2）作者和单位。表明文责自负，科研单位和作者拥有著作权。应遵守的原则：必须用真实姓名，避免使用假名、笔名；单位署名需用全称，不得用简称、代号、英文缩略名称；署名应合理排序，无劳不挂名；所有参与的作者按署名顺序列出，同一单位的作者用同一数字符号标出，不同作者单位的名称按顺序列出，所在省、市（地区、县）的邮政编码要写全；第一作者的内容包括作者姓名、出生年份、性别、籍贯、学历、职称、研究方向或主要从事的工作；如果由一个组织机构或数人组成的团体对一篇调查报告承担责任，可以用该团体（组织）的名字来署名；如由一个或几个人整理执笔的，可以署执笔人姓名。

（3）摘要。又称为文摘，是简明确切地记述文献重要内容的短文。摘要的撰写应简明，便于检索，中文以不超过 200～300 字为宜（约占正文的 5%），英文不超过 250 个实词；需具备目的、方法、结果和结论四要素；不宜使用"我院""我科""我们"等作为主语，应改用第三人称；采用的名词术语应规范；如因确有必要而使用了图、表或缩略语、简称、代号等，首次出现时须加以说明；不可使用章节号、图号、表号、公式号、参考文献号等。另，摘要不能过于烦琐，不能代替正文中的引言。

（4）关键词。通常一篇调查报告中的关键词为 3～8 个，可从论文的题名、摘要、结论中提取，列于摘要之下，各关键词间可用分号隔开，最末一词后不加标点，外文字符除专用名词的首字母要大写外余均小写。

（5）引言。亦称为前言、序言或概述，是调查报告的开场白。根据调查报告的内容，引言部分可有也可无。撰写时应扼要而有吸引力，以起到提纲挈领和引导阅读兴趣的作用；要求精炼、简短，约 200～300 字，占全文的 1/10 左右即可；对"首次报道""国内首创""国内外尚未见报道"或"达到国际水平"等提法要慎重。

（6）正文。是调查报告的核心组成部分，主要回答"怎样研究"的问题。通常占论文篇幅的大部分，一般应包括"对象与方法""结果""讨论"等几个部分。撰写时应充分阐明调查报告的观点、原理、方法及具体达到预期目标的整个过程，并且突出"新"字，以反映调查报告具有的首创性。根据需要，可以分层深入，逐层剖析，按层设分层标题。

"对象与方法"（或"资料与方法"）部分撰写时应突出本研究工作的特点，如实写出研究对象、研究内容、研究方法（包括诊断标准、评价指标）、研究设计及步骤、统计方法以及质量控制等。应避免的问题：对研究方法交代不清，影响调查报告的可信性；病例选择不写明诊断标准和分组方法，无法进行比较；将调查研究方法与实验研究方法混为一谈。

"结果"部分是整篇调查报告的核心部分，是讨论的依据，也是形成观点、提出见解的基础。撰写时要求对调查所得的原始数据或资料经过审查核对、分析归纳和正确的统计学处理后，将所得结果用图、表、文字的形式如实、准确、具体地表达出来。文字应简明、清楚、明确，力求用最少的文字和最简洁的语言将调查结果表达清楚，统计图表应符合专业要求，正确选用、准确表达、简洁规范。

"讨论"部分是将结果提高到理论认识的部分，集中体现了作者的水平。这部分的主要内容有：解释结果，说明其意义；指出本文结果的新发现，与他人研究的异同点，突出创新性；讨论尚未定论或发现与预期结果相反的问题，应提出进一步研究方向。撰写的字数一般为 500～600 字。

笔记

（7）结论和致谢。结论部分是整篇调查报告的最后概括、总结、精华论述，主要回答"研究出什么"的问题，以正文中的调查研究中得到的现象、数据和阐述分析作为依据，完整、准确、简洁地指出：①由对研究对象进行调查得到的结果所揭示的原理及其普遍性；②研究中有无发现例外或本调查报告尚难以解释和解决的问题；③与先前已经发表过的（包括他人或作者自己）研究成果的异同；④报告在理论上与实用上的意义与价值；⑤对进一步深入研究课题的建议。结论部分文字要简短，一般少于200字，不用表和图来表达，撰写时对不能明确的或无确切把握的结论，可用"印象""看来""似乎"等留有余地的词来代替"证明""证实"等肯定的词。

致谢部分是对曾经给予调查研究的选题、构思或撰写以指导帮助的单位、团体或个人致以谢意。一般单独成段、放在调查报告的最后面、参考文献之前。本部分不是调查报告的必要组成部分，可根据实际需要决定是否撰写。

（8）参考文献。该部分是对调查报告的考证，也反映作者严肃认真的科学态度。展示科学依据和对他人研究成果的尊重，同时也便于读者对该领域的问题进行深入研究。书写要规范，常见的格式要求如下：一般要引用公开发表的原著，应在10条以上；按引文在正文中出现的顺序，连续编码；将参考的文献序号置于方括号内，在调查报告的引文处加以脚注；严格按照标准格式，保证准确性；外国人名书写时一律姓前、名后，姓用全称，名可缩写为首字母（大写），不加缩写点；参考的文献中作者为3人或少于3人应全部列出，3人以上只列出前3人，后加"等"或'et al'。

常用参考文献格式为：

①专著著录格式：［序号］著者.书名［M］.版本（第一版不写）.出版地：出版者，出版年：起止页码.

②期刊著录格式：［序号］作者.题名［J］.刊名，出版年份，卷号（期号）：起止页码.

③论文集著录格式：［序号］作者.题名［A］.见（英文用In）：主编.论文集名［C］.出版地：出版者，出版年：起止页码.

④学位论文著录格式：［序号］作者.题名［D］.保存地点：保存单位，年.

⑤科技报告著录格式：［序号］作者.题名［R］.报告题名及编号，出版年.

⑥国际或国家标准著录格式：［序号］标准编号，标准名称［S］.

⑦专利著录格式：［序号］专利所有者.专利题名［P］.专利国别：专利号，出版日期.

⑧电子文献著录格式：［序号］作者.题名［电子文献/载体类型标识］.电子文献的出处或可获得地址，发表或更新日期/引用日期.

（9）结尾和附录：调查报告的结尾部分是把调查报告主体部分所述事实进行综合分析而得出的结论，主要起到总结全文、画龙点睛的作用，可根据需要决定是否撰写，可长可短。对于一些不宜放入调查报告的正文中，但对调查报告却有参考价值的内容，或方便他人阅读的工具性资料如调查问卷、公式推演、编写程序、原始数据附表等，可编入附录中。附录的篇幅一般不宜超过报告的正文。

二、实训目标

1.巩固调查报告的相关概念、作用及特点、形式结构、报告撰写等主要知识点。

2.培养学生撰写专题调查报告的基本能力。

3.拓展灵活掌握运用调查报告解决在实际工作生活中遇到相关问题的能力。

三、案例分析与指导

案例

《大学生饮酒行为及认知调查》一文的中文摘要如下:了解大学生饮酒行为的基本情况,大学生饮酒率为59.3%,不同性别之间的差异具有统计学意义,女生在对饮酒伤害的一些问题上认知情况好于男生。各种因素影响大学生饮酒,应加强大学生饮酒知识的宣传教育,促进健康。

供分析的问题:

1.公共事业管理和健康管理工作者为什么要写调查报告?

2.调查报告的摘要中应包含哪四个要素? 本案例的摘要中存在哪些问题或缺陷?

3.本案例的"对象与方法""调查结果"部分缺少了哪些内容?

4.某健康管理师对浙江省温州市某社区养老所295名60岁及以上集中居住的糖尿病患者进行了合理营养的健康教育和膳食供给的控制,发现管理的295名患者蛋白质、能量摄入量均有所升高,油、盐和脂肪的摄入量均有所下降且有67.3%的老年人血糖指标有所降低,遂收集整理资料、撰写成文,命题为"膳食干预是控制糖尿病的有效手段",该标题有何不妥? 应如何修改为宜?

5.下列参考文献的写法存在着哪些问题? 应怎样修改?

[1]陈英群,邱卫黎,杨郁素.现代护理,2005,:1287-1288.

[2]Kareng. Barbara. Kr, France ML. Health behavior and health education, Third[J].99.

[3]马骁.健康教育学.北京,2004.

四、实训情境

硬件环境:多媒体计算机。

软件环境:Windows 操作系统、Office 办公系统、SPSS 软件。

1.情境1:某省基层卫生服务机构医务人员信息化服务的需求分析

为了解基层卫生服务机构医务人员信息化服务的能力与需求,为卫生信息化建设提供依据,采用分层抽样法随机选取4239名医务人员进行了匿名式问卷调查,发现:截止到调查前,61.6%的医务人员在工作中使用过社区医疗卫生软件,20.4%对其使用感到满意,但有31.6%认为现有的社区医疗卫生软件不能满足工作要求,28.5%的医务人员没有任何计算机应用能力证书,44.2%没有参加过信息化方面的知识和技能培训,得出结论:基层卫生服务机构医务人员普遍认可当前信息化工作的作用,但使用的满意率偏

笔记

低,需要加快改进卫生信息化的建设状况和信息化服务的培训工作。

2.情境2:某高校大学生恶性肿瘤健康教育的需求评估

为了解大学生恶性肿瘤的健康教育需求,以便于为相关工作的开展提供现实依据,采用分层整群抽样法对某高校的部分在校本科生进行了问卷调查和资料的统计学分析,发现:586名大学生中,分别仅有5.8%、5.3%和23.4%能够全部正确答出恶性肿瘤的发生原因、相关临床表现和预防措施;仅有9.2%的大学生无不健康饮食行为,53.5%不吸烟,73.2%不喝酒,仅有29.2%经常参加体育锻炼;愿意改变不良行为习惯的仅有45.9%,有70.4%的大学生愿意接受健康教育。得出结论:大学生对恶性肿瘤防治的重要性认识不足,认知不全面,存在"认知不协调"现象,需要重点提高认知的全面性和准确性以达到行为干预的目的。

技能要求与应用:

(1)正确掌握所学的基本知识和专业知识并能综合运用。

(2)善于处理调查的资料、数据并做出完整报告,准确分析并解决实际研究中的问题。

(3)能规范化撰写专题调查报告,对问题的讨论有一定的深度和规范性。

五、实训项目

规范的调查报告撰写可锻炼学生的实践动手能力和写作总结能力,有利于综合素质的提高。本次实训要求学生以小组为单位,围绕健康相关问题,分析调查资料,将结果撰写成完整的专题调查报告(Word文档、字数约为4000~6000),并汇报、交流调查研究的成果(PPT演示文稿、约10~15张幻灯片)。

(一)在Office办公系统下创建Word文档的专题调查报告,以报告的标题命名并保存文档。

1.专题调查报告Word文档的封面内容应有:中文题目(二号加黑居中)、中文副标题(必要时,四号黑体居中)、英文题目(Times New Roman,16号加黑居中)、英文副标题(必要时,Times New Roman,14号加黑居中)、报告作者(学生姓名)及所学专业和完成时间(四号楷体居中)。

2.中文摘要,具备目的、方法、结果和结论四要素(五号楷体),英文摘要(Times New Roman,12号字体),中文关键词(空两格,五号黑体)中应有3~8个相关词汇(五号楷体,词与词空一格,分号隔开),英文关键词(空两格,Times New Roman,12号加黑)中应有相对应数目的英文词汇(Times New Roman,12号,分号隔开)。

3.目录(必要时):一般按三级标题编写(五号宋体,对应标题做好页码的标注),目前通用的三级标题序次结构有以下三种,可根据调查报告需求来选择:第一种序次结构为:第一章、第一节、一……第二种:一、(一)、1……第三种:1、1.1、1.1.1……

4.正文:文本主体一般包括引言、正文与结论三部分,用五号宋体,英文为Times New Roman,12号。注意文本中的小标题、注释、标点符号、专用名称、量和单位、数字、公式、表格、插图的使用均应符合学术规范。

5.参考文献:五号楷体,书写格式应符合国家标准《文后参考文献著录规则》(GB/T

7714—2015）。

6. 致谢（必要时）：中文为五号宋体，英文为 Times New Roman，12 号。

（二）在 Office 办公系统下创建 PowerPoint 文档的专题调查报告演示文稿，以报告的标题命名并保存文档。

1. PowerPoint 文档的封面内容应有：中文题目（文字分散对齐、楷体、字号不小于32）、中文副标题（必要时，文字居中、楷体、字号不小于20）、报告作者（学生姓名）及所学专业。

2. 目录（必要时）：介绍演示文稿的主要内容，字号不小于28。

3. 调查研究背景及意义（引言）：宋体，字号不小于28。

4. 调查研究目的及内容：宋体，字号不小于28。

5. 调查研究方法：可附有技术路线和时间安排，宋体，字号不小于28。

6. 调查研究结果：可附有主要结果的表、图，宋体，字号不小于28。

7. 调查研究结论（讨论）：宋体，字号不小于28。

（三）以小组为单位进行 15～30 分钟的汇报，讨论交流，并由指导老师给予点评。

六、实训步骤及要求

专题调查报告的撰写一般需经过查阅文献、设计选题、调查收集资料、整理分析数据、撰写调查报告等过程。

（一）步骤

1. 查阅相关文献，结合所学理论知识确定调查的主题，形成调查观点。

2. 拟定调查提纲，内容通常包括：调查的标题或主题、调查目的、主要调查内容、调查对象、调查方法、样本量、预期调查结果或指标、统计分析方法、质量控制方法等。

3. 开展调查，收集资料，整理、分析数据。

4. 选择材料，起草报告，包含标题、摘要、正文、结论和建议等格式，按照撰写要求完成符合要求的专题调查报告初稿。

5. 小组内交流讨论、修改定稿。

6. 制作演示文稿、汇报、交流。

（二）要求

1. 专题调查报告应做到观点明确，要有独到的见解，富有新意或对某些问题有较为深刻的分析，有一定的学术水平或实用价值；论点鲜明，论据确凿，表现出对实际问题有一定的分析能力和概括能力，材料翔实可靠，有说服力，条理清楚，结构严谨，表达准确，逻辑性强，论述层次清晰，语句通顺，语言准确、生动，符合学术的规范化要求。

2. 演示文稿的制作精美、简洁、规范，能简明扼要地表达调查报告的主要内容，如有图表，则图表制作应精确、美观。

3. 汇报时，能简明扼要地介绍调查报告的主要内容，准确流利地回答各种问题。

（三）评分标准

满分为 100 分，具体划分为：(1) 选题有现实意义，命题确切、恰当、简明，能概括全文

笔记

内容,引人注目(满分为10分);(2)研究方法科学、合理(满分为10分);(3)研究结果指标明确,数据准确,内容充实(满分为15分);(4)分析与讨论论点明确,论据充足,内容翔实(满分为15分);(5)结论正确,能够全面地总结归纳出调查研究的最终结果(满分为10分);(6)参考文献目录规范,与调查报告密切相关(满分为10分);(7)调查报告的表述重点突出,逻辑性强,对所要研究的中心内容表达清楚、流畅(满分为15分);(8)答疑能力强,能够抓住问题重点,回答问题知识面广,语言表达流畅,逻辑性强(满分为15分)。

七、能力和知识拓展

开题报告

开题报告是指开题者对科研课题的一种文字说明材料,是由选题者把自己所选的课题的概况(即"开题报告内容"),向有关专家、学者、科技人员进行陈述,然后由他们对科研课题进行评议。开题报告作为毕业论文答辩委员会对学生答辩资格审查的依据材料之一。开题报告一般为表格式,包括综述、关键技术、可行性分析和时间安排等四个方面。开题报告的内容大致包括课题名称、承担单位、课题负责人、起止年限、报告提纲。报告提纲包括:(1)课题的目的、意义、国内外研究概况和有关文献资料的主要观点与结论;(2)研究对象、研究内容、各项有关指标;(3)主要研究方法、技术路线(包括是否已进行试验性研究);(4)大致的进度和时间安排;(5)准备工作的情况和目前已具备的条件(包括人员、仪器、设备等);(6)尚需增添的主要设备和仪器(用途、名称、规格、型号、数量、价格等);(7)经费概算;(8)预期研究结果;(9)承担单位和主要协作单位及人员分工等;(10)同行评议,着重从选题的依据、意义和技术可行性上做出判断。撰写毕业论文开题报告时,应阐明:论文的目的与意义、国内外研究概况、论文拟研究解决的主要问题、论文拟撰写的主要内容(提纲)、论文研究的方法及步骤(技术路线)、论文计划进度与时间安排、参考文献等重点问题。

(马海燕　吴茵茵　刘婷婕)

笔记

第四章

沟通表达能力实训

第一节 语言能力实训

一、知识准备

语言是人类最重要的交际工具。语言表达是人际交往中最常见的沟通形式,是人们运用语言构建话语和理解话语的言语行为过程。演讲作为公开场合讲话中最正式的一种形式,在生活中运用广泛、频繁,演讲才能是现代人才必备的素质之一,在增强个人与社会的联系方面具有重要的作用。

(一)演讲的含义

演讲是指演讲者在特定的时间和场合,面对听众,以有声语言和身体语言为主要表达手段,围绕某个话题发表自己的意见,抒发个人情感,以求宣传、鼓动和感召听众并促使其行动的一种社会交际活动。在社会公共关系中,演讲是一种常用的信息交流方式,演讲人充分表达自己的思想、情感、情趣等,使自身的价值得到他人和社会的认可、赞赏。林肯曾说过,"口才是社交的需要,是事业的需要,一个不会说话的人,无疑是一个失败者"。

(二)演讲的类型

演讲可以按照不同的标准进行多种划分,下面从演讲的表达形式上将演讲划分为四类:

1. 陈述型

陈述型演讲是一种叙述事件发生经过、缘由、人物生平事迹的演讲,也叫叙述式演讲。它主要用于报告某一地区、某一单位的政治、经济、文化发展情况及某项工作开展情况,或报告参观访问、参加会议的情况,或报告某人或自己的生平事迹等。陈述型演讲目的是使人"知",它的内容决定了它不容许演讲者在思想和艺术两方面做更多的创造,而必须是从客观事实出发。

2. 论辩型

论辩型演讲是一种运用逻辑手段证明演讲者所提出的论点以令人信服的演讲,也叫议论式演讲。它可分为立论和驳论两种。前者以论为主,后者以驳为主。但无论是立论还是驳论,辩中不可少论,论中不可少辩。论辩型演讲目的在于把"理"说通、说透,令人"信",令人"服"。

笔记

3. 主情型

主情型演讲是一种以抒发演讲者的主观情怀为主,融情于理,融情于事,情、理、事交融,以情动人的演讲,也叫抒情式演讲。它既包括各种礼仪性演讲,也从属其他类型的演讲。

4. 鼓动型

鼓动型演讲是指通过演讲者的意志创造一种磅礴的气势,鼓励、动员、号召听众接受演讲者所提倡的理念,从而奋发行动。

(三)明确组织演讲内容

1. 确定演讲主题

同一个演讲题目,从不同的角度出发可以得到不同的主题。演讲者可以围绕主题列一个清单,根据自身特长和知识储备,从中选择合适的演讲主题。这对演讲者而言,可以集中思维,节省时间;对于听众而言,可以明确该演讲的方向和目标。一般来说,演讲的主题越小、越具体,演讲的效果越好。

2. 分析听众

演讲是否成功,从根本上取决于听众能否接受。因此,需要从年龄、性别、职务、经验、学历等方面,对听众进行多角度的预期分析。在为演讲做准备时,演讲者一定要明确以下问题:听众态度如何,是持期望、支持还是反对态度;是自愿参加还是被指派参加;中文、英文、专业术语听众能否接受;哪些演讲技巧可以吸引听众注意力;哪些技巧反而会适得其反;等等。

3. 收集演讲材料

围绕已定主题,从自身熟知范围入手,准备演讲内容,写下各种围绕主题的观点,同时将观点组织起来,并收集相关支撑主题观点的材料。

4. 确定演讲大纲

演讲大纲包括主要观点、次要观点、支撑材料三个层次。主要观点用来支持中心思想,可宽泛笼统;次要观点用来支持主要观点,要具体明细。主要观点和次要观点都应该用完整的陈述句表述,逻辑层次要清晰,才能凸显主题,听众才容易接受。同时,在大纲中还应标注出演讲时要举的事例、数据、典故等。

5. 组织演讲

(1)设计演讲引言,向听众介绍主题,与听众建立共识。一般来说,成功的演讲引言要有针对性、新奇性、情感性、生动性,同时富有感染力。具体来说,演讲引言的组织要遵循以下原则。

①陈述演讲主题和目标。在引言中,一定要简要而清晰地告诉听众演讲的主题和目标。如果开头不能点题,即使语言再妙趣横生,也都是无效的。因为听众一开始如果不能把握演讲主题,后面他们将很难理解演讲的主体内容。在引言快要结束时,要简短地介绍本次演讲的主要观点,让听众了解演讲的主要内容和表达顺序。预告要简明精当,避免滔滔不绝,一个常用而有效的方法就是:在预告中将主要观点精炼为几个短语或短句。

②唤起听众的兴趣。演讲通常会遇到很多意想不到的干扰因素,听众可能会疲乏或

分神。因此,演讲一开始就要尽可能快地抓住听众的兴趣点,唤起他们的好奇心。常用的技巧有:巧妙提问、引用名人名言、讲生动幽默的故事、列举令人震惊的事实和数据、现场行动表演等等。

(2)设计演讲主体。演讲的主体部分是整个演讲的中心,演讲者沿着引言的思路,进行深入的阐释论证,叙述观点,展示支持论点的数据、事实,说服听众。

(3)设计演讲结束语。引人入胜的开场白、激情四射的演讲主体和画龙点睛的结束语,都是成功的演讲所不可或缺的部分。好的结束语不仅能重申演讲主题,深化认识,加深印象,还能感染情绪,引人深思。

(四)掌握演讲小技巧

演讲分为演和讲两个部分。讲,是有声语言,给人以听觉形象;演,是无声语言,给人以视觉形象。因此在做好前期准备和训练的基础上,演讲还要有美的演讲姿态。

1. 声音技巧

(1)规范的发音

演讲要使用普通话,普通话的核心是"声韵调",演讲声音的基本要求是发声正确、语音标准、清晰无误。经常练习,不仅可以纠正不正确的发音,还可以达到口齿灵活、吐字发音畅达自如的效果。

(2)适当的音量

演讲的目的是让人听,演讲时声音太小,给人的第一印象是不自信,声音过大过高都会使听众压抑,容易疲劳。

(3)变化的语调

演讲以情动人的主要方式就是语调的变化,语调变化主要表现在语速、重音、升降调、停顿等方面。演讲者的语速要随着演讲内容的需要变化,一般人的语速是每分钟120字左右。演讲的语速一般为中速,不能太快,要给听众接受和思考的时间。一般情况下,排比、递进的句子要加快语速,表达伤悲、痛苦等感情的语句要放慢语速。重音的作用是强调突出,所以表达主要观点、重要概念时要一字一顿。升降调是演讲中最能表现情绪感情的手段之一。一般情况下,陈述观点、叙述事件、讲故事用平调;提出问题,表达态度、情感用升调;引导人思考,语气庄重、严肃用降调。另外,内容、事件、观点间的转换要有适当的停顿。总之,演讲就像一首乐曲,要有快慢、升降、曲直的变化,才能形成优美的语言旋律。

2. 演讲姿态

(1)面部表情

面部表情应与演讲内容吻合,不要因为紧张而使其走样,避免习惯性地在演讲商业话题时过分严肃。面部表情不要单一化,注意微笑。可以在观众中寻找笑脸,并在演讲时有意识地对着他们讲话;以观众为重,不要把注意力放在自己身上。

(2)目光交流

每次和一个观众从容地进行目光交流,目光在其身上应持续五秒钟或者持续到一个意图表达完整之后。在完成一个之后,转向下一个人看着他,直到第二个意图也陈述完毕。

(3)手势

手臂放在身侧,并要轻松自如;强调想法时,手的动作要尽量放大;手势动作的范围要在腰部以上;不做手势时,手臂自然垂于身侧;经常变换手势。

(4)站姿

站立时两脚间的距离相当于平时走路的"一步"大小;身体略向前倾,并将重心落于双腿间;上身挺直,但不僵硬。

二、实训目标

1. 巩固演讲相关概念、组织步骤、表达方式等主要知识点。

2. 培养学生演讲基本能力。

3. 拓展、增强学生熟练掌握演讲及运用到实际中的能力和临场应变能力。

三、实训环境

模拟演练室或小型会议室 1 间,台签若干个,演讲台 1 个,话筒 2 个,普通 A4 纸若干张。

四、实训内容

(一)准备演讲

在准备阶段,反复练习,开场与结语着重练习。在每次演练时选择一种演讲技巧练习,尝试从中找出最适合自身特点的方法并加以着重演练。同时,在每次的演练中减缓紧张情绪,紧张是正常的,但实际上演讲者的紧张不易被听众察觉。缓解紧张情绪的小技巧:充分准备、勤加练习,当出现紧张情况时稍作停顿并深呼吸,相信自己会成功。

(二)使用视觉辅助工具

视觉辅助器具使用原则:保持简洁;图表文字大小适中;PPT 中每张文字不超过 8 行;在图表上做注记。在演讲演示过程中,面对观众演讲,但不要挡住观众视线,记住演讲的中心始终是演讲者,而不是辅助器具。

(三)处理演讲中失误的技巧

1. 忘词的处理技巧

演讲中忘词"卡壳"是经常发生的事,一旦出现这种情况,演讲者不能紧张。"卡壳"冷场的时间不要太长,要集中思想争取在两三秒内记起忘掉的词语或句子,如果实在想不起来,可根据上句意思另换语词或句子,或者直接转入下一内容的演讲。

2. 纠正口误的技巧

在演讲的过程中由于语速太快,造成口误时可以把讲错的话搁置在一旁,按着正确的讲法再讲一遍。其次把讲错的话当作反面论题使用,并列举出一些事实来批驳它,借以纠正错误,挽回影响。

3. 突发事件的处理技巧

演讲者在演讲中经常会遇到一些难堪的事情,如听众人数过少,忘带演讲稿,不小心摔倒等。这些都是难以完全避免的,关键是要具有应变能力,善于解脱窘境。

五、实训步骤及要求

1. 以个人为单位选取演讲话题，如自我介绍内容，准备 10 分钟。
2. 每位同学上台进行汇报交流，由实训教师对演讲者的表现进行考核打分。

六、能力和知识拓展

演讲的发音技巧

首先学会科学的发声方法，声音从声带发出时小而直，只有通过口腔、鼻腔、胸腔的共鸣后，才能放大，使声音变得洪亮、圆润，才会具有较强的穿透力和较远的传播力。其次学会控制呼吸，运用气声发音。练声先练气，人的发音主要靠震动，震动靠气息，所以要想声音洪亮，中气十足，就要有饱满的气息。发音时呼吸要深入、持久，要随时保持一定的呼吸压力。平时可多做一些深吸缓呼的练习，练习说话时最好采用站姿，寻找呼吸状态。运用气息的时候，千万不要"泄气"，要在上述的呼吸压力中缓缓地释放，并且要善于运用嘴唇把气拢住，以此来保持胸腹和嘴唇的压力平衡。正确的发声方法是胸腹联合呼吸，即全身放松，肩平颈直，呼吸自然，提胸收腹，气沉丹田，喉部放松，以气带声。

演讲中还有一个技巧叫声停气不断，即说一个句子时，由于情绪、情感等需要，要一气呵成，但又要有层次感、节奏感，所以采用表面上对句子中的语词停顿，但实际上气息没有停，未完成的句子仍用前面的气息表达完成的方法，以此来完成情感的表达处理。

（引自：隋树杰等.人际沟通及礼仪［M］.北京：人民卫生出版社，2013.）

第二节　行为礼仪实训

一、知识准备

举止是个人风度的重要组成部分。举止的规范性是需要刻意练习的，包括站、走、坐等姿态。

（一）站姿

正确的站姿会给人以挺拔劲秀、庄重大方、精力充沛、信心十足、积极向上的印象。站立时，竖看要有直立感，整个身体大体呈直线，横看要有开阔感，侧看要有垂直感，前倾时从耳朵到颈到脚踝骨应大体呈直线，给人一种挺、直、高的美感。男女站姿要形成不同的风格，男子要显得风度洒脱，挺拔向上；女子应显得庄重大方，亭亭玉立。

站姿的基本要求：头正、肩平、挺胸、收腹，站姿正而放松。女士要求双眼注视前方，双手相握,叠放于腹前,双腿并拢,两个脚呈 V 字形,两脚尖距离 10 厘米左右,张角为 40 度左右;也可两脚一前一后,前面的那只脚跟轻轻靠拢后一只脚的脚弓,重心落在后面一条腿上。在正式的场合双腿应该挺直并有意识地靠拢。男士站立时双目注视前方,双手相握,叠放于腹前,或者将其背于身后。两脚尖的距离与肩同宽,呈倒八字形,双腿挺直但不需靠拢。

(二)走姿

走路的基本姿态应是背脊和腹部伸展放松,行走时移动的支点应该是腰部而不是胸部。

走姿的基本要求:(1)头正,两眼平视前方,下颌微收,面容平和自然。(2)双肩平稳,双臂前后自然摆动,摆幅以 30～35 度为宜,双肩不要过于僵硬。(3)上身挺直,抬头,挺胸,收腹,立腰,重心稍前倾。(4)注意步位,双脚的内侧脚掌落地时应在一条直线上,行走线应是一条直线。

(三)坐姿

坐姿的基本要求:腰背挺直,手臂自然放松,双腿并拢,抬头时目光平视对方。就座不要过快或过慢,不要拖动座椅,如需要移动,应轻轻将座椅抬离地面,拉开时以不发出与地面摩擦的声音为宜。落座后,女士更讲究腿的姿势,一般可以采用双腿并拢垂直式、双腿斜放式、双腿上下叠放式、双腿交叉式等。男士通常是双腿垂直,脚跟、双膝和双腿保持适当距离,切忌抖动双腿;或双腿叠放,但脚尖不能翘起,更不能晃动。

二、实训目标

1. 巩固举止行为礼仪的知识点。
2. 培养学生正确文明的站、走、坐的基本能力。
3. 提高学生熟练掌握举止行为礼仪及运用到实际中去的能力。

三、实训环境

带有落地镜的模拟演练室 1 间。

四、实训内容

(一)站姿

1. 站姿训练:在头顶放一本书,颈部挺直,下巴内收,上身挺直,使书本保持水平状态。

2. 站姿禁忌:忌手插衣袋,无精打采或东倒西歪;忌双手环抱胸前,两肩一高一低,腿不停地抖动;忌依物站立,以及倚靠在墙上;忌双手小动作或叉腰;忌弯腰驼背,低头。

(二)走姿

走姿禁忌:忌摇头晃脑,弯腰驼背,歪肩晃膀,左顾右盼;忌内八字和外八字步伐,脚蹭地面,发出声响;忌步幅过大,大甩手,扭腰摆臀;忌把双手插在衣裤口袋里,或手背在体后。步态要因地、因人、因事而异。

（三）坐姿

坐姿禁忌：忌弯腰驼背，东倒西歪，前俯后仰；忌抖动双腿，甚至鞋跟离开脚跟晃动；忌坐姿与环境不符，如在求职面试、与领导或长辈的谈话等，不用叠放式；忌脚尖相对，或双腿拉开成八字形，或双腿伸直；忌坐姿懒散，如半躺式；女士穿裙子须注意整理裙摆，切忌叉腿而坐。

五、实训步骤及要求

1. 以小组为单位进行情境模拟训练：同学模拟管理人员面带微笑配合眼神的交流向来访者介绍自己的工作。

2. 两人一组进行情景模拟训练：一人扮演引导者，另一人扮演被引导者，引导者的手姿、站姿、走姿要按照要求做到文雅稳重大方，引导者要注意与被引导者进行适当的交流，指示手势要做到亲切自然。

3. 以小组为单位，实行组长负责制，进行情景模拟练习：一部分人扮演用人单位的考官，另一部分人扮演面试者，完成后再交换角色。

六、能力和知识拓展

某高校一位老师带领即将毕业的学生前往一家大企业参观。这家企业的老总是该老师的大学同学，老总亲自交代工作人员要好好接待。学生们在会议室坐着，大多坦然接受服务，没有半分客气。当老总办完事情回来后，不断向学生表示歉意，竟然没有人应声。当工作人员送来笔记本，老总亲自双手递送时，学生们大都伸着手随意接过，没有起身也没有致谢，只有一个女同学起身双手接过工作人员递过来的茶和老总递来的笔记本时客气地说了声："谢谢，辛苦了！"最后，只有这位女同学收到了这家公司的录用通知。

（引自：刘金同.实用社交礼貌礼仪教程［M］.北京：北京大学出版社，2013.）

第三节　仪容礼仪实训

一、知识准备

仪容通常是指人的外观、外貌，是个人形象礼仪的重要组成部分之一，由发式、面容和人体所有未被遮盖的肌肤等内容构成。仪容整洁美观，体现了一个人的自重自爱，也体现了对他人、对社会的尊重。要做到仪容整洁美观，应从以下六个方面做起。

（一）发式

美观、整洁、大方、方便生活与工作是个人礼仪对发式的基本要求。整洁、大方的发式易给人留下生机勃勃的印象。同时发式要与自己的脸型、肤色、体形、年龄、服饰相匹配，与自己的气质、职业、身份、环境相吻合。通过对不同发式的选择，可以充分展现自己美的部分,给人留下整体美的印象。

首先要考虑身份、工作性质和周围环境。不同性别、不同年龄、不同职业及不同身份的人,应有不同的发式。

其次要根据自己的脸型、肤色、身材等因素选择。一般圆脸形、身材矮小的人,发式理应以秀气、精致的短发为好;长脸形、高大身材的人,发式应以清爽的直发为好。

修饰头发,应注意勤于梳洗,做好日常护理。女性可以留短发,头发不宜长过肩部,必要时应以盘发、束发作为变通;男士头发可以稍长,但不宜长发披肩、梳辫挽髻。选择发式,最重要的是要考虑个人条件和所处场合。

(二)面容

人的面容又称脸面,是人体暴露在外时间最长的部位,包括上至额头、下至下巴的部分,是仪容中最为引人注目、也最为动人之处。因此,必须对面容进行修饰,勤于洗脸,使其干净清爽。由于性别的不同,男士应养成每天修面剃须的良好习惯。女士面容的美化主要采取美容与化妆两种方法。

(三)手臂

手臂在人际交往中有重要作用。手臂是人际交往中使用最多、动作最多的一个部位。手臂主要包括上臂、臂、手腕、手指和指甲。经常保持手部清洁,确保无泥垢、无污痕;指甲应定期修剪,大体上应每周修剪一次;在正式的社交活动中,人们的手臂,尤其是肩部,不应当裸露在外。

(四)腿部

在正式场合,不允许男士的着装暴露腿部,即不允许其穿短裤。女士可以穿长裤、裙子,但不得穿短裤,也不允许穿过于暴露的超短裙。越是正式的场合,讲究女士的裙子越长;在庄严、肃穆的场合,女士的裙长应过膝部以下。女士在正式场合穿裙子时,不允许光着大腿不穿袜子,尤其不允许光着的大腿暴露于裙子之外。

(五)颈部

颈部是人体最容易显现一个人年龄的部位,平时要和面部一样注意保养。注意保持颈部按摩,使颈部皮肤紧绷,光洁动人。

(六)化妆

化妆是修饰仪容的一种方法,它是指使用化妆品按一定技法对自己进行修饰和装扮,使自己容貌变得更加靓丽。适度得体的美容化妆可以使一张平凡的面孔容光焕发、光彩照人。化妆既显示出一个人对生活的热爱和对美的追求,也是交际礼仪的需要。进入正式场合,尤其是涉外活动,女士应适度化妆,否则将被视为失礼。

化妆要遵循扬长避短、自然真实和整体结合的原则。扬长避短即要注意突出自己的优点而掩盖弥补自己的不足以达到隐丑显美的目的;自然真实就是化淡妆让人看起来容光焕发,同时要考虑与衣着、发型、年龄、身份及所处场合相和谐。化妆后要进行全面检查,要照顾到颈部。以焕然一新的面目出现在社交或工作场合会使自己自信、振奋。

一般来说化妆要遵循以下三条原则。

1. 美化

美化原则要求化妆后一定要比化妆前更加靓丽,如果不能做到这一点就失去了化妆的意义。

2. 自然

自然原则强调化妆要显得自然,浓淡适宜,不过于夸张、怪诞。

3. 协调

第一,面部对称协调。化妆要注意妆容的对称,上与下、左与右的色彩搭配适宜,浓淡协调、对称。

第二,与服饰、饰物、发型协调。化妆要与服装、饰物、发型协调相配。如:服饰淡雅与浓妆艳抹就不协调;服饰艳丽花哨与轻描淡抹也不协调。要力求妆面色彩与服饰、发型般配,追求整体的协调美。

第三,与职业身份协调。职业身份不同即角色不同。自己和公众都会有不同的角色期望,演员的角色和教师的角色有很大的差别,化妆时就要考虑自己的职业特点及身份。前者可以浓妆艳抹,可以夸张一点,而后者则要大方、端庄、稳重、自然。

第四,与场合协调。化妆要与自己所去的公共场合相协调。如去参加宴会、舞会,可适当化得亮丽一点。如去参加谈判,绝不能打扮得花里胡哨、浓妆艳抹。如参加追悼会,则以淡雅的妆面配黯淡深色或素色、白色的服饰为宜,以衬托哀伤的气氛。

二、实训目标

1. 巩固仪容礼仪的知识点。
2. 培养学生整理仪容的基本能力。
3. 提高学生熟练掌握仪容礼仪及运用到实际中去的能力。

三、实训环境

带落地镜的演练室 1 间,台签若干个,话筒 2 个,化妆道具若干,普通 A4 纸若干张。

四、实训内容

女士对容貌的修饰是通过化妆美化面容。化妆不是简单的爱美,而是一种尊重他人的表现,化妆反映了对生活的热爱,对美的追求。

(一)浓淡相宜

化妆的浓淡要视时间、场合、年龄、性别而定。工作岗位上宜施淡妆,白天的社交活动也应施淡妆。浓妆只适合晚上的娱乐性活动,如舞会等。旅游和运动时均不宜化浓妆。在喜庆场合的化妆可以艳丽一些,以烘托热烈的气氛;而在吊唁、丧礼的场合浓妆艳抹则是非常失礼的,此时只允许施淡妆,且不宜涂口红。少女拥有生命中最宝贵的青春自然的光彩,只需用淡妆来突出自然的亮丽和清纯,浓妆反而会显得俗不可耐。成年女性则可用略重一点的妆容来弥补岁月的印迹。正式场合男士稍化妆是必要的,但要淡淡地不留痕迹,否则会给人"男扮女装"之感,有损男子汉形象。

笔记

（二）修饰避人

在众目睽睽之下化妆是非常失礼的，尤其是女士不能在客人面前化妆，要将维护仪容仪表的工作放在"幕后"进行。女士在公众场合化妆或补妆都是失礼的举动，应该去化妆室进行。不非议他人的化妆：由于民族、肤色和个人文化素质的差异，各人有各自不同的审美习惯。因此对别人，尤其是少数民族和外宾的化妆不要指指点点、大加评论，也不要当众与他人切磋化妆术。不借用他人化妆品，女士出门可将简单的化妆品随身携带（装在手提包）以备特殊情况下化妆或补妆。借用他人的化妆品既不卫生，也不礼貌。

（三）简易的化妆程序

一般包括 8 个方面，即洁肤、施粉底、画眉毛、画眼线、染卷睫毛、涂胭脂、扑干粉、涂口红。

五、实训步骤及要求

1. 以个人为单位在落地镜前按照所教内容进行训练，整理仪容仪表。
2. 女同学模拟场景自我完成职业淡妆的修饰。
3. 练习完毕后，开始汇报展示，由实训老师对其进行打分。

六、能力和知识拓展

黄先生约两位好友在某知名酒店小聚。负责接待的人员服务工作做得很好，可是她面无血色，显得无精打采。黄先生一看到她就觉得心情欠佳，仔细留意才发现，这位服务员没有化工作淡妆，在餐厅昏黄的灯光下显得病态十足。上菜时，黄先生又突然看到传菜员涂的指甲油缺了一块，他的第一个反应就是"不知是不是掉我的菜里了"。但为了不惊扰其他客人用餐，黄先生没有将他的怀疑说出来。用餐结束后，黄先生唤柜台内服务员结账，而服务员却一直对着反光玻璃墙面修饰自己的妆容，丝毫没注意到客人的需要。自此以后，黄先生再也没有去过这家酒店。

（引自：刘金同.实用社交礼貌礼仪教程［M］.北京：北京大学出版社，2013.）

第四节　服饰礼仪实训

一、知识准备

TPO 是英文 time、place、object 三个词首字母的缩写。T 代表时间、季节、时令、时代；P 代表地点、场合、职位；O 代表目的、对象。着装的 TPO 原则是世界通行的着装打扮的最基本原则。它是指人们的着装要与时间、季节相吻合，符合时令；要与所处场合环境，与不同国家、区域、民族的习俗相吻合；要符合着装人的身份；要根据不同的交往目的、交往对象选择服饰，给人留下良好的印象。

（一）着装应与自身条件相适应

选择服装首先应该与自己的年龄、身份、体形、肤色、性格和谐统一。

年长者,身份地位高者,选择服装款式不宜过于新潮,款式简单而面料质地则应讲究与身份年龄相吻合。

青少年着装着重体现青春气息,朴素、整洁为宜,清新、活泼最好,"青春自有三分俏",若以过分的服饰破坏了青春朝气实在是得不偿失。

形体条件对服装款式的选择也有很大影响。身材矮胖、颈粗圆脸形者,宜穿深色低"V"字形领或大"U"形领套装,浅色高领服装则不适合。而身材瘦长、颈细长、长脸形者宜穿浅色、高领或圆形领服装。方脸形者则宜穿小圆领或双翻领服装。身材匀称、形体条件好、肤色也好的人,着装范围则较广。

（二）着装应与职业、场合、交往对象、交往目的相协调

着装要与职业、场合相宜。工作时间着装应遵循端庄、整洁、稳重、美观、和谐的原则,能给人以愉悦感和庄重感。一个单位的职业着装和精神面貌,能体现这个单位的工作作风和发展前景。现在越来越多的组织、企业、机关、学校开始重视统一着装,是很有积极意义的举措,这不仅给着装者自豪,同时又多了自觉和约束,成为一个组织、一个单位的标志和象征。

着装应与场合、环境相适应。正式社交场合,着装宜庄重大方,不宜过于浮华。参加晚会或喜庆场合,服饰则可明亮、艳丽些。节假日休闲时间着装应随意、轻便些,西装革履则显得拘谨而不适宜。家庭生活中,休闲装、便装更益于与家人之间沟通感情,营造轻松、愉悦、温馨的氛围,但不能穿睡衣拖鞋到大街上去购物或散步,那是不雅和失礼的。

着装应与交往对象、交往目的相适应。与外宾、少数民族相处,更要特别尊重他们的习俗禁忌。

总之,着装是体现"和谐美",上下装呼应和谐,饰物与服装色彩相配和谐,与身份、年龄、职业、肤色、体形和谐,与时令、季节环境和谐等。

二、实训目标

1. 根据 TPO 原则,掌握服饰修饰的要点。
2. 培养学生掌握丝巾、领带打法。
3. 培养学生熟练掌握服饰礼仪,提高解决实际问题的能力。

三、实训环境

带落地镜的模拟演练室 1 间,可移动桌椅 4 张,话筒 2 个,领带、丝巾若干条,普通 A4 纸若干张。

四、实训内容

（一）领带打法

领带是男装最重要的配饰,一定要选择好。领带的颜色和风格应与外套统一,并与

环境相适应。小条纹花样是永远不会过时的正式领带,与各种颜色及风格的外套都容易搭配。领带的打法分为平结、半温莎结、温莎结等。打完结的领带长度以到裤腰为准。

1.平结是最常用的领带打法,也是最经典的领带打法。风格简约,方便易打,领结呈斜三角形,适合窄领衬衫。

2.半温莎结让男性看起来有风度、更有自信。半温莎结是一种比较浪漫的领带打法,适用于任何场合,在众多衬衫领形中,与标准领是最完美的搭配。

3.温莎结一般用于商务、政治等特定场合。温莎结非常漂亮,属于典型的英式风格。

(二)丝巾打法

分为方巾和长丝巾两种,方巾结的打法有十字结、茶花结、牧童结、女主播结等;长丝巾结的系法有领带结、蝴蝶结、麻花结、交叉结等。

五、实训步骤及要求

以个人为单位在落地镜前按照所教内容进行训练,练习各种领带、丝巾打法;练习完毕后,开始汇报展示,实训老师对其进行打分。

六、能力和知识拓展

李涛是一家国有企业的总经理。有一次,通过有关部门的牵线搭桥,他和一家著名的跨国企业董事长就合作意向欲展开会面。会面当天,李经理对自己的形象刻意进行了一番修饰。他根据自己对时尚的理解,上穿夹克衫,下穿牛仔裤,头戴棒球帽,脚穿旅游鞋,以求给对方留下精明强干、时尚新潮的印象。然而,结果却事与愿违。后来才得知,正是那身自我感觉良好的"时髦行头"坏了大事。

(引自:金正昆.涉外礼仪教程[M].北京:中国人民大学出版社,2005.)

第五节　社交礼仪实训

第一项　介绍礼仪

一、知识准备

(一)介绍概述

介绍,就是向外人说明情况。做介绍时,主要有下面几个要点需要注意:

一是介绍的时机。注意这个介绍的"时机"而不是介绍的"时间",它包括具体时间、具体地点和具体场合。在我们拜访客户的时候,最好是先递名片再介绍,见面先把名片递过去,再重复自己的名字。

二是介绍的主角。即由谁出面来做介绍。一般都是由地位低的人首先向地位高的人说明情况。

三是表达的方式。即介绍的时候需要说什么,需要如何说。

（二）介绍分类

从礼仪的角度来讲,可以把介绍分为三类:

1. 自我介绍

在日常工作和交往中,我们每个人都不可能离开自我介绍,我们经常需要做自我介绍。自我介绍,意在向他人说明自己的具体情况。

2. 他人介绍

为他人做介绍,专业的讲法叫第三方介绍。就是当双方的人不认识时,由你作为第三方替大家做介绍。

3. 集体介绍

由于集体介绍是介绍他人的特殊形式,所以集体介绍遵循的基本原则也是"尊者优先知道",其前提条件是双方在身份、地位、年龄等方面存在显著差异。当被介绍各方在身份、地位、年龄等方面相似或很难进行准确的区分时,则遵循"少数服从多数"的原则,即先将人少的一方介绍给人多的一方。在介绍各方人员时,需要遵循"先尊后卑"的顺序,即优先介绍女士、年长者、职位高者、资历深者。

二、实训目标

1. 巩固介绍礼仪相关定义、分类等主要知识点。
2. 培养学生介绍自我、介绍他人、介绍集体的基本能力。
3. 提高学生熟练掌握介绍礼仪的相关要点及运用到实际中去的能力。

三、实训环境

模拟演练室或小型会议室 1 间,台签若干个,话筒 2 个,普通 A4 纸若干张。

四、实训内容

（一）自我介绍

在进行自我介绍时,注意以下五个要点。

第一个要点,自我介绍的时机。选择对方空闲、情绪较好时进行自我介绍,切忌因急于做自我介绍而打断对方和他人的谈话。

第二个要点,自我介绍的顺序。一般有地位高低顺序、主客顺序、男女顺序等。

第三个要点,自我介绍需要辅助工具和辅助人员。为了节约时间,帮助对方记住你,可利用名片、介绍信等加以辅助。为了加深对方对你的印象,可以适当地对自己的名字进行分解、解读。

第四个要点,控制自我介绍的时间长度。自我介绍要简洁、清晰,一般半分钟为宜,不宜超过一分钟。切忌因担心对方记不住你而说太多,导致啰唆。

第五个要点,自我介绍内容的组织。在一般情况下,自我介绍可以分为以下五种模式:第一,应酬式,适用于公共场合或一般的社交场合,该形式最为简洁,往往只需要介绍姓名即可。第二,工作式,适用于正式工作场合。介绍内容包括姓名、供职单位及部门、

笔记

职务或从事的具体工作等。第三,交流式,在私人交往中,我们通常想跟别人交朋友,想了解对方的情况。但是,有的时候说话得讲究分寸,此刻宜使用社交式自我介绍。大体上包括自己的姓名、职业、籍贯、爱好、自己与交往对象双方所共同认识的人等内容。第四,礼仪式,适用于会议、讲座、报告、演出、庆典、仪式等一些正式而隆重的场合。介绍内容包括姓名、单位、职务等,同时还需加入一些适当的谦辞、敬语。第五,问答式,适用于应试、应聘和公务交往。在做问答式的自我介绍时,应该有问必答。

(二)他人介绍

1.选择介绍人

不同场合不同情况介绍人是不一样的。一般由以下几种人担当:其一,专业人士。比如你到公司、企业、机关去,专业人士指的是办公室主任、领导的秘书、前台接待、礼仪小姐、公关人员等。他们是专业人士,他们工作中有一项职责,就是迎来送往。其二,对口人员。所谓对口人员,就是工作职务、工作内容对应的人员。其三,本单位地位、身份最高者,这是一种特殊情况。比如来了贵宾的话,一般是应该由东道主一方职务最高者出面做介绍,礼仪上把它叫作规格对等。

2.介绍的时机

一是在家中,接待彼此不相识的客人。二是在办公地点,接待彼此不相识的来访者。三是与家人外出,路遇家人不相识的同事或朋友。四是本人的接待对象遇见了其不相识的人士,而对方又跟自己打了招呼。五是陪同上司、长者、来宾时,遇见了其不相识者,而对方又跟自己打了招呼。六是打算推介某人加入某一交际圈。七是受到为他人做介绍的邀请。

3.介绍的顺序

在为他人做介绍时,谁先谁后,是一个比较敏感的礼仪问题。根据规范,遵守"尊者优先知道"的规则。即在为他人介绍前,先要确定双方地位的尊卑,然后先介绍位卑者,后介绍位尊者。这样,可使位尊者先了解位卑者的情况。具体情况如下:

(1)介绍年长者与年幼者认识时,应先介绍年幼者,后介绍年长者。

(2)介绍长辈与晚辈认识时,应先介绍晚辈,后介绍长辈。

(3)介绍女士与男士认识时,应先介绍男士,后介绍女士。

(4)介绍来宾与主人认识时,应先介绍主人,后介绍来宾。

(5)介绍上级与下级认识时,应先介绍下级,后介绍上级。

4.介绍者的仪态

在介绍他人时,介绍者应该热情、诚恳、大方。介绍时介绍者手掌摊开、四指并拢、手心向上,指向被介绍一方,并向另一方点头微笑,切忌用单个手指指向对方。必要时,可以说明被介绍一方或双方同自己的关系,以便被介绍的双方增进了解和信任。

5.被介绍者的礼仪

介绍者在介绍双方认识时,被介绍双方均应起身站立,面带微笑。介绍完毕后,尊者应主动与对方握手、问候双方,表示认识对方很高兴。卑者应根据对方的反应做出相应的回应,如对方主动与你握手,应立即伸手与对方相握。在会议、宴会或谈判桌旁时,介绍者和被介绍者可不必起立,被介绍双方可点头微笑致意;如果被介绍双方相隔较远,中间又有障碍物,可举右手进行致意。

五、实训步骤及要求

1. 学生自由分组,每个小组约 4 ~ 5 人。

2. 每小组按个人或集体提名推荐、民主(选举)等程序产生 1 名组长,然后由组长组织管理组员进行实际操作训练。

3. 各个小组对实训成果进行汇报交流,并对实训成果进行考核,成绩评定以小组为单位。

第二项　电话礼仪

一、知识准备

(一)电话礼仪的意义

电话礼仪是现代礼仪的重要组成部分。现代社会不同的领域,不同的环境,不同的场合都有着纷繁复杂的礼仪。但是无论每个国家、每个民族、每个行业或者每个地域,礼仪如何千差万别,礼仪所遵循的原则却是不谋而合的,也就是说人们在制定礼仪时的宗旨和目的都是一样的。

(二)维护电话形象

所谓电话形象,是指人们在使用电话时,留给通话对象以及其他在场人员的总体印象,即人们在通电话过程中的语言、声调、内容、表情、态度等的集合。电话形象能够真实地体现通话者个人的礼仪修养、待人接物的态度以及通话者所在单位的整体水平。因此,在社会交往中,应该注重电话礼仪,塑造自己良好的电话形象。在打电话、接电话及使用移动通信工具时,自觉自愿地做到知礼、守礼、待人以礼。

(三)遵循通话原则

1. 明确信息

接打电话时首先应该明确通话的基本信息,也就是通话对象的姓名、身份、所在单位、自己的通话目的等。明确基本信息不仅有助于现场的顺利沟通,还有助于双方今后的联系及反馈。

2. 学会倾听

倾听是正确理解和判断的基础,尤其在电话交谈中,双方主要靠声音传递意思,如果不认真听,就无法准确地交流信息、沟通感情。当然,倾听时并不是完全不出声,应该适时发出如"嗯""是""好的"等简单的呼应,让对方感觉到你在认真倾听。

3. 表达得体

通话用语有一定的规范性。为了让发话人及时了解其拨打的号码是否正确,或接电话者是否为发话人要找的人,应该在接听电话时做自我介绍。通话时多用敬语、谦语,语速适中、语气温和、简明扼要。

4. 通话择时

通话时机的选择,表面上看似乎是很随意的事情,其实这间接反映了当事人的办事

笔记

效率和处事能力。通话时间最好是周一到周五的工作时间,尽量不要在下班后或节假日拨打公务电话,更不应该在用餐、午休或深夜时间打扰他人。如果有急事不得不打扰对方时,必须在通话的一开始先向对方诚恳致歉。通话择时还包括通话时间的控制,应该长话短说,努力遵循国际上通用的"通话三分钟原则"。

二、实训目标

1. 巩固电话礼仪意义、维护电话形象、通话原则等主要知识点。
2. 培养学生关于电话礼仪的基本能力。
3. 提高学生熟练掌握电话礼仪及运用到实际中去的能力和临场应变能力。

三、实训环境

模拟演练室 1 间,可移动桌椅 4 张,话筒 2 个,固定电话机若干个,普通 A4 纸若干张。

四、实训内容

在正式的办公室都会有固定电话,用于办公室与外界的联络。在比较大型的公司或企业还会有专门的电话服务台。无论是办公联络还是电话服务,电话礼仪越来越规范,越来越重要。

(一)接电话

接电话时要迅速准确地接听,接电话最重要的是第一声,接电话的过程中,要认真对待,不能三心二意。在办公室接听电话还需要认真清楚地做通话记录,如果对方要找的人不在,有必要的情况下可以主动问对方需不需要转达或者回电话。要结束电话交谈时,一般应当由打电话的一方提出,然后彼此客气地道别,再挂电话。挂电话时,一般要先等地位高的、长者或是受尊敬的人先挂机,然后再挂断。

另外,在接电话时,万一遇到掉线的情况,要及时拨回去,当这个电话再次接通之后,要说明并表示歉意,不要让对方误会你有意不听对方电话。

(二)打电话

在给别人打电话时,除了要遵循前面接电话过程中所应该注意的礼节外,还需要注意以下几点。

首先,选择恰当的时间。一般的公务电话最好在上班半个小时后至下班半小时前打。此外,给亲朋好友或同事打电话时,应避开吃饭和休息的时间,特别是早七点前、晚十点后。另外,注意给海外人士打电话时,还要考虑时间差问题。

其次,打电话的语言要尽量简洁明了。一般给其他公司打电话时,要先道明自己是谁,为何给贵公司打电话,所为何事。语言要尽量精简明了。注意通话时间要短,主次分明,遵循"通话三分钟原则"。

五、实训步骤及要求

1. 学生自由分组,每个小组约 4～5 人。

笔记

2.每小组按个人或集体提名推荐、民主(选举)等程序产生 1 名组长,然后由组长组织管理组员进行实际操作训练。

3.各个小组对实训成果进行汇报交流,并对实训成果进行考核,成绩评定以小组为单位。

第三项　握手礼仪

一、知识准备

握手礼是当代国际国内交往中,最普遍、最通用的一种见面致意礼节,作为一种肢体语言,发出的是关系信号。通常初次相识时,久别重逢时,告别送行时,向他人表示祝贺、感谢、慰问时,或双方矛盾转为和解时,均需通过握手表达情感。

(一)握手的顺序

握手遵循"尊者先行"的顺序,主要是根据对方的社会地位、身份、性别和各种条件来决定的。一般情况下,握手的基本顺序是:上级为先,长辈为先,主人为先,女士为先;而下级、晚辈、客人、男士应先进行问候,待对方有了握手之意后,再伸手予以响应。如果是男女初次见面,女方无握手之意,可以不与对方握手,男方可点头或鞠躬致意。在接待访客时,主人有向客人先伸手的义务,无论对方是男是女。但当客人辞行时,则应由客人先伸手表示辞行,主人才能握手告别。在社交场合,当对方不按先后顺序,我们也应该毫不犹豫地立即回握,拒绝他人的握手是不礼貌的行为。

(二)握手的场合

一般来说,有如下场合行握手礼:迎接客人到来时;与友人久别重逢时;拜访告辞时;被介绍与人相识时;社交场合突遇熟人时;拜托别人帮忙时;别人向自己祝贺、赠礼时等。与此同时,我们还应本着"礼貌待人,自然得体"的原则,灵活地掌握与运用握手礼的时机,以显示自己的修养与对对方的尊重。

二、实训目标

1.巩固握手礼仪的意义,握手顺序、方式、场合等主要知识点。

2.培养学生相关握手礼仪的基本能力。

3.提高学生熟练掌握握手礼仪及运用到实际中去的能力。

三、实训环境

模拟演练室或小型会议室 1 间,台签若干个,话筒 2 个,普通 A4 纸若干张。

四、实训内容

(一)握手的方式

在介绍之后,双方相互问候的同时,各自伸出右手,彼此间保持一步左右的距离(大约 75 厘米),手掌略向前下方伸直,拇指与手掌分开并前指,其余手指自然并拢并微向内弯,握手时两人伸出的掌心都不约而同地向着左方,然后并用手掌和五指与对方相握。

笔记

伸手的动作要大、稳重,态度要亲切、自然,面带微笑地注视着对方的眼睛,并伴以点头致意。右手与人相握时,左手应当空着,并贴着大腿外侧自然下垂,以示用心专一。一般要站着握手,不能坐着握手,除老弱残疾人士外。握手时间的长短因人而异,但初次见面握手时间以 3~5 秒为宜。同时握手的力量不宜太大;男女相握,男士通常只握住女士的手指部分即可。握手时注视对方眼睛,面带微笑,边握手边开口致意,如说"您好""欢迎您"等。有时为了表示特别尊敬,可用双手迎握。位卑者与位尊者相握,都应稍稍欠身。

(二)握手的禁忌

1. 不要用左手与他人握手。

2. 不要握手时争先恐后,形成交叉握手。

3. 不要戴着墨镜与手套和别人握手,女士在一些场合可戴手套握手。

4. 不要在握手时将另一只手插在衣袋或拿着东西(如果在路上允许),更不能边吃东西边跟别人握手。

5. 不要握手时面无表情,心不在焉。

6. 不要与别人握手后,立即擦拭自己的手。

7. 没有特殊情况,不要坐着和别人握手。

8. 不要抢先出手和女士握手。

9. 握手不要时间过长,让人无所适从。

五、实训步骤及要求

1. 学生自由分组,每个小组约 4~5 人。

2. 每小组按个人或集体提名推荐、民主(选举)等程序产生 1 名组长,然后由组长组织管理组员进行实际操作训练。

3. 各个小组对实训成果进行汇报交流,并对实训成果进行考核,成绩评定以小组为单位。

第四项 名片礼仪

一、知识准备

名片的使用已成为公关交往的一种重要手段。名片是一个人身份、地位的象征,是一个人尊严、价值的一种外显方式,也是使用者要求社会认同、获得社会理解与尊重的一种方式。名片上一般印有公司名称、头衔、联络电话、地址等,有的还印有个人的照片。通过递送名片可以使对方认识你、与你联系。所以,有人把它称作另一种形式的身份证。当然,公务人员使用的名片,除了具有个人意义外,还是他们所在组织形象的一个缩影。现在,越来越多的社会组织对其成员使用的名片十分考究,使它尽量具有特色和魅力。

二、实训目标

1. 巩固名片接递相关注意事项和主要知识点。

2. 培养学生传递、接收、索要、保管名片相关礼仪的基本能力。

3. 提高学生熟练掌握接递名片礼仪的要点及运用到实际中去的能力。

三、实训环境

模拟演练室或小型会议室 1 间,台签若干个,话筒 2 个,普通 A4 纸若干张。

四、实训内容

(一)传递名片

1. 传递名片的场合与时机

在商务交际中,初次见面、自我介绍或分别时可以递上名片;对方询问你的姓名、联系方式时可以递上名片;发表意见或说话之前可以分发名片,以帮助他人认识自己。对于非商业性活动,如用餐、运动、娱乐时不宜发放名片。

2. 递送名片的姿态

递交名片时应起身站立,上身微微前倾,注视对方、面带微笑,用双手或右手拇指和食指捏住名片两角递给对方。坐着的时候请不要把名片拿出来,应先站立起来有礼貌地向对方表达自己的问候,再把名片递给对方。递送时注意名片正面朝上,文字方向是对方能顺着读出内容的方向。递出名片的同时顺带说"请多多指教""请多多关照"之类的客气话。如果自己的名字中有生僻字或特别读法的字,在递送名片时应加以说明,以加强记忆。递出名片后要给对方留足读名片的时间,之后再问对方:"我能拥有一张您的名片吗?"或含蓄地讲"以后如何与您联系?""以后如何向您请教?"等。

3. 递送名片的顺序

与多人交换名片应遵循"由近而远",或"先尊后卑"的原则,切忌挑三拣四或"跳跃式"递送,以免引起误解,产生不悦。双方交换名片时,规范的做法是位卑者先把自己的名片递给位尊者。

(二)接收名片

当他人向你递送名片或和你交换名片时应立即停止手头的事情,起身站立或欠身,面带微笑,目视对方,用双手的拇指和食指接住名片下方两角,并表示感谢。接收名片后应认真默读,一般用时半分钟到一分钟,遇到显示对方荣耀的职务、头衔、学位时可轻轻读出声音,以示敬仰。

阅读完名片,切忌将名片随意搁置,尤其不能放在裤子后面的裤袋或拿在手中摆弄。如果交换名片后需要进一步交谈,可将名片放在桌上最显眼的位置,切忌敲打名片,不要在名片上放东西,不能在对方的名片上做谈话记录。

接收他人的名片后,应先收好他人的名片,再立即向对方回送自己的名片。若自己没带名片或名片送完了,则应友好礼貌地向对方解释并表示歉意,而后在空白纸片上写下名字和联系方式递给对方。

(三)保管名片

名片是个人身份的象征,应当对其珍惜,将其放置在名片夹内,保持其干净整洁,切不可折皱、污损、涂改等。应定期对名片进行整理,可按关联性、重要性、熟悉度、互动性将其进行分类,也可按区域分(比如国别、省份、城市等),按人脉资源性质(如同学、朋友、客户、专家等)分类,还可以按行业分类,以便工作、交际沟通需要时查找。

五、实训步骤及要求

1. 学生自由分组,每个小组约 4 ~ 5 人。

2. 每小组按个人或集体提名推荐、民主(选举)等程序产生 1 名组长,然后由组长组织管理组员进行实际操作训练。

3. 各个小组对实训成果进行汇报交流,并对实训成果进行考核,成绩评定以小组为单位。

六、能力和知识拓展

大四学生李鹏去某健康管理公司应聘,招聘主管是位女士。因为事先看过李鹏的简历,女主管觉得李鹏很有实力,对他比较欣赏。面试进行得很顺利,李鹏给女主管留下很好的印象。当面试结束时女主管朝李鹏热情地伸出右手,李鹏赶忙伸手相握,他手心朝下,紧紧握住女主管的手。女主管面露微妙的惊异之色。她想:这个小伙子太傲了。李鹏就这样被女主管从新员工名单中划掉了。

第六节　商务礼仪实训

第一项　会议礼仪

一、知识准备

会议礼仪是指公务人员在筹备会议、组织会议、主持会议以及参加会议的过程中应该遵守的各种礼仪规范。会议礼仪包括会议组织礼仪、会议主持礼仪和会议参与礼仪等方面。

二、实训目标

1. 巩固会议礼仪含义、会议组织礼仪、会议参与礼仪等主要知识点。
2. 培养学生相关会议礼仪的基本能力。
3. 提高学生熟练掌握会议礼仪及运用到实际中去的能力。

三、实训环境

模拟演练室或小型会议室 1 间,台签若干个,话筒 2 个,普通 A4 纸若干张。

四、实训内容

计划缜密而且落实到位的会议前期准备工作,是会议成功举办的前提条件。所以,无论举行哪种类型的会议,作为会议的组织者,都应该做好会议准备工作。

1. 确定会议名称和主题

会议主题是整个会议的目标,会议的主题可以用会议名称直接体现。

2. 成立会务小组

会务组成员应该分工明确,工作时各司其职,成员之间应该定期沟通,及时协调各种可能出现的问题。

3. 确定会议时间

会议召开的最佳时间,应该考虑主要领导及重要嘉宾能否出席,会期的长短应与会议内容紧密联系。

4. 确定会议规模和与会人员

根据精简效能的原则确定会议规模,与会人员应该是会议主题的相关人员。

5. 确定会议地点

召开会议的地点应根据会议的规模和内容等要求确定,应该选在交通便利、设施齐全、大小适中、环境安静、停车方便、费用合理的场所。

6. 安排会议议程

会议议程与日程安排是指一定时间内对会议各项活动的先后顺序所做出的具体安排。

7. 制发会议通知

会议通知的内容包括会议名称、时间、地点、与会人员、议题及要求等。会议通知的发送形式有正式通知和非正式通知,会议通知的方式有书面、口头、电话及邮件。

8. 准备会议资料

会议资料主要有议程表和日程表、会场座位分区表和主席台及会场座次表、主题报告、领导讲话稿、其他发言材料、开幕词和闭幕词、其他会议材料等。这些资料应装入文件袋,会前分发给与会人员。

9. 制作会议证件

有些会议还需要制作会议证件,会议证件的内容包括会议名称,与会者单位、姓名、职务、证件号码等。有些重要证件还应贴上与会者本人的照片,加盖印章。

10. 确定会议用品

会议所需用品和设备分为包括必备用品和特殊用品。必备用品是指各类会议都需要的用品和设备,包括签到表、文具、桌椅、茶具、扩音设备、照明设备、空调设备、投影和音箱设备等;特殊用品是指谈判会议、庆典会议、展览会议等特殊类型会议所需的特殊用品和设备。

11. 安排会议座次

会议座次的安排和会场的布置应根据实际情况而定。为给予某些与会者必要的尊重,需按照一定的惯例和规则进行座次的排列,会前应准备好台签,并在会议开始前摆放好,以便相关人员按台签对号入座。

12. 做好接待工作

为了保证会议举办成功,会议举办方还应做好接待工作,如进行与会人员的车辆安排、与会人员的食宿安排等。

笔记

五、实训步骤及要求

1. 学生自由分组,每个小组约 4~5 人。

2. 每小组按个人或集体提名推荐、民主(选举)等程序产生 1 名组长,然后由组长组织管理组员进行实际操作训练。

3. 各个小组对实训成果进行汇报交流,并对实训成果进行考核,成绩评定以小组为单位。

第二项 接待礼仪

一、知识准备

接待是指个人或单位以主人的身份迎接、接洽、招待来访人员,以达到某种目标的社交方式。接待过程中规范的礼仪可以增进双方情感、提高工作效率、促进双方关系的发展。

(一)邀约礼仪

邀约是指一方邀请另一方在约定的时间、地点参加会议、专题活动、商务宴请等,邀约有正式邀约和非正式邀约。

(二)拜访和迎送礼仪

1. 拜访礼仪

无论是公务往来还是私人交往,拜访都是社交中较常运用的一种方法。拜访亦称拜会,是指拜访者前往对方所在的工作单位、住宅等地点会晤、探望、接触、沟通的一种交际活动。

2. 迎送礼仪

迎送客人要讲究礼仪和技巧,只有热情、周到、礼貌待客,才能让客人获得尊重的感觉。

(三)馈赠礼仪

"礼尚往来"是中国的传统,赠送礼品是传递友情、表达感谢的一种方式。馈赠礼品需要遵从一定的礼仪规范,否则将会弄巧成拙,非但不能拉近人际距离,反而还会令对方不悦。

二、实训目标

1. 巩固接待定义,掌握邀约、拜访、迎送和馈赠相关礼仪等主要知识点。

2. 培养学生相关接待礼仪的基本能力。

3. 提高学生熟练掌握接待礼仪及运用到实际中去的能力。

三、实训环境

模拟演练室或小型会议室 1 间,台签若干个,话筒 2 个,普通 A4 纸若干张。

笔记

四、实训内容

（一）邀约礼仪

1. 正式邀约

主要包括请柬、书信、电子邮件和书面形式，一般适用于正式的商务交往和公务交往中。

（1）请柬

请柬，又名请帖，一般由正文与封套两部分组成。请柬的正文必须包括活动形式、活动时间、活动地点、活动要求、联络方式及邀请人等内容。在请柬的封套上，被邀请者的姓名要书写正确、清楚、端正，一方面是表达对被邀请者的尊重，另一方面也是为了确保请柬被准时、准确送达。

（2）书信

以书信形式向对方发出的邀约称为书信邀约，其正式程度次于请柬邀约。用来邀约他人的书信，措辞不必过于拘束，其基本要求是言简意赅，既要说明问题，又要传达友好之意。书信邀约应当可以打印，并由邀请人亲笔签名。比较正式的邀请信又称为邀请函或邀请书。传真邀约是书信邀约的一种，在具体格式、内容方面与书信邀约大同小异。

（3）电子邮件

随着信息化程度的日益提高及网络的普及，电子邮件成为信息传递、人际沟通的重要媒介。越来越多的单位通过电子邮件的形式发起邀约，其格式、内容与书信邀约相似。电子邮件邀约具有传递速度快、传递成本低的特点，目前已被广泛使用。需要注意的是，发送电子邮件邀约时需要检查电子邮箱地址是否正确，邮件发送后要通过电话或者邮件予以确认。

2. 非正式邀约

在有些场合，商务或者公务人士在进行个体接触时，还会采用便条邀约，即将邀约内容写在便条上，然后留交或请人代交给被邀约人。便条邀约语言更加随意，有时反而能给被邀约者亲切之感，从而拉近人际距离。根据惯例，便条所选的纸条应干净、整洁，用以邀约他人的便条应装入信封之内。

3. 邀约的注意事项

邀约时至少提前一周将请柬、邀请函送达受邀请人手中。收到邀约后，无论邀约者是否规定答复时间，均应尽快做出回复，以便对方做出工作计划与安排。如果是书信形式的回函，受邀者在回复时需要亲笔签名以表重视。在回函的行文中，需要表达出对对方的感谢与尊重，并且就能否接受邀约做出明确答复。回函的具体格式可参照收到的书面邀请，在人称、称呼、语气、措辞等方面与之呼应即可。在写接受函时，需将有关的时间、地点再重复一下，以便与邀约者再次确认。回函通知邀约者是否接受邀请后，不能随意修改，亦不能临时爽约，否则会扰乱对方的工作计划，给对方带来很多麻烦。受邀者赴约时，应遵循邀约上规定的赴约要求，包括着装、座位等方面的要求。拒绝邀约时，要注意拒绝理由充分，出差、有约在先、卧病等均可采用。在写拒绝函时，要注意向邀约方表示感谢，也为自己未能参加活动表示遗憾。

（二）拜访和迎送礼仪

1.拜访礼仪

（1）拜访时间选择

拜访时间尽量不要安排在对方业务繁忙的时间。对于大多数单位来讲，周一往往会比较繁忙，尤其是周一上午，需要进行一周的工作布置，会议比较多。拜访客户时要选择合适的时间：一是选择客户不太忙碌的时间，避免选择对方刚刚上班或者接近下班的时间；二是选择客户心情好的时间，如对方单位获得奖项、对方单位经济效益较好、对方个人有喜事等；三是客户工作告一段落的时间，这是拜访客户的最佳时间，因为客户在这个时段比较轻松，往往愿意与你进行深入的交谈。

（2）拜访前的预约

拜访客户时要提前预约，避免贸然拜访。在与客户约定时间时，要尊重对方。为了保证客户约定的时间和你自己的时间不存在冲突，在与客户约定时间时，要给对方时间框架，对方就可以在你给定的时间范围内做出选择。在与对方预约时，除了确定拜访日期和拜访时间外，还应告知对方将要面谈的事宜。面谈的事宜较多时，应提前给对方发送电子邮件逐条列出面谈事项，使对方事先做好准备，提高洽谈效率。另外，还应告知对方前往拜访的人数、姓名、职位或者职称，以便对方做出合理的会客安排。

（3）拜访材料准备

文件资料、名片及必要的笔、纸张用品都应提前准备，避免出发时手忙脚乱，遗漏物品。拜访前应打电话再次确认，尤其是在预约时间距离会面时间较久时，应在约定见面的前一天打电话或发短信息确认，一方面可以避免对方因为业务繁忙忘记与你约会的事宜，另一方面也可给对方留下细致、严谨、礼貌的印象。

（4）仪表仪容的修饰

这是对拜见对象尊重的表达。拜访客户时，应穿正装，切忌穿休闲装；头发、面部都应干净、整洁。女士可以化淡妆，但切忌浓妆艳抹，以表达对对方的尊重，同时也使自己看起来精力更加充沛。保持头发干净，女士如果是长头发宜将头发盘起，以给对方留下干练的印象。

（5）按时到达

双方约定了具体时间，拜访者应按照约定的时间按时到达，如果有特殊原因导致迟到或不能赴约时，应及早通知对方，说明原因并表示歉意，取得对方的谅解。

（6）进门守礼

进入办公室或会客室前，不管门是否开启，均应先轻敲房门两至三次，得到允许后方可入内，切忌不敲门，将头探进去东张西望。如果对方正在开会或者有其他客人在场，应主动退在门外等候。如果对方约定在会客室见面，约定的时间到时，对方还没有来，可以给对方发手机短信告知对方你已到达，并安静等候，这样既保证对方知晓你已经到达，也不会打扰对方。如果是初次拜访，应向接待人员进行自我介绍或者递名片。如果已事先约好，应告知接待人员约会事宜，让接待者做好安排。见到接待者时应当热情问好，房间有其他人时，也应点头致意或礼貌寒暄。接待者未请入座时，切忌随便落座。接待者请坐后，应按指定的位置入座。如果接待者请随意坐，要注意不要坐在对方的办公座位上，以免影响他人办公。有其他人来访时,也应起身相迎,点头致意或等待介绍。有人上茶时,应起身双手迎接并表示感谢。

（7）谈话礼仪

谈话时要开门见山,直奔主题。谈话时间一般控制在15分钟至半小时之内。要注意观察拜访对象的神态举止,当拜访对象表现出不耐烦或难为情绪时,应转换话题。与拜访对象意见存在分歧时,不要争论不休,适可而止。当对方有结束会见的表示时,应及时起身告辞,并感谢对方的热情接待。

2.迎送礼仪

（1）迎接客人的礼仪

一般的客人不需要去机场或者车站迎接,只需要在工作单位恭候。客人抵达时,如果是熟人,则需主动向前握手,并热情问候;如果来客是陌生人,接待人员应首先做自我介绍,然后主动询问。如果来者是尊贵的客人,则需要做好以下工作:

①掌握客人准确抵达时间

应事前与客人沟通,掌握客人乘坐的交通工具及具体抵达机场或车站（码头）的时间,接待人员应提前抵达接待地点等候,在客人抵达前电话或短信告知接待人员已经抵达,以示重视和尊重。

②接待人员的安排

如果来的客人是本单位的上级领导,则需要本单位职级最高的领导携相关人员去迎接。

③相互介绍

客人与迎接人员见面时,应相互介绍。根据常规,先将前来接待的人员介绍给贵宾,可由迎接人员中身份最高者介绍,也可由其他接待人员介绍。

④鲜花安排

如果安排献花环节,须准备鲜花,且为花束或花环,并保其新鲜、艳丽。切忌菊花、杜鹃花、石竹花或其他黄色花朵。鲜花通常由儿童或女青年与迎接的客人握手后双手献上,并表示欢迎。

⑤乘车礼仪

接待人员应主动为客人打开右后侧车门,手背贴在近车门顶部,以免客人撞上车门顶部。接待人员职位最高者陪同客人坐在后排。随行的另外一位接待人员坐在侧驾。如果由主人亲自驾车迎接,客人需坐在侧驾位置,以表示信任与尊重。

（2）欢送客人的礼仪

①真诚礼貌

欢送客人时应走在客人后面,将客人送至电梯口、门口或汽车旁,与客人热情握手,目送客人离开或上车。客人上车后,出于礼貌会摇下车窗,与主方挥手告别,主方应挥手致意,待客人离开后,方可转身返回。

②为客人提供帮助

客人离开时要提醒客人检查随身物品是否遗漏;如果客人离开时携带的物品较多较重,送客时应主动帮助客人提重物。

笔记

（三）馈赠礼仪

1.馈赠礼品的选择

（1）纪念性

所谓"千里送鹅毛，礼轻情意重"，馈赠的礼品不一定很贵重，但最好具有纪念性或象征意义。具有纪念意义的礼品容易使受礼者"睹物思人"，达到送礼的目的。

（2）宣传性

馈赠的礼品可以通过注入特定的意义，发挥宣传品牌形象的作用，既节约了宣传费用，也扩大了礼品的内涵。

（3）便携性

礼品必须考虑便携性，尤其是针对远道而来的客人。选择礼品时要考虑礼品的重量、体积，否则客人因不方便携带，可能会中途弃之，从而失去了馈赠的意义。

（4）独特性

礼品最好具有独特性，做到"人无我有"，以便给受礼者留下深刻的印象。

（5）时尚性

礼品应具有时尚性的特征。刚上市的东西作为礼品馈赠他人，令受礼者耳目一新，难以忘怀，能实现送礼的预期目的。

（6）习俗性

"十里不同风，百里不同俗"，有些礼品对于送礼人来说十分珍贵，也具有很好的象征意义，但在其他地域，或对于其他民族可能是忌讳的，这样的礼品送人，会引起对方的不悦，引发不良的联想。

2.馈赠的原则

（1）符合身份

应根据馈赠的对象选择合适的礼品。在商务场合，鲜花一般只送给女士。但如果邀请嘉宾做演讲，无论男女都可送鲜花，但一般不能送玫瑰。另外，菊花亦不宜用来做商务或社交馈赠，因为菊花一般会在葬礼、祭扫时使用。赠送鲜花的数量也有考究，送给外国人时一般只能送单数，但切忌送1支或13支。在国外1支是求爱的表示，而"13"是不吉利的暗示。赠送礼品时规格要高，如果来访者是贵宾，则由己方职位最高、影响力最大的人将礼品送上；如果是一般的客人，将由职位或影响力稍高一级的人负责馈赠。

（2）符合规范

根据礼品礼仪规范，礼品的选择应遵循"六不准"原则。第一，违反法律、法规的礼品不能送。第二，价格昂贵的礼品不能送，因为有行贿受贿之嫌。第三，涉及国家安全与商业机密的礼品不能送，如企业的秘方、配方、秘密技术、专利等。第四，药品不能送、馈赠保健品要慎重。药品、保健品均与疾病相关，容易使对方产生不良的联想。但如果送给患者，就另当别论了。第五，触犯行业禁忌、民族禁忌、宗教禁忌的礼品均不能送，如印度教徒不用牛皮制品、伊斯兰教不接受猪肉食品类的礼物、阿拉伯国家忌送酒类。第六，带有广告色彩的礼品不能送，如果送自己公司广告礼品尚可接受，但如果送其他公司广告产品则带有明显的轻视对方、怠慢对方的意思。

按照国际惯例，馈赠他人的礼物要做精致的包装，以表示对接受礼品者的尊重。送出礼品的同时要加以适当的说明,如说明我方送的礼品是什么,礼品的用途和内涵是什么。

(3)符合时机

客人送主人礼品应当选择在初次见面时送;主人送客人礼物应选择客人离开时。如果刚见面时送给客人,由于客人还需要处理其他事务,将给客人带来不便。如果是因公送礼,送礼地点最好选择办公室;如果是因私送礼,则选择对方的住所或私下场合。

3. 接受礼品的礼仪

接受对方礼品时,需要伸出双手去接,切忌双手接过后将礼物扔在一旁,不置可否,切忌询问对方礼品的价格,礼物一般不要转赠他人。在国际交往中,接到对方礼物后,需要打开包装,仔细观看,再表示喜欢和感谢。

五、实训步骤及要求

1. 学生自由分组,每个小组约 4 ~ 5 人。

2. 每小组按个人或集体提名推荐、民主(选举)等程序产生 1 名组长,然后由组长组织管理组员进行实际操作训练。

3. 各个小组对实训成果进行汇报交流,并对实训成果进行考核,成绩评定以小组为单位。

第三项 宴会礼仪

一、知识准备

(一)概述

宴会是指以宴请为形式的一种重要的社交应酬,是因习俗或社交礼仪需要而举行的宴饮聚会。宴会实际上是一种社交活动,是有桌次、席次之分的正式就餐,是公关活动中的一项重要的工作。

宴会按其规格可分为国宴、正式宴会、便宴、招待会、酒会、茶会、工作餐、家宴等,可以在早上、中午和晚上举行。一般来说,晚宴较之白天的宴会更为隆重。国宴规格最高,是国家元首或政府首脑为国家庆典或为来访的外国首脑或政府首脑举行的正式宴会。宴会厅悬挂国旗,并有乐队奏乐,席间进行致辞和祝酒。正式宴会须摆放座位签,宾客主要依据身份就座。便宴是非正式的宴会,进餐时比较随意,不刻意进行座位排列,不做正式发言。

(二)宴会的准备工作

1. 明确对象、目的和形式

宴会一定首先要明确宴请的对象,主宾的身份、国籍及爱好,以此来确定宴会的规格、主陪人、餐式。其次,要明确宴会的目的。是为表示欢迎、答谢,还是为了表示庆贺、纪念?明确了目的,也就便于安排宴会的范围和形式。宴请哪些人参加,需要哪些人作陪都要认真考虑。对出席宴会的人员还应列出名单,写明职务、称呼等。一般来说,规格高、人数较少的宴请采用宴会形式,如果是人数众多的宴请,安排宴会就不太适宜,通常

笔记

是采用冷餐会和酒会。

2. 选择时间和地点

宴会时间的选择既要考虑宴会的需要,又要考虑主宾双方都能接受的时间,一般不选择在重大节日、假日,也不安排在双方禁忌日。选择宴会日期,要与宾客进行商定,然后再发出邀请。地点的选择也要根据规格来考虑,规格高的安排在高级饭店,一般规格的则根据情况安排在适当的饭店进行。还需要注意的是,地点的选择要双方都适宜,不能选择离自己组织较近,但离对方组织很远的地方,这样对方会感觉对他们不够重视。

3. 发送请柬

宴会的目的、时间、地点等要素确定后,下一步就是发请柬了。宴会一般都要用请柬正式发出邀请,这样做一方面出于礼节,一方面也是请客人备忘。请柬内容应包括活动的主题、形式、时间、地点、主人姓名。请柬的书写要清晰美观,打印要精美,一般应提前两周发出。这样可以让被邀请人有充分的时间来对自己的近期活动日程进行安排。此外,还可以在宴会的前期打电话给被邀请的单位,询问对方是否能如期而至,以确保到宴会的准确人数,从而安排好宴会。同时,在书写请柬的时候要注意,千万不可将对方的单位和姓名写错,否则可能会造成被邀方的不满,影响今后的工作。

二、实训目标

1. 巩固宴会定义、准备、席位安排、餐前后礼仪等主要知识点。
2. 培养学生相关宴会礼仪的基本能力。
3. 提高学生熟练掌握宴会礼仪及运用到实际中去的能力。

三、实训环境

模拟演练室或小型会议室 1 间,台签若干个,话筒 2 个,普通 A4 纸若干张。

四、实训内容

(一)宴会席位排列

正式的宴会,都有桌次、席次的安排。方法如下:

方法一,主人大都应面对正门而坐,并在主桌就座。

方法二,举行多桌宴请时,每桌都要有一位主桌主人的代表在座。位置一般和主桌主人同向,有时也可以面向主桌主人。

方法三,各桌位次的尊卑,应根据距离该桌主人的远近而定,以近为上,以远为下。

方法四,各桌距离该桌主人相同的位次,讲究以右为尊,即以该桌主人面向为准,右为尊,左为卑。按照尊卑位次排列。

(二)入座的礼仪

先请客人入座上席,再请长者入座客人旁,依次入座,入座时要从椅子左边入座。作为主人,在入座之前,应走到每个没见过的客人旁,伸出手去自我介绍;对自己相识的客人,要叫出他的名字打个招呼,这样的姿态会给客人留下深刻的印象。

入座后姿势端正,保持稳重,不能前后摇摆。应腰板挺直,膝盖放平。不得跷二郎腿,不得把腿张成八字形、伸懒腰、松裤带、摇头晃脑、伸展双臂做体操等。

(三)就餐中的礼仪

1.就餐开始

当大家就座后,一般主人先有个开场白,包括介绍来宾、聚餐的意义、祝福、感谢大家出席等。进餐时,一般主人宣布开始并动筷后,方可用餐。家宴中长者先动筷子,然后大家跟随。

2.就餐中的注意事项

在进餐时要适时地抽空和左右的人聊几句风趣的话,以调和气氛,不要光低着头吃饭,不管别人,也不要狼吞虎咽地大吃一顿,更不要贪杯。同时要不违食俗、不坏吃相、不争抢菜、不乱挑菜、不清嗓子、不乱走动、不乱吸烟。

3.用筷禁忌

一忌犹豫不决,不知该如何下筷;二忌用筷子搅动碗中的菜肴,挑菜拣食;三忌筷当叉戳食;四忌持筷撕拉口中的菜、肉;五忌一面滴着汤汁,一面把菜夹进嘴巴;六忌用筷子当牙签挑剔牙缝中的菜肴;七忌用嘴舔筷子;八忌把筷架在碗上或插在饭碗中;九忌用自己用过的筷子传递菜肴;十忌持筷说话指人;十一忌撕夹菜太鲁莽,与别人的筷子打架。

(四)餐后礼仪

餐后不在他人面前嗫牙。最后离席时必须向主人表示感谢或者向主人发出邀请,以示回敬。

宴会完毕,便可以告辞,这时主人若已经站在门口准备送客了,你可以顺着众客人走到主人面前,跟主人握手,说声谢谢。千万不要拉着主人的手谈话,即使你有很多的话要跟主人说,也该留待他日有空再谈,免得阻碍人家送客。

五、实训步骤及要求

1.学生自由分组,每个小组约4~5人。

2.每小组按个人或集体提名推荐、民主(选举)等程序产生1名组长,然后由组长组织管理组员进行实际操作训练。

3.各个小组对实训成果进行汇报交流,并对实训成果进行考核,成绩评定以小组为单位。

六、能力和知识拓展

某分公司要举办一次重要会议,请来了总公司总经理和董事会的部分董事,并邀请当地政府要员和知名人士出席。由于出席的重要人物多,领导决定用U字形的桌子来布置会议桌。分公司领导坐在位于U字横头处的下首。其他参加会议者坐在U字的两侧。在会议当天开会时,贵宾们都进入了会场,按安排好的座签找到了自己的座位就座,当会议开始时,坐在横头桌子上的分公司领导宣布会议开始,这时发现会议气氛有些不对劲,有贵宾相互低语后借口有事站起来要走,分公司的领导人不知道发生什么事或者出了什么差错,非常尴尬。

（引自:刘金同等.实用社交礼貌礼仪教程[M].北京:北京大学出版社,2013.）

[参考文献]

[1]吴焕林等.公关实务与礼仪[M].北京:国防工业出版社,2009.

[2]王悦.公共关系学[M].北京:人民卫生出版社,2013.

[3]隋树杰.人际沟通及礼仪[M].北京:人民卫生出版社,2013.

[4]申俊龙等.公共关系学[M].北京:科学出版社,2006.

[5]刘金同等.实用社交礼貌礼仪教程[M].北京:北京大学出版社,2013.

[6]董媛等.社交礼仪实务[M].北京:北京理工大学出版社,2013.

[7]金正昆.涉外礼仪教程[M].北京:中国人民大学出版社,2005.

（任建萍　钟姝雅　刘肖肖）

笔记

第五章

办公自动化能力实训

第一节　文字处理软件

一、知识准备

（一）文字处理软件简介

文字处理是各种办公活动中最基础的工作，也是计算机进入办公室后最早涉及的办公领域。文字处理需要借助文字处理软件来实现，目前常用的主要是 Microsoft Office 和国产的 WPS Office。需要说明的是，一个好的文字处理软件，绝不仅仅是誊写工具，更重要的是，要能帮助用户完成写作的过程：文章构思、编写大纲、输入编辑、结构控制、格式编排，直到打印输出。在网络文化环境支持下，还可以实现多人协同合作，共同编辑相关文档，通过设置还可以保留每个人的修改"痕迹"，对多人的修改还可以进行合并处理。

（二）文字处理软件的功能特点

1. 文件储存。使用户可以在操作的任何时候将文件储存起来，使文件不被破坏、丢失，同时，可以在需要的时候随时调出，这是后面编辑、排版、输出的基本前提。

2. 内容编辑。包括光标移动、定位与选择、移动、复制、修改、插入、删除、查找、替换等操作，同时在操作错误时，能够及时进行撤销。

3. 简单排版。其中包括字符、段落、页面的排版处理，同时包括一些特殊对象的修饰。

4. 输入校验。软件应该具有内置词典，可以对输入的文字进行查错、纠错或者错误提示处理。必要时还要进行语法错误检查；同时，还要允许用户建立自己相应的词典。

5. 内容输出。其包括打印输出版面、特殊输出效果的定义和设计，以及直接利用网络将文字处理的软件制作的文档作为电子邮件或者网页输出到其他地方。

6. 提供输入输出接口。使得其软件具有开放性，可以方便地同其他软件或者系统进行信息交互。如与电子表格、数据库、排版系统以及其他业务处理系统等。

7. 对象的嵌入与链接。好的文字处理软件可将其他系统制作的公式、表格、图画乃至声音、动画、视频等作为对象与文本链接，从而实现动态更新和多个软件之间的协同使用。

（三）文字处理软件的操作流程

在办公实践中，文字处理软件的操作流程大多如下：

录入→编辑→排版→页面设置→打印预览→打印输出

1. 录入。包括文字、符号以及图片、声音等多媒体对象的采集、导入。

笔记

2.编辑。内容录入完成后必须对文档内容进行编辑,主要包括选取、复制、移动、添加、修改、删除、查找、替换、定位、校对等。

3.排版。包括字体、段落格式设置,分页、分节、分栏排版,边框、底纹设置,文字方向、首字下沉,图文混排设置、多媒体对象排版等。

4.页面设置。文档在正式打印之前必须根据需要进行页面设置,包括纸张设置、页面边界设置,装订线位置以及宽度设置,每页行数、每行字数设置,页眉页脚设置等。

5.打印预览。就是指在屏幕上模拟显示文档的打印效果。如果对效果满意就进行打印,不满意,则返回编辑状态重新编辑。

6.打印输出。利用文字处理软件制作的文档最终输出有两个方向:一个是打印到纸张上。另一个是制作电子文档或者网页来通过网络发布。如果是前一个目的,必须进行打印输出这个环节,它主要包括打印机选择、打印范围确定、打印份数设置以及文档的缩放打印设置等。

二、实训目标

1.巩固 Word 2010 文字处理软件的相关概念、功能及特点、常用操作方法等主要知识点。

2.培养学生应用 Word 2010 文字处理软件的基本能力。

3.提高灵活掌握运用 Word 2010 文字处理软件解决在实际工作生活中遇到相关问题的能力。

三、实训环境

1.硬件环境:多媒体计算机。

2.软件环境:Windows 操作系统、Word 2010 文字处理软件、下载上机练习题(http://pan. baidu. com/s/1nvTQW0x)。

四、实训内容

实训一

打开"练习 1"目录(文件夹)下的素材文件"WD001. docx",试对文档进行编辑、排版和保存。具体要求如下。

1.设置标题文本:字体为"隶书",字号为"三号",字形为"加粗",字符颜色为标准色中的"蓝色",给文本加阴影(效果为:外部→向下偏移),且居中显示。

2.标题与正文之间的间距为 0.5 行。

3.复制第一段正文使之成为第二段。

4.设置第一段正文:左右各缩进 0.8 厘米,首行缩进 2 个字符,行间距设置为固定值 20 磅。

5.将第一段正文字符间距加宽 1.1 磅。

6.把上述两步对第一段正文的设置定义成样式,并命名为"考试样式",设置第二段格式采用"考试样式"。

7.设置页面单线边框(线的颜色为标准色中的红色),应用范围为整篇文档。

8.在第二段后另起一段,插入 3 行 4 列表格,输入表头文字"姓名、英语、语文、数学",且设置为黑体小四号,整个表格行高设置为0.9厘米,列宽设置为3厘米,将整个表格居中,表头文字都设置为"靠下居中"对齐方式。

9.在表格下方插入任意剪贴画,设置环绕方式为"上下型",加3磅双实线边框,线条颜色选黑色。

10.在剪贴画下方插入艺术字,采用第2行第4列样式,输入的文本为"杭州欢迎你",改变艺术字样式即把它的"文本效果"设置为"正V形"。

11.操作完成后以原文件名保存在"练习1"文件夹下,然后关闭文档窗口。

操作整体效果如图5-1所示。

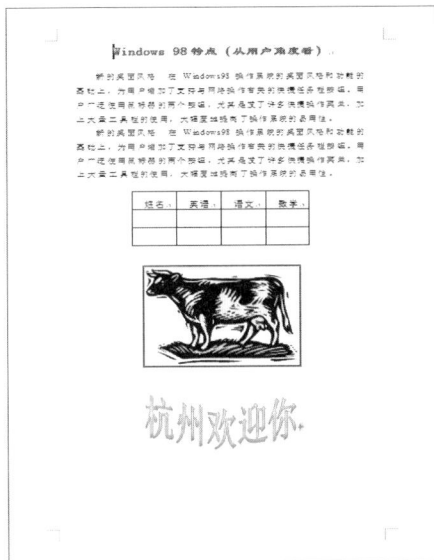

图5-1　练习1操作结果

实训二

打开"练习2"文件夹下的素材"WD002.docx",试对该文档内容进行编辑、排版和保存,具体要求如下。

1.将标题文本应用于"标题1"("标题1"是系统内置的样式),并居中显示。

2.将第一段正文中的所有"用户"一词的格式设置为:加粗、单下划线。

3.将文本"传阅"作为水印插入文档。

4.插入页眉页脚:页眉内容为"计算机应用基础",页脚内容为"本文档共一页",页眉页脚设置为:小五号字、宋体、居中。

5.在第三段正文首字前插入"练习1"文件夹下的"春天.jpg"图片,将文字环绕方式设置为"四周型",文字自动换行"只在右侧"。

6.在第四段前插入图形笑脸(位于"基本形状"中),设为四周型,调整合适大小,图形设置无填充,线型颜色选红色。

7.操作完成后以原文件名保存在"练习2"文件夹下,然后关闭文档窗口。

操作整体效果如图5-2所示。

用户对 Windows 2010 的看法

新的桌面风格　在 Windows 7 操作系统的桌面风格和功能的基础上，为**用户**增加了支持与网络操作有关的快捷任务栏按钮。**用户**广泛使用鼠标器的两个按钮，尤其是为**用户**开发了许多快捷操作菜单，加上大量工具栏的使用，大幅度地提高了操作系统的易用性。

新的桌面风格　在 Windows 7 操作系统的桌面风格和功能的基础上，为用户增加了支持。相比较于 Windows XP 来说，随着时间的推移，用户越来越喜欢 Windows 7 操作系统，大家注意，赶快将自己的操作系统升级到 Windows 7 吧！

本章主要讲述了文字处理软件 Word 2010 的使用。Word 2010 是微软公司办公系统 Office 2010 套装软件的组件之一，可以实现文字编辑、排版、表格制作、图文混排、打印输出等功能，适合于一般工作人员或专业人员使用。通过本章的学习，要求了解中文 Word 2010 的基础知识，掌握文字录入与编辑、文档排版、图文混排、表格制作以及文档打印等方法，能熟练使用 Word 2010 软件进行文字处理操作。如果不希望任务窗格出现在屏幕左边而占据过多的编辑区域，可以拖动任务窗格标题栏的左侧，任务窗格会从屏幕左边的固定位置跳出来，然后将其拖到其他希望的位置。

打开考生文件夹下的文件，并按照下列要求进行排版。打开考生文件夹下的文件，并按照下列要求进行排版。打开考生文件夹下的文件，并按照下列要求进行排版。打开考生文件夹下的文件，并按照下列要求进行排版。打开考生文件夹下的文件，并按照下列要求进行排版。电脑文字处理工作的基本要求是快速、正确，所谓又快又好。但传统方式进行手工文字处理时，既耗时又费力。机械式或电动式打字机虽然速度稍快，但还有诸多不便。使用计算机进行各种文档处理能较好地完成文字，但还有诸多不便。

本文档共一页

图 5-2　练习 2 操作结果

实训三

打开"练习 3"文件夹下的素材文件"WD003.docx"，试对该文档进行编辑、排版和保存，具体要求如下。

1. 将标题处理成艺术字的效果（选择第 3 行第 2 列样式），并把文字环绕方式设置为"上下型"。

2. 将正文所有段落首行缩进 0.75 厘米，段后间距为 6 磅。

3. 将第一段正文中的"计算机"替换为"Computer"（不包括双引号）。

4. 设置第二段正文首字下沉 2 行，首字的字体设置为"楷体"。

5. 将第三段正文设置为等宽的两栏，栏间距加分隔线。

6. 在"平均分"列前插入一个空白列并输入：综合、76、88。

7. 用 Word 提供的公式计算两位学生的平均分并插入到相应的单元格内。

8. 在表格下方复制一个表格（要求表格之间隔一个空行），然后将上一个表格套用

笔记

186

内置“简明型 1”表格样式，并将该表格居中。

9. 将下一个表格转换成文本，文字分隔符为“逗号”。

10. 设置页面：纸张，A4（21 厘米 ×29.7 厘米）；页边距，左 2.1 厘米，右 2.3 厘米，上 2.8 厘米，下 3.0 厘米。

11. 将整个文档内容（含标题）复制到文档最后（另起一段），然后插入页码：页码格式为“第 X 页共 Y 页”，并设置居中（说明：这里的 X、Y 是 Word 程序自动计算出来的，例如第一页页码显示为“第 1 页共 2 页”，第二页页码则显示为“第 2 页共 2 页”。补充说明，如果统考时把“插入页码”换为“插入页脚”，其实操作基本上是一样的）。

12. 操作完成后以原文件名保存在“练习 3”文件夹下，然后关闭文档窗口。

操作结果如图 3 所示（仅作参考）。

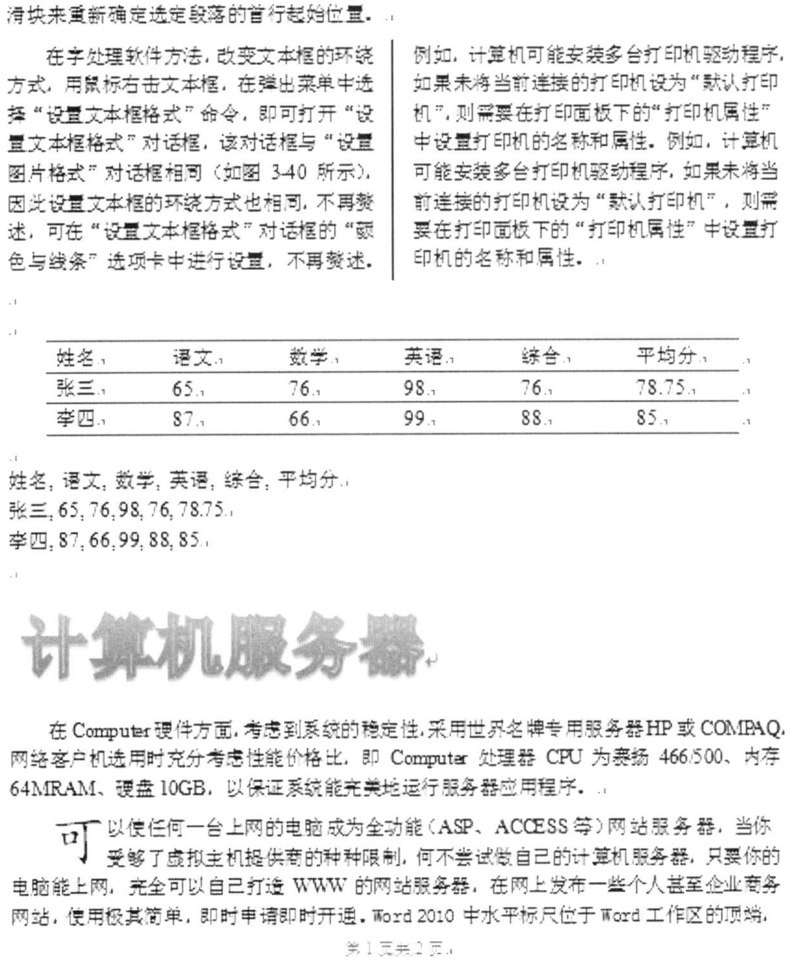

滑块来重新确定选定段落的首行起始位置。

在字处理软件方法，改变文本框的环绕方式，用鼠标右击文本框，在弹出菜单中选择“设置文本框格式”命令，即可打开“设置文本框格式”对话框，该对话框与“设置图片格式”对话框相同（如图 3-40 所示），因此设置文本框的环绕方式也相同，不再赘述，可在“设置文本框格式”对话框的“颜色与线条”选项卡中进行设置，不再赘述。例如，计算机可能安装多台打印机驱动程序，如果未将当前连接的打印机设为“默认打印机”，则需要在打印面板下的“打印机属性”中设置打印机的名称和属性。例如，计算机可能安装多台打印机驱动程序，如果未将当前连接的打印机设为“默认打印机”，则需要在打印面板下的“打印机属性”中设置打印机的名称和属性。

姓名	语文	数学	英语	综合	平均分
张三	65	76	98	76	78.75
李四	87	66	99	88	85

姓名，语文，数学，英语，综合，平均分
张三，65，76，98，76，78.75
李四，87，66，99，88，85

计算机服务器

在 Computer 硬件方面，考虑到系统的稳定性，采用世界名牌专用服务器 HP 或 COMPAQ，网络客户机选用时充分考虑性能价格比，即 Computer 处理器 CPU 为赛扬 466/500、内存 64MRAM、硬盘 10GB，以保证系统能完美地运行服务器应用程序。

可以使任何一台上网的电脑成为全功能（ASP、ACCESS 等）网站服务器，当你受够了虚拟主机提供商的种种限制，何不尝试做自己的计算机服务器，只要你的电脑能上网，完全可以自己打造 WWW 的网站服务器，在网上发布一些个人甚至企业商务网站，使用极其简单，即时申请即时开通。Word 2010 中水平标尺位于 Word 工作区的顶端。

第 1 页共 2 页

图 5-3　练习 3 操作结果

实训四

打开“练习 4”文件夹下的文件“WD004. docx”，试对该文档进行编辑、排版和保存，具体要求如下。

1. 将文档前三行文字转换成 3 行 5 列的表格，在第一行前插入 1 个新行，在第 1 个单元格中输入"成绩表",然后合并新行所有单元格,把"成绩表"文字居中。

2. 将第一段正文添加阴影边框,边框颜色为标准蓝色,应用范围为"段落"。

3. 将第二段正文填充"茶色、背景 2、深色 25%"的底纹,应用范围为"文字"。

4. 将第三段分为三栏,第一栏宽为 3 厘米,第二栏宽为 4 厘米,栏间距均为 0.75 厘米,栏间加分隔线。

5. 将第四段第 1 行文字加波浪线(使用"开始"选项卡下"字体"组中的"下划线"按钮操作),将第四段第 2 行文字加"着重号"。

6. 将第五、六段加上"方框型"项目符号(样式为"■",请注意,给段落加项目符号和插入"符号"不是同一个概念)。

成绩表				
姓名	英语	语文	数学	平均成绩
张学友	67	78	87	
刘德华	89	67	80	

打开考生文件夹下的文件,并按照下列要求进行排版。打开考生文件夹下的文件,并按照下列要求进行排版。打开考生文件夹下的文件,并按照下列要求进行排版。打开考生文件夹下的文件,并按照下列要求进行排版。打开考生文件夹下的文件,并按照下列要求进行排版。使用安装在一台个人计算机中的Windows操作系统。多个同时执行的应用程序分别用各自的不同窗口呈现在屏幕上,便于用户的选择和切换等新增加的特点,使其多任务的功能更加完备。使用安装在一台个人计算机中的Windows操作系统。多个同时执行的应用程序分别用各自的不同窗口呈现在屏幕上。

文字处理工作的基本要求是快速、正确,所谓又快又好。但传统方式进行手工文字处理时,既耗时又费力。机械式或电动式打字机虽然速度稍快,但还有诸多不便。使用计算机进行各种文档处理能较好地完成文字的编写,并能按要求实现反复打印输出。目前已广泛地被用于各个领域的事务处理中,成为办公自动化的重要手段。机械式或电动式打字机虽然速度稍快,但还有诸多不便。使用计算机进行各种文档处理能较好地完成文字的编写、修改、编辑、页面调整、保存等工作, 并能按要求实现反复打印

文字处理工作的基本要求是快速、正确,所谓又快又好。但传统方式进行手工文字处理时,既耗时又费力。机	械式或电动式打字机虽然速度稍快,但还有诸多不便。使用计算机进行各种文档处理能较好地完成文字的编写、页面调整、保存等工作。并能按要求	实现反复打印输出。目前已广泛地被用于各个领域的事务处理中,成为办公自动化的重要手段。目前已广泛地被用于各个领域的事务处理中,成为办公自动化的重要手段。

人们几乎天天都要和文字打交道,如起草各种文件、书信、通知、报告;撰写、编辑、修改讲义、论文、专著;制作各种账目、报表;编写程序;登录数据等等。文字处理就是指对这些文字内容进行编写、修改、编辑等工作。

■ 他在宝丽金的第一张个人国语专辑《如果你是我的传说》
■ 赢得了从专业乐评到普罗大众的一致掌声

文字处理工作的基本要求是快速、正确,所谓又快又好。但传统方式进行手工文字处理时,既耗时又费力。机械式或电动式打字机虽然速度稍快,但还有诸多不便。使用计算机进行各种文档处理能较好地完成文字的编写、修改、编辑、页面调整、保存等工作, 并能按要求实现反复打印输出。

★目前已广泛地被用于各个领域的事务处理中,成为办公自动化的重要手段。机械式或电动式打字机虽然速度稍快,但还有诸多不便。使用计算机进行各种文档处理能较好地完成文字的编写、修改、编辑、页面调整、保存等工作, 并能按要求实现反复打印目前已广泛地被用于各个领域的事务处理中,成为办公自动化的重要手段。时又费力。机械式或电动式打字机虽然速度稍快,但还有诸多不便。使用计算机进行各种文档处理能较好地完成文字的编写、修改、编辑、页面调整、保存等工作, 并能按要求实现反复打印。

笔记

图 5-4　练习 4 操作结果

7. 在第七段的"目前已广泛地被……"处将该段分为两段,在分出的第八段前插入符号"★"(注意:符号与项目符号有差别)。

8. 在第七、八段之间插入"练习4"文件夹下的"计算器.jpg"图片,将环绕方式设置为"衬于文字下方"

9. 添加右对齐页码(格式为 a,b,c,…,位置为:页面底端)。

10. 设置上、下、左、右页边距均为3厘米。

11. 操作完成后以原文件名保存在"练习4"文件夹下。

操作结果如图5-4所示(仅作参考)。

实训五

打开"练习5"文件夹下的素材文件"WD005.docx",试对该文档进行编辑、排版和保存,具体要求如下。

1. 将标题"电子与信息"置于文本框中,框线颜色为标准蓝色,纯色填充采用"主题颜色"中的"白色、背景1、深色25%"(仅提示一点:先选中标题,"插入"→"文本框"→"绘制文本框",选中文本框并右击选择"设置图形格式")。

2. 在第一段正文中插入竖排文本框,输入"文字处理概述",字符间距加宽1磅,字体为黑体、二号,并设置文本框高6厘米、宽3厘米,设置环绕方式为四周型并将它拖至右侧。

3. 在第二段正文中插入:椭圆(填充标准色中红色,所插入的图形默认是"浮于文字上方"的)、矩形(设置无填充,添加文字为自选图形)、带箭头的线条(线型宽度为1.5磅),并要求将它们如图5-5所示的样式放置。

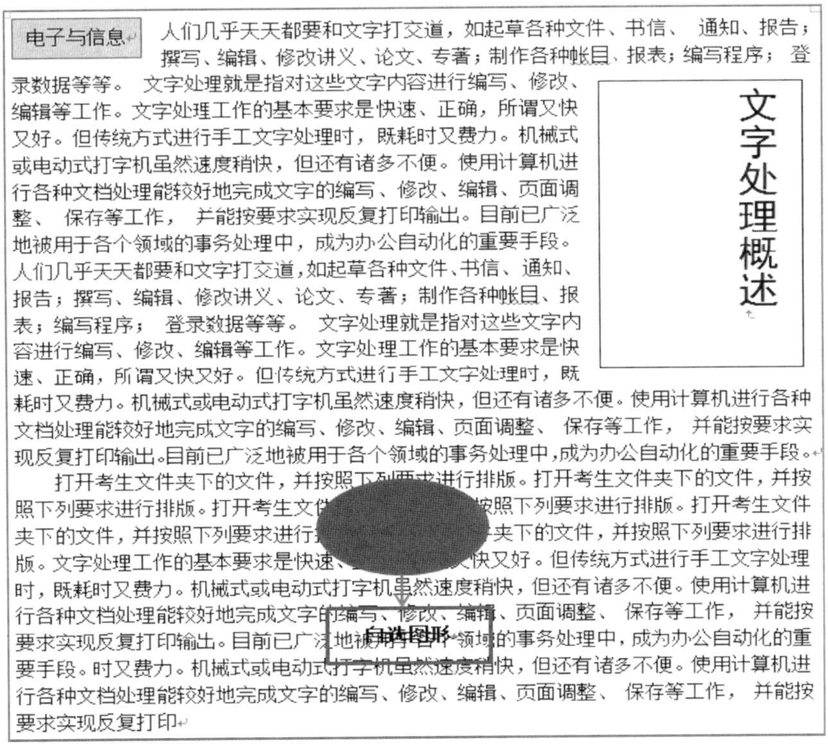

图5-5　练习5操作样式

4. 同时选中 3 个图形并将它们组合在一起,设置为环绕方式为四周型(仅提示一点:同时选中几个图形要借用 Ctrl 或 Shift 键,在组合图形时要在图形选定区右击鼠标并选择"组合"命令)。

5. 将文字"样本"作为文字水印插入文档。

6. 设置红色页面单线边框(应用范围为整篇文档)。

7. 操作完成后以原文件名保存在"练习 5"文件夹下。

操作结果如图 5-6 所示(仅作参考)。

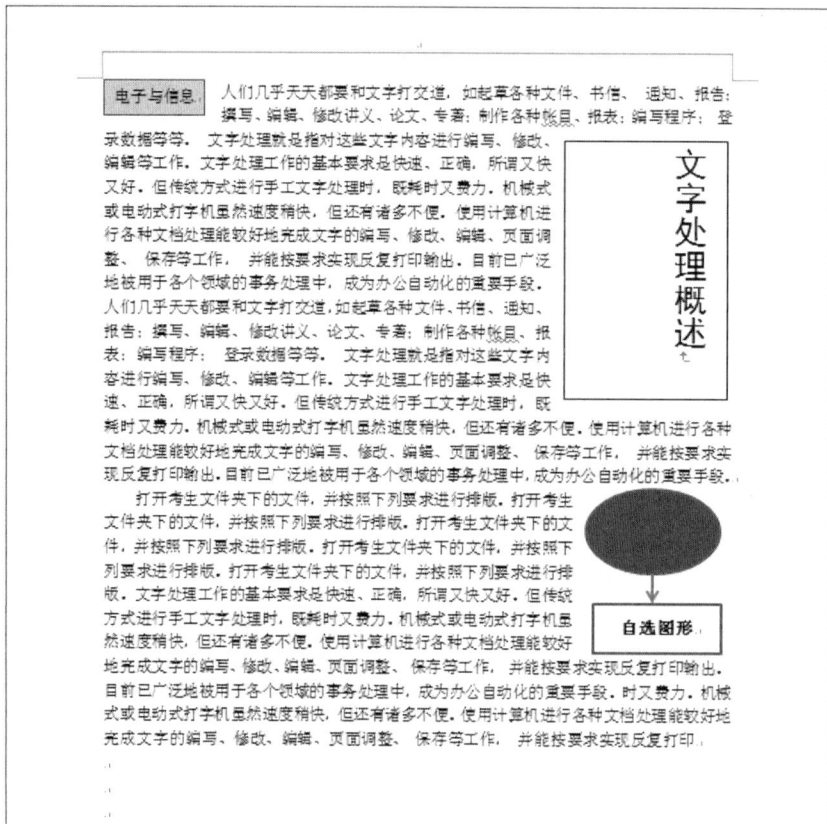

图 5-6　练习 5 操作结果

五、实训步骤及要求

实训一操作步骤

1. 选定标题,单击"开始"选项卡→"字体"组中右下角"对话框启动器"按钮(另一种方法是,在选定区右击鼠标选择"字体"命令),在出现的"字体"对话框设置:隶书、三号、加粗,字体颜色可选择标准色中的蓝色。关于设置阴影,比较复杂,在"字体"对话框中,单击位于下方的"文字效果"按钮→阴影→预设,在其右侧单击下拉三角标记,在"外部"中选择"向下偏移",单击"关闭",最后单击"确定"按钮。关于"居中"显示,单击"开始"选项卡下"段落"组中的"居中"按钮即可。

2. 选定标题,单击"开始"选项卡→"段落"组中"对话框启动器"按钮,在出现的"段落"对话框中,在"间距"的"段后"对应处设置 0.5 行,按"确定"。

3. 选定第一段,在选定区右击鼠标选择"复制"(或 Ctrl + C,或在"开始"选项卡下单击"剪贴板"组中的"复制"按钮),把插入点移到下一段(新一段)开始处,右击鼠标并选择"粘贴"(或 Ctrl + V)。

4. 选定第一段正文,在此用另一种方法打开"段落"对话框,即在选定区右击鼠标选择"段落",在"段落"对话框中,在"缩进"的"左、右侧"对应处分别输入"0.8 厘米"(特别说明:因单位不符,所以要把原有的全删除然后输入"0.8 厘米",单位必须一起输入);在"特殊格式"处设置"首行缩进"2 个字符;在"行距"处选择"固定值"并把磅值改为 20,设置完毕单击"确定"按钮。

5. 选定第一段正文,在选定区右击鼠标选择"字体",在"字体"对话框中单击"高级"选项卡,在"间距"的右侧单击下三角标记,选择"加宽",把磅值改成 1.1 磅,单击"确定"。

6. 选定第一段,单击"开始"选项卡,在"样式"组中单击右侧向下箭头,在下拉列表中选择"将所选内容保存为新快速样式",在名称处输入"考试样式"并单击"确定",新建的样式就以"考试样式"为名称添加到样式列表中。然后选中第二段,在"样式"组的列表中找到"考试样式"并单击它,这样第二段就采用了名为"考试样式"的格式。

7. 单击"开始"选项卡,在"段落"组中单击"边框和底纹"按钮→"边框和底纹"→"页面边框"→"方框",颜色选择标准色中的"红色",在"应用于"处选择"整篇文档",单击"确定"。

8. 把光标插入点定位在第二段后新起一段处,单击"插入"选项卡→"表格"组中的"表格"→"插入表格",输入 4(列)、3(行),单击"确定"。在表头输入:姓名、英语、语文、数学,选定第一行,单击"开始"选项卡,设置"字体、字号"。然后,选择整个表格(选择时建议鼠标移至表格上,此时单击表格左上角的小方框),在选定区右击鼠标选择"表格属性",在"表格"选项卡的中对齐方式选"居中",在"行"选项卡中设置行高为 0.9 厘米,在"列"选项卡中设置列宽为 3 厘米,最后单击"确定"。选定表格第 1 行,在选定区按右键鼠标并选择"单元格对齐方式",在其下拉列表中选择"中靠下"选项。

9. 把光标插入点移到表格下方另起一段,单击"插入"选项卡→"插图"组中的"剪贴画",在右侧出现的窗格中单击"搜索"按钮,任选一幅剪贴画并单击,插入后用鼠标右击剪贴画选择"大小和位置"→"文字环绕"→"上下型"→"确定",再次右击剪贴画选择"设置图片格式",单击"线条颜色"并设置"实线、黑色",然后单击"线型"并选择"双实线",单击"关闭"。

10. 把光标插入点移到剪贴画下方另起一段,单击"插入"→"文本"组中的"艺术字",选择第 2 行第 4 列样式,输入"杭州欢迎你",在自动出现的"绘图工具"下单击"格式"选项卡,在"艺术字样式"组中单击"文本效果"按钮→"转换"→"弯曲"→"正 V 形"。

11. 单击"快速访问工具栏"中的"保存"按钮,然后"关闭"该 Word 文档窗口。

笔记

实训二操作步骤

1.选定标题,单击"开始"选项卡,在"样式"组中单击"标题1"选项,然后在"段落"组中单击"居中"按钮。

2.选定第一段正文,单击"开始"选项卡,在"编辑"组中单击"查找"下三角标记选择"高级查找",在"查找"框中输入"用户",单击"查找下一处"按钮,然后单击"开始"选项卡下"字体"组中的"加粗、下划线"按钮完成相应设置,再次单击"查找和替换"对话框中的"查找下一处"按钮,找到后同样设置格式,接着重复上述操作(一共有3处)。同学们也许会问:为什么不用高级查找和替换呢? 其实是可以的,我们试一下:先单击"快速访问工具栏"中"撤销"按钮多次,使该段恢复原状,然后选中第1段正文,如上所述打开"查找和替换"对话框,并单击"替换"选项卡,在"查找内容"框中输入"用户",在"替换为"框中也输入"用户",然后单击"更多"按钮,特别注意:单击了"更多"按钮后还要再单击一下"替换为"文本输入框,让插入点重新位于该处,接着单击位于下方的"格式"按钮→"字体",设置"加粗、下划线"后单击"确定"返回,最后再单击"全部替换"按钮,接着按"否"按钮,设置完毕。

3.单击"页面布局"选项卡,在"页面背景"组中单击"水印"→"自定义水印"→"文字水印",在"文字"框中选择"传阅",单击"确定"即可。

4.单击"插入"选项卡→"页眉页脚"组中的"页眉"按钮,选择第1个"空白"样式,输入"计算机应用基础"(若发现此时还有一"行"建议删除,页眉默认:小五号、宋体、居中,因此采用默认值),单击"设计"选项卡(自动出现的)左侧的"页脚"按钮,也选择"空白",输入"本文档共一页",选中该文字后再单击"开始"选项卡,设置"小五号、宋体、居中",最后还要单击"设计"选项卡,这样才能单击右侧的"关闭页面页脚"按钮以退出"页眉页脚"编辑状态。

5.把插入点定位在第三段首字前,然后单击"插入"选项卡→"插图"组中的"图片"按钮,在"练习2"文件夹下找到"春天.jpg",单击"插入"按钮,在图片上右击鼠标选择"大小和位置"→"文字环绕",单击"四周型"选择"只在右侧",最后按"确定",拖动图片对象使之位于第3段前。

6.把插入点定位在第四段前,然后单击"插入"→"插图"组中的"形状"按钮→"基本形状"中的"笑脸",从第四段开始处拖动鼠标至合适大小,释放左键,在笑脸上右击选择"其他布局形状"→"文字环绕"→"四周型",单击"确定"按钮。然后再次右击笑脸,选择"设置形状格式",在"填充"项中选择"无填充",在"线条颜色"项中选择"红实线",单击"关闭"即可。

7.单击"快速访问工具栏"中的"保存"按钮,然后"关闭"该窗口。

实训三操作步骤

1.选定标题,单击"插入"选项卡→"文本"组中"艺术字",在下拉列表中选择第3行第2列样式并单击,在艺术字框上右击鼠标,选择"其他布局选项"→"文字环绕"→"上下型",单击"确定"。

2.选定三段正文,在选定区右击鼠标选择"段落",在"特殊格式"处设置"首行缩进"(输入:0.75厘米),再设置段后间距为6磅(数字、单位一起输入)。

3. 选定第一段正文,单击"开始"→"编辑"组中"查找"→"高级查找"→"替换",在对应处分别输入"计算机"和"Computer"(请注意,因不是高级替换,对于已经设置格式的输入框,一定要把插入点定位到该框,然后单击下方的"不限定格式"按钮),单击"全部替换"按钮,接着按"否"按钮。

4. 选定第二段正文,单击"插入"选项卡→"文本"组中的"首字下沉"→"首字下沉选项"→"下沉",再设置下沉2行、楷体,按"确定"。

5. 选定第三段正文,单击"页面布局"选项卡→"页面设置"组中"分栏"→"更多分栏"→"两栏",勾选"分隔线"复选框,单击"确定"。

6. 把鼠标指针移动到"平均分"列上方,当出现向下箭头↓时左击鼠标,即可选定该列,在选定区右击鼠标选择"插入"→"在左侧插入列",然后输入"综合、76、88"。

7. 单击第2行第6列,单击"表格工具"中的"布局"选项卡→"数据"组中"fx 公式",输入 = AVERAGE(left),单击"确定";同理可在第3行第6列计算平均分。

8. 选中表格,在选定区右击选择"复制",将插入点移动到该表格的下方(要求隔一行),然后右击鼠标选择"粘贴",即可完成表格复制。然后选定上一个表格,单击"设计"选项卡,在"表格样式"组中选择"简明型1"(点击右侧的向下箭头▾才能找到),然后再选定表格,在"表格属性"对话框中将其居中。

9. 选中下一个表格,单击"布局"选项卡→"数据"组中"转换为文本"按钮→"逗号"→"确定"。

10. 单击"页面布局"选项卡→"页面设置"组中的"页边距"按钮→"自定义边距",在"页边距"选项卡中,按要求设置页边距,然后单击"纸张"选项卡,设置"纸张大小"为A4纸(如果 Word 2010 默认的是 A4 纸,就不用设置了)。

11. 在选定栏(窗口左侧)选定整个文档内容,在选定区右击选择"复制",再把光标插入点定位到文档最后,右击鼠标选择"粘贴"即可。插入"第 X 页共 Y 页"页码比较复杂,具体操作为:单击"插入"选项卡→"页眉页脚"组中的"页码"按钮→"页面底端"→"普通数字2",此时处于页码编辑状态,先删除原有的数字,再输入"第 X 页共 Y 页",把插入点置于"第"和"页"之间,然后在"设计"选项卡下单击"插入"组中的"文档部件"按钮→"域"→"域名"框中的"Page"→"格式"框中的"1,2,3,…",单击"确定"。同理,把插入点置于"共"和"页"之间,在"设计"选项卡下单击"文档部件"按钮→"域"→"域名"框中的"NumPages"→"格式"框中的"1,2,3,…",单击"确定"。最后还要单击"设计"选项卡下的位于右侧的"关闭页面页脚"按钮以退出"页眉页脚"编辑状态。此时请看一下第1、2页的页码处有什么不同。

12. 不再提示。

实训四操作步骤

1. 选定前三行,单击"插入"选项卡→"表格"→"文本转换成表格"→"确定",然后选定第一行,在选定区右击鼠标选择"插入"→"在上方插入行",在第一个单元格中输入"成绩表",选中新插入的行,在选定区右击鼠标选择"合并单元格",单击"开始"选项卡下"居中"按钮即可。

2. 选中第一段正文,单击"开始"→"段落"组中的"边框和底纹"按钮→"边框和底纹"→"边框"→"阴影",在"颜色"处选择标准蓝色,在"应用于"处选择"段落",单击"确定"。

3. 选中第二段正文,单击"开始"→"段落"组中的"边框和底纹"按钮→"边框和底纹"→"底纹",在"填充"处单击下三角标记,在"主题颜色"中选择"茶色、背景二、深色25%",在"应用于"处选择"文字",单击"确定"。

4. 选中第三段正文,单击"页面布局"→"页面设置"组中的"分栏"按钮→"更多分栏"→"三栏",勾选"分隔线"复选框,取消"栏框相等"复选框的勾选,在第一、二栏宽度处分别输入 3 厘米和 4 厘米(单位一起输入),在栏间距中输入 0.75 厘米,单击"确定"。

5. 选中第四段第一行,在"开始"选项卡中单击"字体"组中的"下划线"按钮并选择波浪线,然后选中第四段第二行,在选定区右击选择"字体",在"字体"选择卡中选择"着重号",单击"确定"。

6. 选定第五、六段,单击"开始"选择卡,在"段落"组中单击"项目符号"按钮右侧下三角,选择样式为"■"的项目符号即可。

7. 把插入点移定位到第七段的"目前已广泛地被……"句子前(即定位在"目"字前),按 Enter 键可实现分段,然后把插入点定位在第八段前,单击"插入"→"符号"组中的"符号"按钮→"其他符号",在"字体"处选择"(普通文本)",通过右侧滚动条找到"★"符号并选中它,按"插入"按钮即可。

8. 插入图片操作前面已经介绍过,不再提示。

9. 单击"插入"选项卡→"页眉和页脚"组中的"页码"按钮→"页面底端"→"普通数字 3",此时处于"页眉和页脚工具"下"设计"选项卡中,单击左侧的"页码"按钮→"设置页码格式",在"编号格式"处选择"a,b,c,…",单击"确定",最后还要单击"设计"选项卡右侧的"关闭页眉和页脚"按钮。

10. 单击"页面布局"选项卡→"页面设置"组中的"页边距"按钮→"自定义边距",在"页边距"选项卡中,设置上、下、左、右页边距均为 3 厘米,单击"确定"。

11. 不再提示。

实训五操作步骤

1. 将标题放入文本框中:选中"电子与信息"标题,"插入"→"文本框"→"绘制文本框",再选中文本框并右击选择"设置形状格式"→线条颜色为实线、蓝色→填充为纯色填充"主题颜色"中的"白色、背景 1、深色 25%"。

2. 插入竖排文本框:将光标定位在第一段正文中,在"插入"选项卡中→选择"文本框"→绘制竖排文本框,并在文本框中输入"文字处理概述",设置文字格式,选中"文字处理概述"→字符间距右击鼠标→选中"字体"→"高级"→"字符间距"→"间距"设置为加宽 1 磅,切换至"字体"选项→设置为黑体、二号设置文本框格式,选中文本框→在绘图工具格式中→"大小"→修改高 6 厘米、宽 3 厘米,选中文本框,鼠标右击→设置形状格式→设置环绕方式为四周型并将它拖至右侧。

3. 插入形状:将光标定位在第二段正文中,选择"插入"选项卡→选择"椭圆"→设置形状格式→填充标准色中红色,同样插入矩形→设置无填充→添加文字为"自选图形"(由于先设置无填充会使得之后写入的字变成白色看不清楚,所以可以先添加文字,再修

笔记

改字体为黑色,之后再设置为无填充),同样插入带箭头的线条→设置形状格式→线型宽度为 1.5 磅,并按照要求将它们放置到文档的相应位置。

4. 组合图形:先选中"椭圆"→按 Shift 再选中"带箭头的线条"→再按 Shift 选中"矩形"→在图形选定区右击鼠标并选择"组合"命令即实现组合。选中组合的图形→设置环绕方式为四周型(设置图形格式已经多次提及,所以简略说明)。

5. 设置水印:单击"页面布局"选项卡,在"页面背景"组中单击"水印"→"自定义水印"→"文字水印",在"文字"框中输入"样本",单击"确定"即可。

6. 设置页面边框:单击"页面布局"选项卡,在"页面背景"组中单击"页面边框",在"页面边框"选项卡中选择"方框",样式为单实线,颜色为标准色中的红色。

7. 保存:单击"快速访问工具栏"中的"保存"按钮,然后"关闭"该 Word 文档窗口。操作完成后以原文件名保存在"练习 5"文件夹下。

六、能力和知识拓展

请参照"Word 素材_B"文件夹中的"Word 实训样例_B. pdf",利用给定的素材"文本素材. txt",完成下列操作,并将制作好的文档命名为"Word 实训题_B. doc",保存到上述指定的文件夹中。

1. 文档封面页内容及格式如"Word 实训样例_B. pdf"所示。要求文档标题使用艺术字,将图片设置为水印效果,底部显示的日期需使用日期域。

2. 在文档中进行如下格式设置:

(1)章标题:标题 1 样式,宋体,三号,加粗,段前 1 行,段后 1 行,单倍行距,水平居中对齐。

(2)节标题(如文本中的 1.1):标题 2 样式,黑体,小三号,加粗,段前 0.5 行,段后 0.5 行,单倍行距。

(3)小节标题(如文本中的 5.2.1):标题 3 样式,宋体,四号,加粗,段前 10 磅,段后 10 磅,20 磅行距。

(4)正文:宋体,小四号,首行缩进 2 个字符,段前 0 行,段后 0 行,行距为 28 磅。

3. 全文采用自定义纸张,宽 22 厘米、高 31 厘米,纵向用纸;页边距上、下为 2.6 厘米,左、右为 3.1 厘米。

4. 在文档的第一段设置首字下沉,下沉字体为华文行楷,如样例所示。

5. 在相应位置插入下列图片:

(1)在文本中图 1-1 位置插入相应图片,高度设置为 6 厘米,宽度为 8 厘米,效果如样例。

(2)在文本中图 2-1 位置插入相应图片,高度设置为 7 厘米,锁定纵横比,图像控制颜色为"灰度",效果如样例。

6. 将文档正文中的"汽车"文字内容全部替换为图片"汽车 logo. jpg"。

7. 将文本中 5.1 节 9 条特点的段落序号用"图 4.jpg"设置为项目符号,参看样例。

8. 参照样例文件,根据"图表数据素材. txt"中的数据内容制作图表,放置 5.2.2 小节相应的位置,效果如样例。

9. 生成目录:

(1)在第 2 页生成文档目录,要求:一级目录为宋体、四号字,加粗;二级目录为宋体、小四号,加粗;三级目录为宋体、小四号;行间距为 1.5 倍。

(2)在第 3 页生成图表目录,要求:目录格式为宋体、小四,行间距为 1.5 倍。

10. 文档除封面和目录页外,其他页面需插入页眉和页脚,要求:页眉为文档名称,字体格式为华文行楷、字号小四,下划线 3 磅,并在页眉左端添加"车"的繁体字。页脚为"第 X 页",字体格式为宋体、五号。效果如样例。

操作步骤:

1. 复制文字,选中标题,插入艺术字,将艺术字格式,艺术字样式设置如图 5-7 所示。

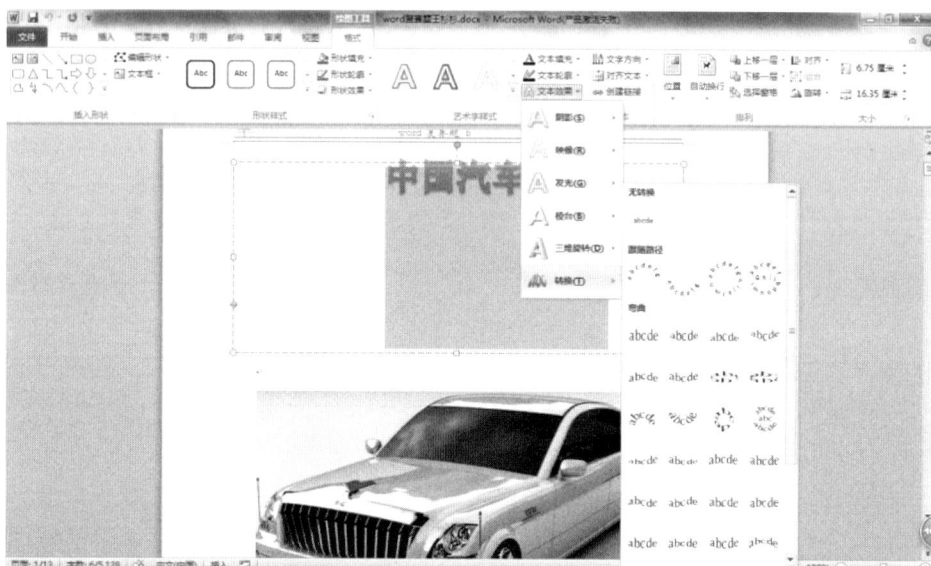

图 5-7　艺术字样式

2. 设置文本效果格式,如图 5-8 所示。

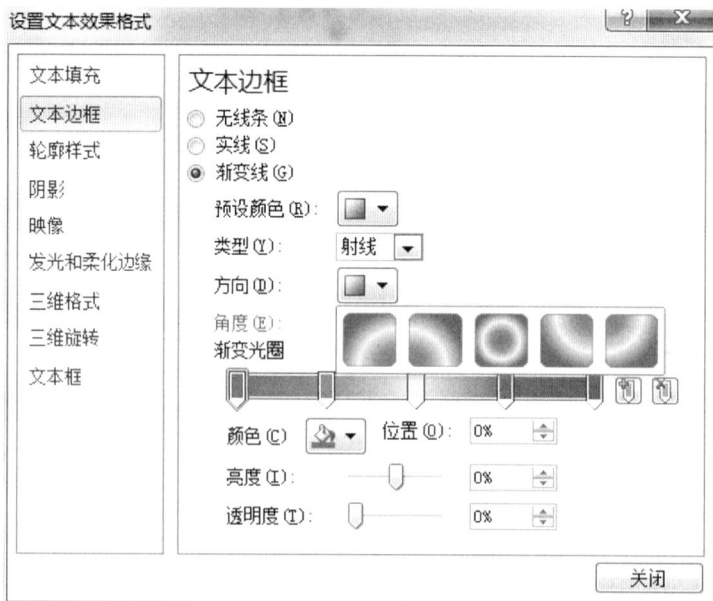

图 5-8　文本效果格式

3. 在页面布局水印中设置自定义水印,水印内容为图片"图1"底部显示的日期需使用日期域,如图5-9所示。

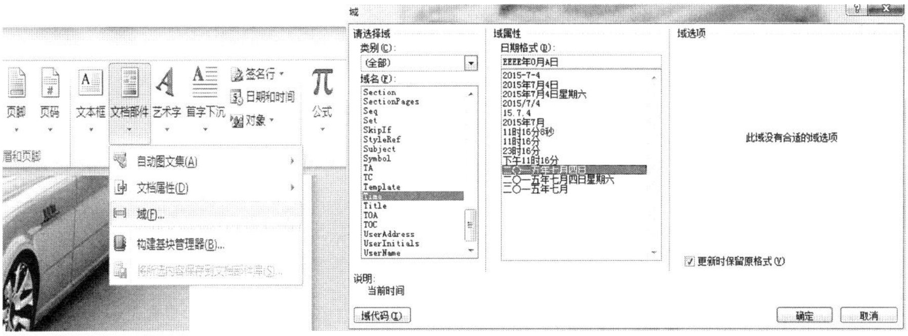

图5-9 自定义水印

4. 在文档中进行如下格式设置(见图5-10)。

(1)章标题:标题1样式,宋体,三号,加粗,段前1行,段后1行,单倍行距,水平居中对齐。

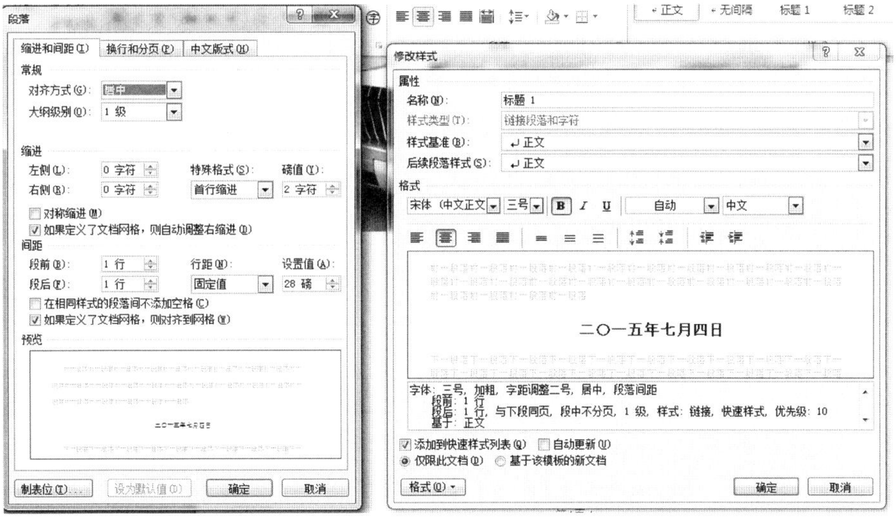

图5-10 格式设置

(2)节标题:标题2样式,黑体,小三号,加粗,段前0.5行,段后0.5行,单倍行距(方法如上)。

(3)小节标题:标题3样式,宋体,四号,加粗,段前10磅,段后10磅,20磅行距(方法如上)。

(4)正文:宋体,小四号,首行缩进2个字符,段前0行,段后0行,行距为28磅(方法如上)。

5. 在页面布局中设置全文采用自定义纸张、宽 22 厘米、高 31 厘米,纵向用纸;页边距上、下为 2.6 厘米,左、右为 3.1 厘米。如图 5-11 所示。

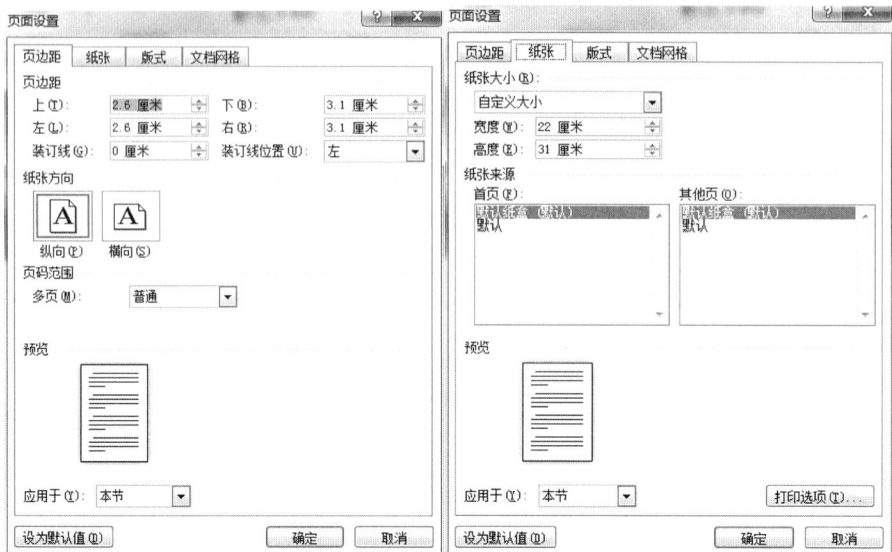

图 5-11　页面设置

6. 在"插入"中设置文档的第一段首字下沉(见图 5-12)。

图 5-12　首字下沉

7. 在相应位置插入下列图片:

(1)图 1-1 位置插入"图 1-1",去掉"锁定纵横比",高度设置为 6 厘米,宽度为 8 厘米。如图 5-13 所示。

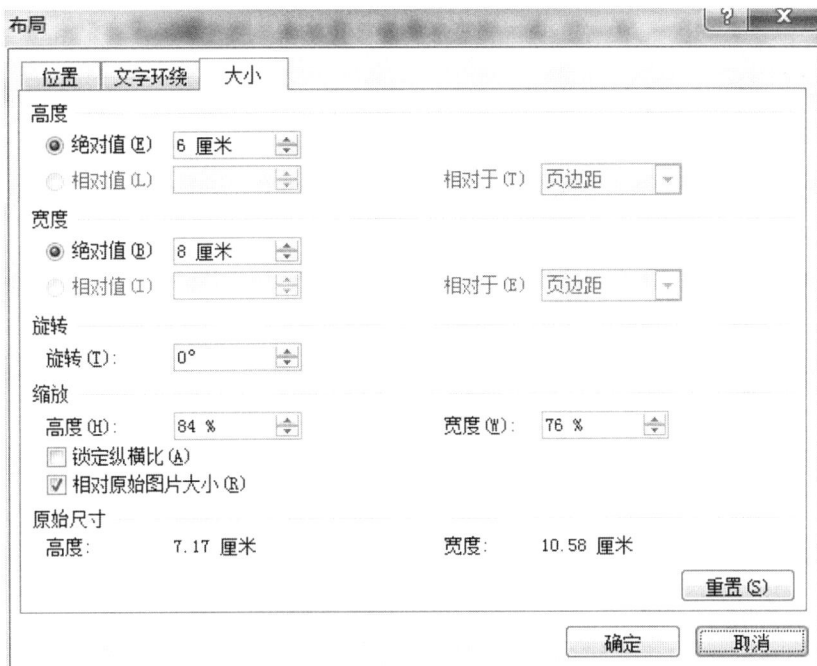

图 5-13　布局

（2）图 2-1 位置插入"图 2-1"，高度设置为 7 厘米，锁定纵横比，图像控制颜色为"灰度"（见图 5-14）。

图 5-14　颜色设置

笔记

199

8.将图片"汽车 logo.jpg"设定好大小后复制到剪切板,然后用替换功能替换(见图 5-15)。

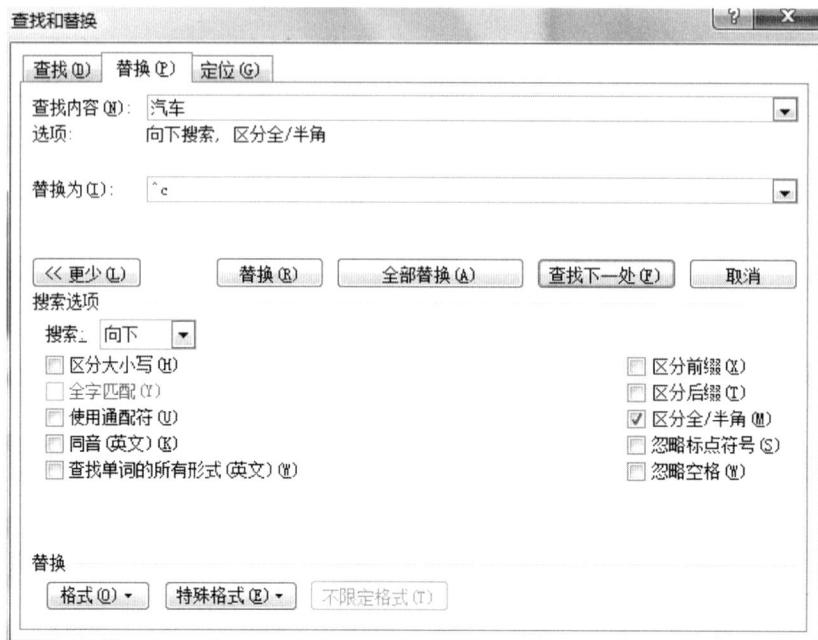

图 5-15　替换

9.在"开始"—"段落"中将 5.1 节中 9 条特点的段落序号用"图 4.jpg"设置为项目符号(见图 5-16)。

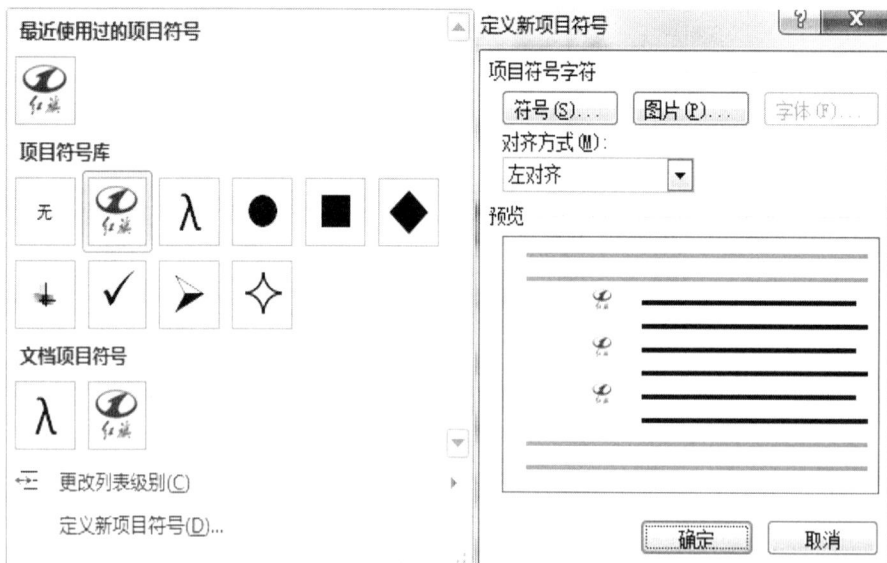

图 5-16　设置项目符号

10. 选择插入图表"带数据标记的折线图",将数据导入,设置如图 5-17 所示。

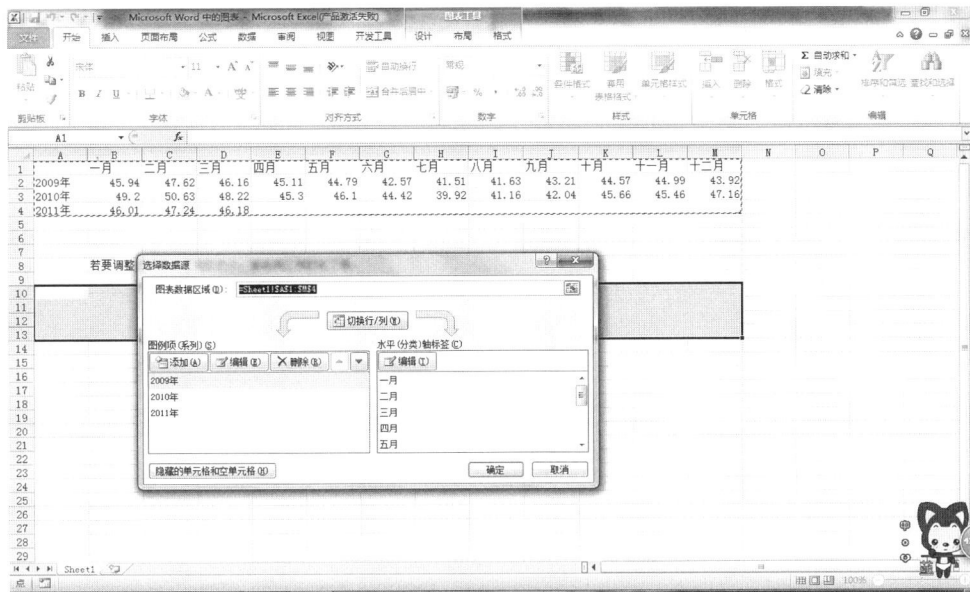

图 5-17　导入数据

在"设计"中设置图表布局,如图 5-18 所示。

图 5-18　设置图表布局

笔记

201

加入标题和坐标轴名称,最终效果图如图 5-19 所示。

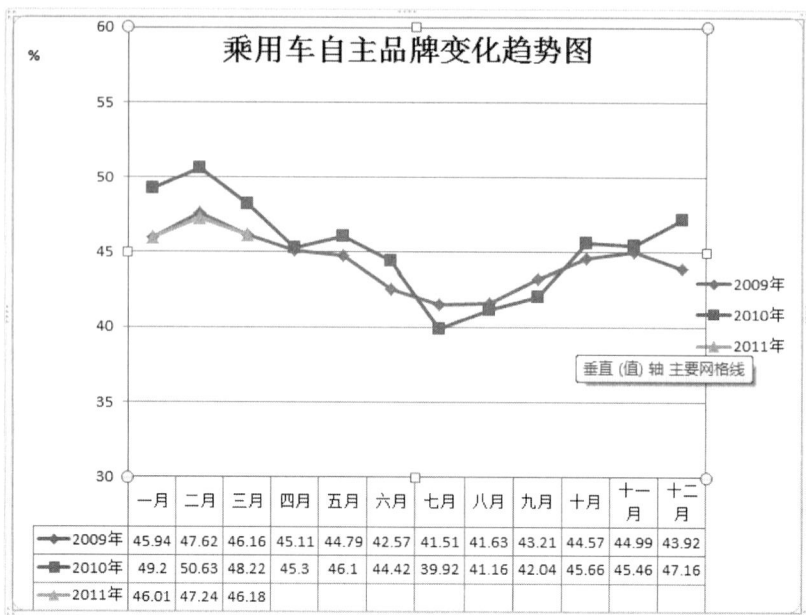

图 5-19　最终效果

11. 生成目录:

在"开始"—"多级列表"中设置格式,如图 5-20 所示。

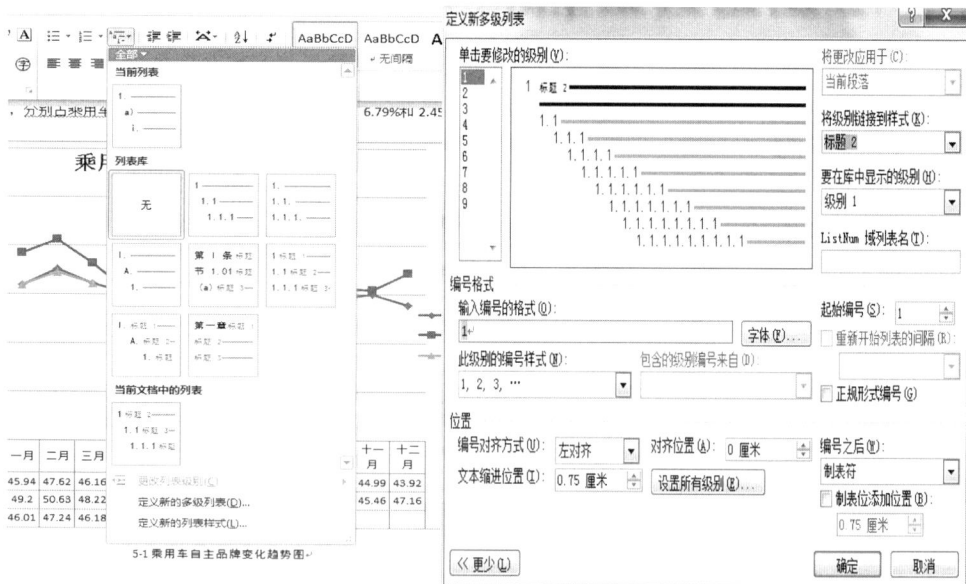

图 5-20　设置格式

(1)用分页符生成第 2 页,在第 2 页自动生成文档目录。首先给 3 幅图插入题注(见图 5-21)。

（2）在第 3 页生成图表目录,要求:目录格式为宋体、小四,行间距为 1.5 倍。如图 5-22 所示。

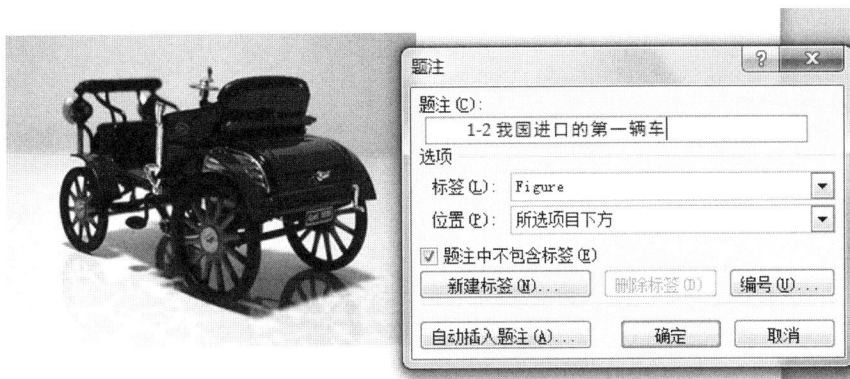

图 5-21　插入题注

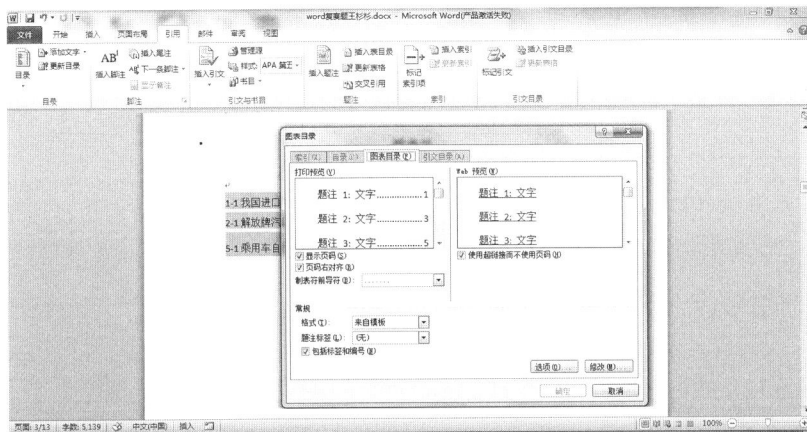

图 5-22　生成图表目录

12. 在正文页眉中去掉"链接前一项",页眉引用域,字体格式为华文行楷、字号小四,下划线 3 磅,并在页眉左端添加"车"的繁体字。页脚为"第 X 页",字体格式为宋体、五号。设置如图 5-23 所示。

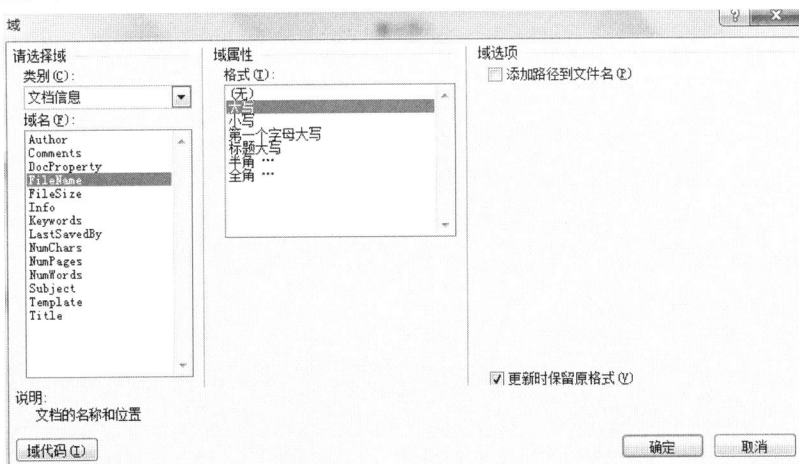

图 5-23　页眉页脚设置

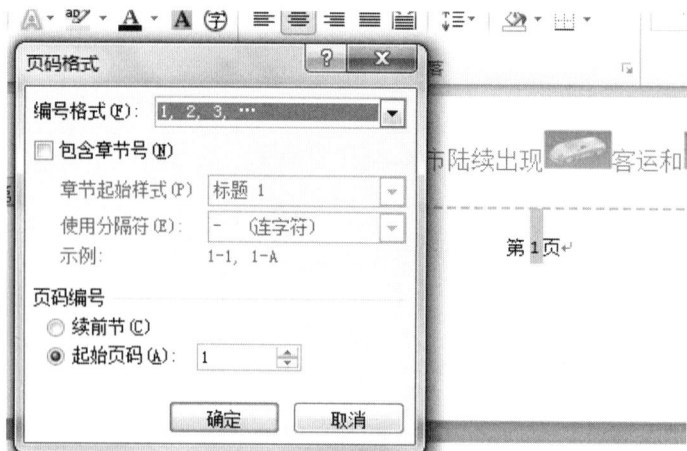

图 5-23　页眉页脚设置(续)

七、课外练习与操作提示

习题一: 在 Word 中制作如表 5-1 所示统计表。

表 5-1　两种培养基培养结核菌结果

A 培养基	B 培养基		计
	+	−	
+	48(a)	24(b)	72
−	20(c)	106(d)	126
合计	68	130	198

操作提示:

输入表标题,并设置为黑体居中,回车换行。

1. 单击"插入"标签卡,单击"表格"图标,拉出一个 4 列 5 行的表格。

2. 选中第一列第一、二行,右击鼠标,单击"合并单元格"。

3. 同样,合并第一行的第二、三列,合并第四列的第一、二行。

4. 在单元格中按以上内容输入相应的文字。

5. 选中整个表格,右击鼠标,点表格属性,在表格选项卡中,点击"边框和底纹",先点击"无边框",再将宽度设为 1.5 磅,选中上、下边。两次单击"确定"按钮。

6. 选中第二行第二、三两列,将线宽度设为 0.5 磅,仅保留上边框。

7. 选中第三行整行,确认宽度为 0.5 磅,仅保留上边框。

8. 选中第四行的第二、三、四列,确认宽度为 0.5 磅,仅保留下边框。

9. 选中前两行,设为粗体。

10. 选中后三行,设为非粗体。

11. 选中整个表格,在"表格"工具的"布局"选项卡中,选中"对齐方式"组中的最中间一个,水平垂直均设为居中。

习题二:有表 5-2 所示临床数据,在 Word 中制作如图 5-24 所示统计图。

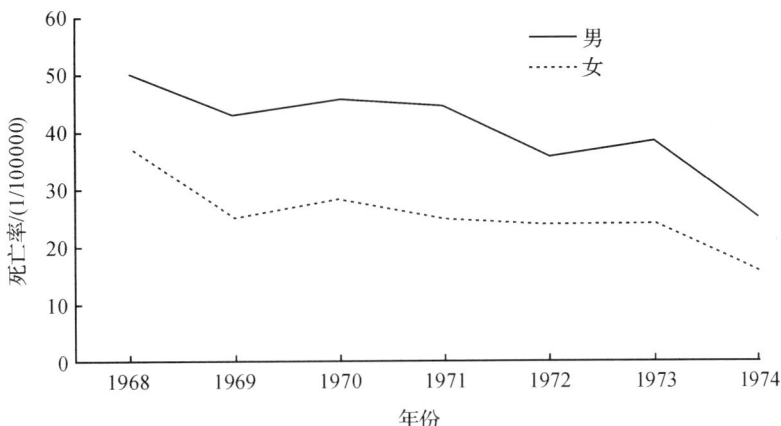

图 5-24 某地 1968—1974 年男女结核病死亡率

表 5-2 某地 1968—1974 年男女结核病死亡率

年份	死亡率(1/100000)		年份	死亡率(1/100000)	
	男	女		男	女
1968	50.19	37.54	1972	35.59	24.08
1969	42.97	25.00	1973	38.31	24.10
1970	45.37	27.88	1974	25.29	16.00
1971	44.42	25.10			

操作提示:

1. 点击"插入"选项卡中的"插图"分组,点击"图表",选择折线图,单击"确定"。

2. 在弹出的数据输入表格中,将系列 1 改为男,将系列 2 改为女,删除系列 3。

3. 以第一列为年份,第二列为男性死亡率,第三列为女性死亡率,将以上数据拷贝进去。

4. 关闭数据输入窗口。

5. 选中横向的网格线,在右侧的操作面板中,将"线条"选项卡设为无线条。

6. 选中纵坐标,在右侧的设置坐标轴格式中,选择实线,并选择相应的灰度颜色。

7. 向上调整图例的宽度及位置。

8. 调整绘图区的位置,将图表标题移至下方,调整位置、字体及内容。

9. 选中图表,在"图表工具"—"设计"选项卡—"图表布局"分组中,添加图表元素按钮、轴标题、主要横坐标,将内容改为年份。

10. 同样添加主要纵坐标,将内容改为死亡率(1/10 万)。

习题三:在 Word 中输入以下公式:

$$S_c^2 = \frac{\sum x_1^2 - \dfrac{(\sum x_1)^2}{n_1} + \sum x_2^2 - \dfrac{(\sum x_2)^2}{n_2}}{n_1 + n_2 - 2}$$

操作提示:

1. 点击"插入"选项卡中的"符号"分组,点击"公式"。

2. 在"公式工具"—"设计"选项卡—"结构"分组—上下标中的右侧上下标,在左侧位置输入 S,右上输入 2,右下输入 c,注意,键盘上的四个方向键可以灵活操控输入焦点位置。

3. 用鼠标或键盘选中公式最右侧的位置,输入等号。

4. 在"公式工具"—"设计"选项卡—"结构"分组—"分数"中选中"分数(竖式)"。

5. 在分母的位置上,选中"设计"选项卡—"结构"分组—上下标中的右侧下标,完成 n1 的输入,在分母的最右侧输入加号。

6. 复制 n1,在加号后粘贴,将 n1 改为 n2。

7. 输入后方的 -2。

8. 分母中,插入大型运算符中的求和,再嵌套入有上下标的 X。

9. 输入减号。

10. 输入分数,再次编辑分子、分母。

11. 输入加号。

12. 将分子的前半部分复制,在加号后粘贴,修改相应的不同之处。

13. 输入过程中,如有难以输入的部分,可用"设计"选项卡—"工具"分组中的"墨迹公式",用鼠标或手写笔输入,只要结构正确,错误的部分修正即可。

习题四: 如图 5-25 所示是一份工作流程图,请用 Word 进行制作。

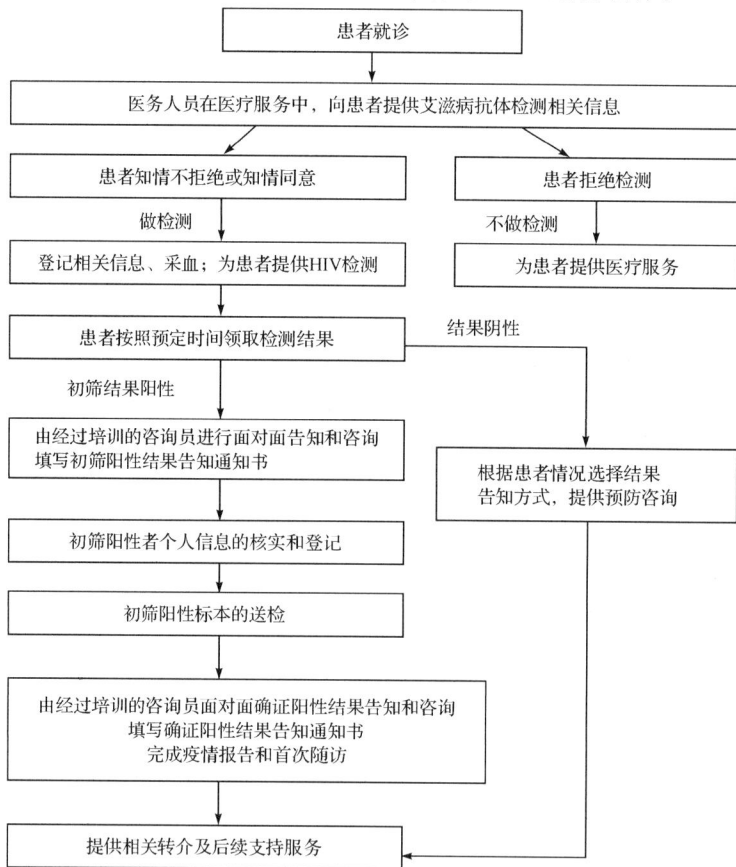

图 5-25　医务人员主动提供艾滋病检测咨询服务(PITC)工作流程

操作提示:

1. 输入标题,并设置为粗体、居中、字体大小。

2. "插入"选项卡→"文本"分组→"文本框"→"简单文本框"。输入相应的内容,并调整大小。

3.复制第一个文本框,粘贴到适当的位置,调整内容及大小。

4."插入"选项卡→"插图"分组→"形状"→"线条"→"箭头"。调整位置。

5.以此类推,完成所有的文本框和箭头,相似的内容多用复制,位置的调整可用键盘的方向键。

6.为便于形状的移动和相互位置的稳定,可以同时选择多个形状和文本框,右击鼠标,点击组合,另外,可以设置环绕文字和置于顶层、置于底层等,调节显示细节。

习题五:图 5-26 所示内容节选自一份生活方式的评估报告,请用 Word 制作。

生活方式评估

生活方式与健康息息相关,健康生活方式对维持和促进健康具有重要的作用,个人的努力起着基础和根本的作用。

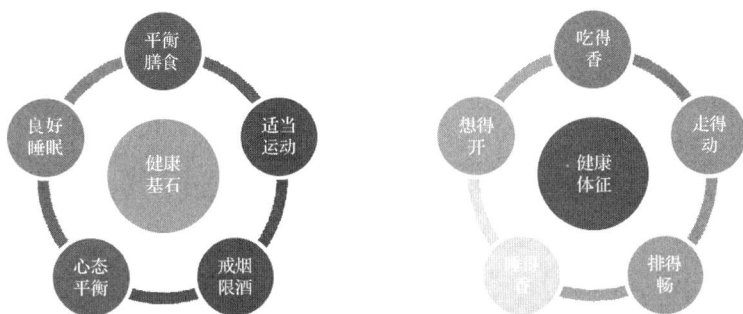

问题:

饮食不规律、过于油腻、偏咸、进食动物脂肪过多,进食过快,经常吃宵夜,这些不利于您的健康,请您配合调整,争取吃出健康。

阳性发现:

高血压、高脂血症、肥胖、脂肪肝

饮食

问题:

工作生活压力大,有一些焦虑表现,上进心强,对自己要求偏高,缺少减压活动和措施。

阳性发现:

高血压、失眠

心理

问题:

工作以坐为主,每天开车,家务少,体力活动少,没有规律的体育锻炼。

阳性发现:

高脂血症、肥胖

运动

吸烟

饮酒

问题:

您饮酒,虽然量不多,但因您属糖尿病高危人群,加上有脂肪肝,不宜饮酒。

阳性发现:

脂肪肝

睡眠

问题:

您不吸烟,但工作环境有人吸烟,接触二手烟同样对身体有害,需改善环境。

阳性发现:

咽炎

问题:

您的睡眠质量偏差,睡眠时间偏晚,易醒,醒后入睡困难。

阳性发现:

失眠

体重评估

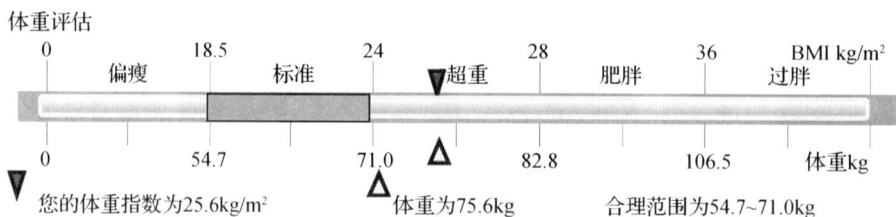

图 5-26　生活方式评估报告

操作提示：

1. 选中每一行，设置字体，"开始"选项卡→"段落组"→"边框"下拉按钮→"边框和底纹"→"底纹"选项卡，将"填充"设为相应的颜色。

2. 第三行是一个 SmartArt 图形，"插入"选项卡→"插图"分组→"SmartArt"按钮→"循环"中的射线循环。

3. 在 SmartArt 图形被选中的情况下，SmartArt 工具中的"设计"选项卡中，可以添加形状以增加周围形状的数目，输入相应的文本。

4. 在 SmartArt"样式"分组中，点击"更改颜色"按钮，选择一个适当的配色方案，也可以选择适当的样式。

5. 调整 SmartArt 的大小，复制粘贴，修改相应的文字。

6. SmartArt 图形下面的内容实际上是用表格进行布局的一个例子，实际上是设计一个如图 5-27 所示的表格，只显示了几个边框，不显示其余边框。

图 5-27　表格样式

7. 只要把相应的内容输入，设置字体、颜色、对齐方式即可。

8. 体重评估的图式，也是使用表格进行布局。

习题六：完成图 5-28 所示文件的第一页和最后一页，请用 Word 制作。

湖北省卫生和计划生育委员会文件

鄂卫生计生通〔2015〕83号

省卫生计生委关于加强艾滋病患者和
病毒感染者医疗服务工作的通知

各市、州、县卫生计生委（局）、部省属医疗卫生机构：

近年来，随着扩大检测力度不断加大，我省艾滋病病毒感染者患者医疗服务任务越来越重。为做好艾滋病患者和病毒感染者抗病毒治疗及其他医疗服务工作，根据《关于加强艾滋病患者和病毒感染者医疗服务工作的通知》（卫发明电〔2012〕23号）和《省人民政府关于进一步加强艾滋病防治工作的意见》（鄂政发〔2012〕3号），现就有关要求通知如下。

一、充分认识加强艾滋病患者和病毒感染者医疗服务工作的重要意义，切实加强组织领导

做好艾滋病患者和病毒感染者医疗服务工作，是落实"四免

— 1 —

图5-28 文件

笔记

一关怀"政策,体现社会对艾滋病患者和病毒感染者关爱的具体措施,关系到艾滋病患者和病毒感染者合法权益,关系到社会和谐稳定。地方各级卫生行政部门和医疗机构要按照要求,切实落实"五扩大六加强"政策,高度重视艾滋病患者和病毒感染者医疗服务工作,切实加强组织领导,采取有效措施,确保艾滋病患者和感染者接受医疗救治的权利,确保接触救治的医务人员自身安全。各级卫生计生行政部门要加强监督检查力度,保证各项工作措施落实到位,对推诿或者拒绝为艾滋病患者和病毒感染者诊治的医疗机构和医务人员,要依法依规严肃处理。

二、加强艾滋病定点医院能力建设,提高医疗服务水平

在做好艾滋病抗病毒治疗工作的同时,各级卫生计生行政部门要统筹考虑艾滋病患者和病毒感染者综合诊疗需求,指定具备条件的医院承担艾滋病患者和病毒感染者医疗服务工作,并将定点医院名单向社会公布。原来由各地疾病预防控制中心负责的艾滋病感染者和患者抗病毒治疗工作,应交由当地定点医院负责。疾控中心要积极配合定点医院做好药品管理、信息管理、CD4 和病毒载量的检测以及尚未接受抗病毒治疗者的转诊等工作。各定点医院要加强设备、设施、人员、技术等能力建设,加强医务人员业务培训,提高综合医疗服务水平。省卫生计生委指定武汉市医疗救治中心作为省级艾滋病患者和病毒感染者定点治疗机构,承担全省临床治疗技术指导、质量控制和督导评估,疑难及重症病例的救治工作,开展高危行为药物阻断,承担指定地区的艾滋病相关检测工作。

— 2 —

图 5-28 文件(续)

笔记

三、落实首诊（问）负责制，严禁推诿或者拒绝诊治

医疗机构要按照《医疗机构管理条例》和《艾滋病防治条例》有关要求，严格落实首诊（问）负责制。对门诊、急诊、住院和自愿咨询检测过程中发现的艾滋病患者和病毒感染者，要积极、科学、妥善地做好接诊和相关处置工作，不得以任何理由推诿或者拒绝诊治。在不具备提供相关医疗服务诊疗条件时，医疗机构要及时将艾滋病患者和病毒感染者转诊至定点医院，或向当地卫生计生行政部门报告，由卫生计生行政部门协调转诊等相关事宜；不适宜转诊的艾滋病患者和病毒感染者，由卫生计生行政部门组织定点医院相关医务人员到接收医疗机构开展医疗服务工作。

四、主动开展艾滋病检测咨询服务

各地要继续推进医疗机构艾滋病实验室/检测点建设，优化咨询检测点的设置，着力提升筛查检测能力，形成布局合理、方便可行的艾滋病检测网络。综合医院及专科医院的门诊和住院部、肛肠专科、妇（产）科接诊时，按照《湖北省医疗机构主动提供艾滋病检测咨询服务工作规范》要求，在患者知情自愿的基础上，开展艾滋病病毒快速检测，发现快检阳性的病毒感染者或患者时，应及时开展咨询和转介服务，医疗机构开展艾滋病检测咨询服务可按照当地物价部门核定的收费标准收费（孕产妇人群艾滋病筛查、检测咨询由艾滋病专项经费补助，不得另行收费）。

— 3 —

图 5-28　文件(续)

笔记

五、加强医务人员培训，做好艾滋病职业防护和医院感染控制工作

各级卫生计生行政部门要加强医务人员全员培训，重点培训艾滋病筛查、检测、诊疗方案、感染控制措施、工作流程等。医疗机构要按照有关规定，切实做好医务人员艾滋病职业防护和医院感染控制工作，科学制定相关工作预案，如出现意外情况要及时妥善处置，开展职业暴露预防措施。省卫生计生委继续指定武汉大学中南医院作为省级艾滋病临床技术指导培训中心，承担全省医务人员艾滋病临床治疗的技术培训和指导工作，开展高危行为后药物阻断，承担指定地区的艾滋病相关检测工作。

各地指定的艾滋病定点医疗机构名单请以市州为单位于2015年8月21日前通过OA报省卫生计生委医政医管处吴蕾和疾控处王棠。

附件：湖北省医疗机构主动提供艾滋病检测咨询服务工作规范

湖北省卫生计生委
2015年8月5日

（政务公开形式：主动公开）

— 4 —

图 5-28　文件(续)

操作提示：

1. 此内容格式的设置不难，只是应当注意几个问题，空格是一个字符，不应当用来调整页面的布局，应当使用缩进和制表符完成段落内的布局工作。

2. 同样，回车是段落的结束，也不宜用于页面的布局，而应使用段落间距和行距。

3. 文件头下方的横线，有几种方法可以完成，一是通过插入形状，即一条直线，二是用占满整行的行列数均为一的表格，将边框和底纹设为同样的颜色，三是用一个空行，设

置底纹即可。

4. 印章可以是插入的图片,而图片可以设置文本环绕方式,也可以用艺术字设置。

5. 设置好的格式,可以保存为样式,从而避免以后的重复工作。

习题七: 某单位组织员工献血,根据相关规定,每位献血者给予 2 天补休,每献 100 毫升血液,给予 150 元补贴,由您负责审核献血证,登记在案,并开具补休及补贴证明,请用 Word 完成(邮件合并)。

操作提示:

1. 为完成这项工作,我们需要 Word 和 Excel 配合使用。

2. 新建一个 Excel 表格,设计列标题和输入内容如表 5-3 所示。

表 5-3　献血记录

序号	科室	姓名	献血类型	献血量(mL)	献血日期	补助金额(元)	登记日期
1	病区 1	员工 1	全血	200	2016-5-1	300	2016-5-8
2	病区 2	员工 2	全血	200	2016-5-4	300	2016-5-9
3	病区 3	员工 3	全血	300	2016-5-4	450	2016-5-10
4	病区 4	员工 4	全血	400	2016-6-1	600	2016-5-11
5	病区 5	员工 5	全血	200	2016-3-28	300	2016-5-12
6	病区 6	员工 6	全血	200	2016-4-13	300	2016-5-13
7	病区 7	员工 7	全血	300	2016-4-16	450	2016-5-14
8	病区 8	员工 8	全血	200	2016-1-29	300	2016-5-15
9	病区 9	员工 9	全血	200	2016-6-1	300	2016-5-16
10	病区 10	员工 10	全血	400	2016-6-1	600	2016-5-17

3. 新建一个 Word 文档,先按格式要求输入相应的内容,此处为补休证明和领款证明。

补休证明

　　兹有【科室】【姓名】,于【献血日期】献【献血类型】【献血量】,登记序号为【序号】,按公司规定,可补休 2 天,特此证明。

保健科(印章)

【登记日期】

领款证明

财务科:

　　兹有【科室】【姓名】,于【献血日期】献【献血类型】【献血量】,登记序号为【序号】,按公司规定,应予补贴【补助金额】元,请予发放,谢谢!

保健科(印章)

【登记日期】

4. 以上部分为一样本,格式可按需要设计,领款证明可能需要特定的格式,以上内容中【】及其中间的部分为占位符,提示将要放置的内容,实际操作中不需要输入。

5. 点击"邮件"选项卡,开始邮件合并分组,选择收件人,使用现有列表,打开按钮上方的文件类型,将其改为 Excel 文件,选择保存的献血登记文件,单击打开。

笔记

6.在跳出的选择表格中,确认选中的表格是相应的献血记录。

7.将光标移至【科室】位置,点击"邮件"选项卡→"编写和插入域"分组→"插入合并域"下拉按钮,选择科室。

8.同样,将相应的合并域插入其他相应位置。

目前结果如下:

领款证明

财务科:

　　兹有《科室》《姓名》,于《献血日期》献《献血类型》《献血量》,登记序号为《序号》,按公司规定,应予补贴《补助金额》元,请予发放,谢谢!

保健科(印章)

《登记日期》

9.选择"预览结果"分组中的"预览结果",可以预览最终显示效果。

10.此处,发现日期显示不合习惯,选中日期域,右击鼠标,选择编辑域,点击左下角的域代码按钮,在右上方的域代码栏的后面加上后面的内容:\@ "yyyy 年 M 月 D 日"。

11.以同样的方式设置另外三个日期格式。可以发现格式已符合要求。

12.在"预览结果"分组中,可以向前和向后导航已在 Excel 中输入的记录,可在此完成打印功能,而不需要另行重复输入相关的内容。

13.如需批量完成以上工作,可点击"完成"分组中的"完成"并合并,生成汇总文档,打印和发送邮件,当然,会有一个弹出窗口,请您设置起始和结束的序号,需要注意的是,这里的序号是指数据源中记录的顺序,而不是本例中您输入的序号。

14.下次打开文档时,会提示您,需要执行 SQL 命令,以放入相关的数据,点击"是"按钮即可。

第二节　电子表格软件

一、知识准备

(一)电子表格制作基本知识

俗话说"一个表格胜过一千个文字",意思就是说,电子表格在办公中可以将各种复杂信息进行简明、扼要地表达,所以,在现代办公中掌握各类电子表格的制作非常重要。

本节先将电子表格进行类型划分,然后说明制作不同电子表格时的软件选取原则,最后介绍电子表格中的主要术语、常用通用操作及其一般的制作方法流程。

(二)常用表格类型的划分

根据对办公业务中表格使用的调查分析,办公用表格包括以下几种常用类型:多字段数据列表、二维表、同一文件内的报表、不同文件中的报表、非标准数据表。用户要对这些常用表格类型做到心中有数,并对办公中用到的表格能够对号入座。

(三)表格制作软件的选取

利用办公软件 Office 中 Excel、Word 均可进行以上电子表格制作。但是,为了提高工作效率,办公中最好针对上面的类型划分,合理选择软件,以便做到事半功倍。

根据办公实践经验,就电子表格制作时的软件选取,编者提出以下原则供参考。

1. 规则的文字表格用 Word 中的“插入法”,或者直接利用 Excel 填表完成。

2. 单元格悬殊的复杂文字表格,建议利用 Word 的“绘制表格”方法制作。当然,也可以在 Excel 中进行制作(有人就特别喜欢什么表都用 Excel 做),但是利用 Excel 的时候一定要注意一个原则:Excel 的单元格只能合并,单个单元格是不能拆分的(合并后的当然可以再拆分),为此在规划框架时一定要认真思考。

3. 形状虽然很不规则,但可明显看出大的单元格是由小的单元格组合而成的表格,适宜于用 Excel 制作,大的单元格可通过选取整个单元格区域,然后“合并居中”来实现。

4. 包括大量数字并且需要进行公式、函数运算的表格数据统计报表和数据库表格,请务必使用 Excel 制作,以便使用其强大的数据运算、数据分析和图表制作功能。

(四)电子表格的组成要素

表格是由若干行、列组合而成的。为了表示的方便,表格的各个组成部分都有一个确定的名字。一种复杂的表格——统计报表的一般格式,关键特征有表头、单元格、主栏、宾栏、表体、数据项区域、表尾等。

与电子表格制作有关的常用术语很多,包括行、行数、行高、列、列数、列宽、插入点、单元格、单元格内容、合并单元格、拆分单元格、表斜线、斜线表头、报表、拆分表格、表与文字转换、表格标题、计算等。这些概念的含义非常明确,手工操作中也经常使用,在此不再详述,在后面的实例制作讲解中,会多次提到对它们的操作。

(五)表格处理的一般流程

不管用哪种软件制作表格,一般来说都有以下的通用操作处理流程,在此一并介绍。

1. 表格的创建

Word 中创建表格的方法有插入法、绘制法;Excel 无所谓创建表格,其工作区域就是一个很大的表格,直接向其中输入文本和数字即可(最好从 A1 开始,并做好表格规划)。

2. 表格整体的缩放与移动

对于 Word 表格而言,拖动其右下角的小方框可以像对窗口操作一样实现整体的缩小或放大,拖动左上角的带四向箭头的方框可以实现表格的整体移动;Excel 中在选定数据区域进行“剪切”操作,即可移动到指定位置,整体调整单元格大小可实现表格的缩小与放大。

3. 表格行高、列宽的调整与斜线表头设置

无论是在 Word 中,还是在 Excel 中,表格行高、列宽的调整通过拖动行列之间的分割线即可实现。当然,也可以通过对有关菜单项进行精确设置实现,还可以进行多行的行高相等(平均分布各行)、多列的列宽相等(平均分布各列)设置等操作。

在斜线表头的设置方面,Word 2000 以后的各个版本都提供了常用的斜线样式。Excel 表格中一般不需要斜线表头设置,如果需要,则可利用(“插入形状”)中的“直线”工具来绘制。

4. 表格中单元格的拆分和合并

多数情况下，表格都要进行单元格的拆分和合并操作。在 Word 中，专门有"合并单元格"和"拆分单元格"的专门按钮或命令。对于 Excel,其也专门提供了"合并居中"按钮,可以使多个单元格合并,同时使单元格的内容在合并后的单元格自动居中(Excel 2007 甚至还能实现"跨越合并"),如果单元格发生错误,还可以取消合并,但是 Excel 不能拆分单元格。

5. 表格边框与底纹背景的设置

为了使表格更具美观，表格有时候需要设置边框与底纹，这可以通过软件中的"边框与底纹"按钮很容易地选择设置,或直接套用软件提供的表格样式。

6. 表格中单元格、行、列的编辑

有时，表格需要进行单元格、行、列的添加或删除等编辑操作，通过工具按钮、快捷菜单项很容易实现。需要注意的是,此处删除与清除是有区别的。前者指删除对象,表格中不再存在;而后者是清除内容或者有选择地清除内容、格式、公式等。

7. 表格单元格中文字的对齐方式设置

表格文字对齐方向包括水平和垂直两个方向,"开始"选项卡上的"段落对齐"按钮只能设置水平方向,而垂直方向则需要通过选择快捷菜单中的"文字对齐方式"选项来进行设置。一般垂直方向要设置"居中",水平方向则可根据情况进行灵活设置。

8. 表格中的排序、筛选与计算

数据表格可以按照一个或多个关键数据进行升序或降序排列;可以按行排序,也可以按列排序;对于汉字,不仅可按"字典顺序"排序,而且也可按"姓氏笔画"排序,也可以按照自定义顺序来排序。对于排序、筛选、公式计算等操作,强烈建议利用 Excel 软件,因为在数据处理方面,Excel 具有强大的功能。

9. 表格与文本的转换操作

在 Word 和 Excel 中,根据需要都可以实现表格与文本之间的相互转换。

10. 拆分与合并表格

根据需要,有时候要进行表格的拆分与合并,这在 Word 中有专门的"拆分表格"命令按钮,要合并时需要将两个表格之间的空行或内容删除即可。Excel 中类似操作更为明显。

（六）数据的输入与编辑

常见类型数据的输入要点如下。

1. 数字的输入

对于身份证号、电话区号、邮政编码等不参与运算的数字,为保持其原貌,要设置为文本型数据输入。如电话区号 022,按数字输入会变为 22 。身份证号 410225197109089291 按数字输入为 4.102 25E + 17,这都不是操作者需要显示的效果。而将其设置为文本类型,则可解决上述问题。操作时,只要在输入数字前先输入单引号' '或者先输入 =,再在数字前后加上双引号"" 即可。

2. 文本的输入

如果需要在某个单元格中显示多行文本,则可将光标移到需换行的位置,然后按 Alt + Enter 组合键,即可实现将其换行。另外,先选中单元格,然后右击,从快捷菜单中选择"在设置单元格格式"命令,在弹出的设置单元格格式对话框中单击"对齐"选项卡,选中"自动换行"复选框,即可实现单元格中文本的自动换行显示。

3.日期和时间的输入

日期输入格式可为"年/月/日""年-月-日""月/日""月-日",其他年还可省略世纪位。例如,上面几种方法都可输入 2009 年 4 月 25 日,显示为"2009-4-25"的效果:"09-4-25""2009-04-25""09/04/25""2009/4/25"。

输入时间的格式一般为"时:分:秒"。如输入"14 点 20 分",可以输入"14:20",或者输入"2:20 PM"(注意,在 2:20 和 PM 之间必须要有一个空格)。

说明:用"= TODAY( )"和"= NOW( )"函数可以得到动态变化的当前日期和时间。

4.分数的输入

对于分数,在输入可能与日期混淆的数值时,应在分数前加数字 0 和空格。例如,输入 2/3,Excel 将认为输入的是一个日期,在确认输入时将单元格的内容自动修改为 2 月 3 日(如果输入的数字不能组成日期时,如 2/30,请注意 0 后面必须有个空格)。

5.特殊符号的输入

特殊符号(如"……"等)的输入有两种方法:一是执行"插入"→"文本"→"符号"命令,从打开的"符号"对话框中选择输入;二是执行"插入"→"特殊符号"→"符号"命令,从打开的"符号"对话框中选择输入,或者单击其中的"更多"按钮。

二、实训目标

1.巩固 Excel 2010 电子表格软件的相关概念、功能及特点、常用操作方法等主要知识点。

2.培养学生应用 Excel 2010 电子表格的基本能力。

3.拓展灵活运用 Excel 2010 电子表格解决在实际工作生活中遇到相关问题的能力。

三、实训环境

1.硬件环境:多媒体计算机。

2.软件环境:Windows 操作系统、Excel 2010 电子表格软件、下载上机练习题(http://pan.baidu.com/s/1nvTQW0x)。

四、实训内容

实训一

打开"练习 1"目录(文件夹)下的工作簿文件"Excel001.xlsx",按下列要求对该文件中的内容进行操作,并以原文件名保存。

1.在"操作题 1"工作表中的第一行前插入一行,在 A1 中输入"学生各科成绩表",合并 A1:H1 单元格并使文字对齐方式在水平和垂直方向上均为居中,设置文字为"黑体"、字号为 18 磅。

2.在 A3 单元格中输入 001,并利用填充柄自动填充至 A11。(提示:001 必须作为文本数据处理,否则数字 1 前面的 0 自动丢失。)

笔记

3. 计算各学生的总分和平均分,将平均分保留一位小数。

4. 在 B12 单元格统计出学生总人数。

5. 利用函数求各学科成绩的最高分,放在相应的单元格中(即在 D13:F13 中)。

6. 通过"条件格式"功能,将单元格区域 D3:F11 中不及格的成绩以红色显示。

7. 将各位学生姓名(姓名作为分类轴)和平均分(平均分作为数值轴)用簇状柱形图表示出来存放到 sheet1 中(建议放在 A16:H31 区域),图表标题为"学生成绩表",图例位于图表的底部,添加数据标签(要求数据标记位于图形外)。

8. 在"操作题2"工作表中,把"考试状态"列从表中删除;把标题行中的单元格内容居中、加粗,字号为14,并任意选一种灰色填充标题行;把姓名为"魏谢登"所在的行移动到倒数第2行(即在"徐妍"记录之上);给数据表加边框线,外框为双实线,内框为单实线。

9. 把 C1:D32 区域的列宽设定为固定列宽 13.25;把第 3、4 行的行高调整为 26,字号调整为 20;删除标签名为"操作题3"工作表。

10. 完成后以原文件名保存在"练习1"文件夹下并关闭 Excel 文档窗口。

"操作题1"工作表操作后的效果如图 5-29 所示。

图 5-29　练习 1 操作效果

实训二

打开"练习 2"文件夹下的工作簿文件"Excel002. xlsx",其中有一张数据清单,该清单对应的单元格区域为 A22:H35,按下列要求对工作表数据进行操作,并以原文件名保存。

1. 将工作表标签 Sheet1 命名为"工资单"(输入时不包括双引号)。

2. 计算"基本税",基本税计算法为:(基本工资 + 月奖)×3%,保留 2 位小数,若有"#"出现可适当调整列宽显示出数据。

3. 计算"附加税",如果基本工资超过 2500 就按基本工资的 8% 计算附加税,否则不交附加税(即附加税为 0)。

4. 求出每个人的"实发工资"(实发工资 = 基本工资 + 月奖 − 扣款 − 基本税 − 附加税),并将实发工资(H23:H35)设置为货币样式格式,使用人民币符号"¥",保留 2 位小数,若有"#"出现可适当调整列宽显示出数据。

5. 按"实发工资"降序(从高到低)排列。

6. 在数据清单下面增加一行,使 A36:B36 区域居中显示"总计",C36:H36 区域中的每个单元格均显示对应列区域内的求和结果。

7. 单击工作表标签右侧的"插入工作表"按钮新建一张工作表,将其标签命名为"我的练习",在该表的 B1:F1 区域内依次输入 1、3、5、7、9,并在 A2 单元格内输入 8。

8. 在 B2 单元格输入一个公式,计算的值应为 B1 × A2 的值,然后要求用 B2 单元格填充至 F2 单元格,使得每个单元格的值为上面一个单元格的值乘以 A2 单元格的值。(提示:根据题意,在 B2 单元格中输入的公式必须是: = B1 * $A$2 或 = B1 * $A2,该题目考核你是否掌握了绝对地址的引用)。

9. 完成后以原文件名保存在"练习 2"文件夹下并关闭 Excel 文档窗口。

"操作题 2"工作表操作后的效果如图 5-30 所示。

	A	B	C	D	E	F	G	H
22	姓名	性别	基本工资	月奖	扣款	基本税	附加税	实发工资
23	林心雨	男	3400	280	160	110.40	272	¥3,137.60
24	王国强	男	3000	300	220	99.00	240	¥2,741.00
25	倪艺菱	男	2900	210	100	93.30	232	¥2,684.70
26	周振邦	女	2500	240	60	82.20	0	¥2,597.80
27	王小三	女	2800	300	100	93.00	224	¥2,583.00
28	张丹璇	男	2344	200	120	76.32	0	¥2,347.68
29	钱丽莎	女	2100	200	150	69.00	0	¥2,081.00
30	程俞婷	女	2000	280	230	68.40	0	¥1,981.60
31	朱礼强	男	2200	150	300	70.50	0	¥1,979.50
32	焦千城	男	1890	280	200	65.10	0	¥1,904.90
33	何小雪	女	1678	230	150	57.24	0	¥1,700.76
34	茅立群	男	1500	150	200	49.50	0	¥1,400.50
35	沈濔	女	1200	150	150	40.50	0	¥1,159.50
36	总计		29512	2970	2240	974	968	28300
37								

图 5-30 练习 2 操作结果

笔记

实训三

完成以下操作：

1. 在"练习3"文件夹下建立一个 prac3. xlsx 工作簿文件,并把 Sheet1 工作表标签命名为"debug1"。

2. 在"debug1"工作表中,采用数据的填充功能分别填充 A2:K2 区域和 A3:K3 区域,前一区域中的前两个单元格的内容为 1 和 3,后一区域中的前两个单元格的内容为 1 和 5(提示:操作时在前两个单元格中分别输入 1 和 3,然后一起选中这两个单元格,再拖动这两个单元格共有的填充柄,可实现等差数列的填充)。

3. 采用数据的填充功能填充 A5:K5 区域,首先在 A5 和 B5 两个单元格中分别输入字符"10101"和"10102",然后选择它们,用填充柄拖至 K5 单元格。

4. 单击 Sheet2 工作表,在 B3:B23 区域用填充柄自动填充"星期",从"星期日"开始,按顺序填充;在 C3:C23 区域用填充柄自动填充"月份",从"四月"开始,按顺序填充;在 D3 单元格中输入"2013 – 6 – 1"(如果变成"2013/6/1"样式没关系,这是系统问题),然后选中该单元格并拖曳填充柄向下至后 15 个单元格(若有"#"出现可适当调整列宽显示出数据)。

5. 将"星期"列与"月份"列对换。

6. 单击 Sheet3 工作表,输入如图 5-31 所示的数据。然后对该数据表进行设置:对 CC1 属性列的 4 个数值设置为货币格式,货币符号为"￥"(保留 1 位小数);对 CC2 属性列的 4 个数值设置为千位分隔样

	A	B	C	D
1	CC1	CC2	CC3	CC4
2	2344	200	304	100
3	456	1235	600	2000
4	70	3453	2355	1250
5	300.1	900	1543	800

图 5-31　数据

式(保留两位小数);对 CC3 属性列的 4 个数值设置为货币格式,货币符号为"$"(保留 3 位小数);对 CC4 属性列的 4 个数值设置为文本数据类型。

7. 将工作表 debug1、sheet2、sheet3 的标签颜色依次设置为标准色中的红色、黄色和蓝色。

8. 完成如上操作后以文件名"prac3. xlsx"保存在"练习3"文件夹下。

"debug1"工作表的操作结果如图 5-32 所示。

	A	B	C	D	E	F	G	H	I	J	K
1											
2	1	3	5	7	9	11	13	15	17	19	21
3	1	5	9	13	17	21	25	29	33	37	41
4											
5	10101	10102	10103	10104	10105	10106	10107	10108	10109	10110	10111
6											
7											
8											
9											
10											
11											
12											
13											
14											

debug1　Sheet2　Sheet3

图 5-32　练习 3 操作结果

实训四

打开"练习 4"目录(文件夹)下的工作簿文件"Excel004. xlsx",其中有一张数据清单,该清单对应的单元格区域为 A10:E20,按下列要求对工作表数据进行操作,并以原文件名保存。

1. 在标签为"自动筛选"的工作表中,计算每款商品的总价,总价 = 单价 × 数量。

2. 在"自动筛选"工作表中,采用自动筛选功能从中筛选出单价大于或等于 15,同时其数量大于 18 且小于 30 的所有记录。将筛选结果暂时复制到另一个位置,接着取消原数据表的自动筛选状态,并清除原数据表的信息,然后把筛选结果移动到以 A10 单元格为左上角的区域内。

3. 将第二列(名称列,区域为 B10:B15)和最后一列(总价列,区域为 E10:E15)用簇状柱形图表示出来存放到"自动筛选"工作表中。

4. 在"高级筛选"工作表中,采用高级筛选功能从中筛选出单价大于等于 20,或者数量大于 25 的所有记录;将筛选结果复制到标签为 Sheet1 的工作表的左上角,并重新显示原数据表中的所有信息(说明:表中不同属性(字段)为"或"关系只能用高级筛选完成)。

5. 在"分类汇总"工作表中,按"科室"升序排列所有记录,然后以"科室"为分类字段进行分类汇总,汇总出每个科室的"基本工资"和"实发工资"之和,汇总结果显示在数据下方。

6. 完成后以原文件名保存在"练习 4"文件夹下并关闭 Excel 文档窗口。

"自动筛选"工作表操作结果如图 5-33 所示。

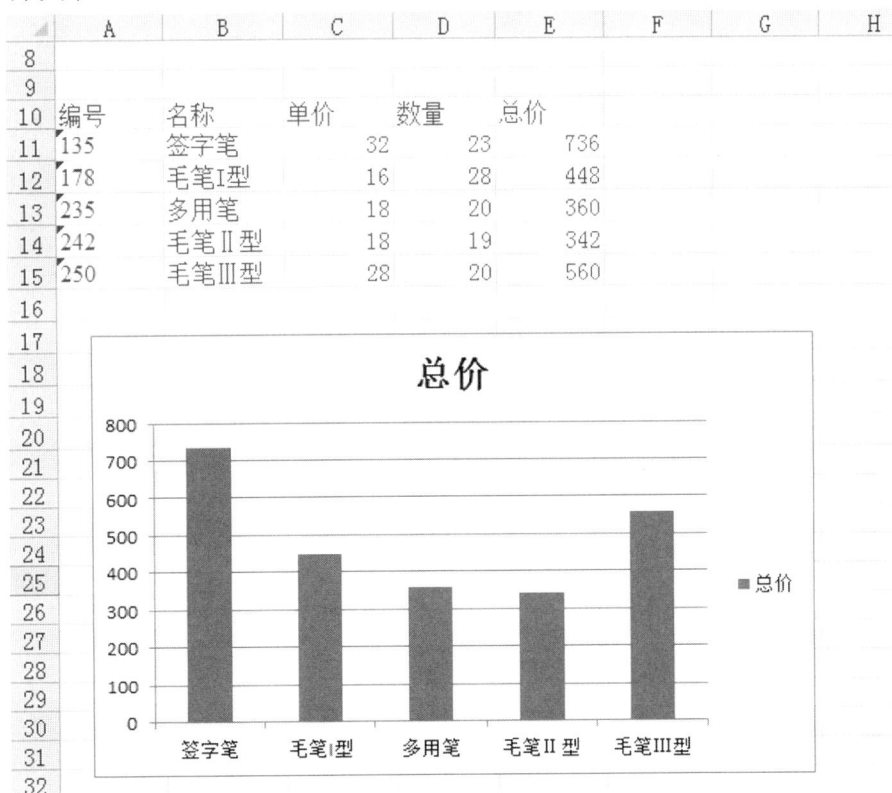

图 5-33　练习 4 操作结果

实训五

打开"练习5"文件夹下的工作簿文件"Excel005.xlsx",按下列要求对该文件中的内容进行操作,并以原文件名保存。

1. 在 Sheet1 工作表中,计算每位职工的基本奖金、出勤奖和贡献奖的合计结果。

2. 以姓名作为分类轴,以基本奖金、出勤奖和贡献奖作为数值轴,建立图表,图表类型采用"柱形图"下的"簇状圆锥图"子图来表示,把它嵌入数据表 sheet1 中并位于数据表下方。

3. 在 Sheet2 工作表中,在 N11 单元格中计算出 12 个月体重的平均值。

4. 以月份作为分类轴,以体重作为数值轴,用"折线图"(选择"带数据标记的折线图"子图)表示体重随月份的变化情况,并把它存放到 Sheet2 数据表下方,在图表中删除"图例",图表标题以及坐标轴标题(即 x、y 轴标题)分别如图 5-34 所示(仅提示一点,建立图表时,选择数据区要考虑标题,做此题请注意:不要把平均分列一起选上)。

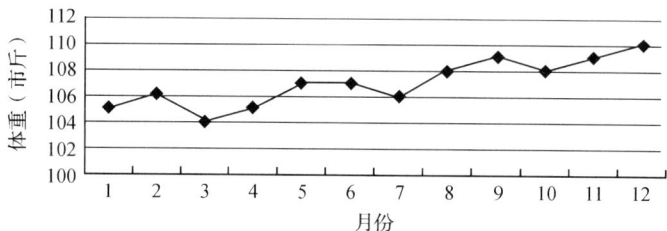

图 5-34 体重折线图

5. 完成后以原文件名保存在"练习5"文件夹下并关闭 Excel 文档窗口。

"Sheet1"工作表操作结果如图 5-35 所示。

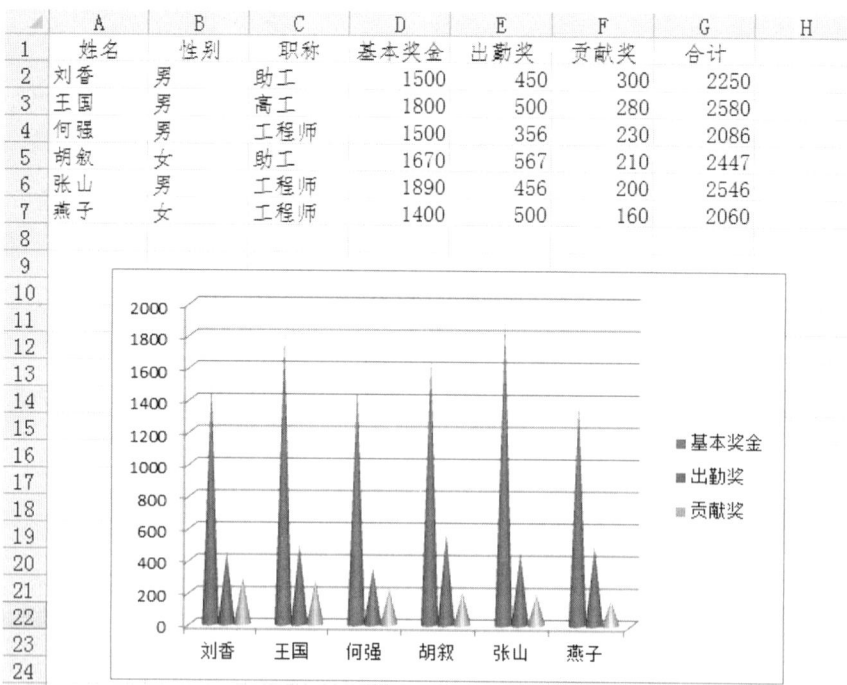

图 5-35 练习 5 操作结果

实训六

打开"练习 6"文件夹下的工作簿文件"Excel006.xlsx",按下列要求对该文件中的内容进行操作,并以原文件名保存。

1. 给 Sheet1 工作表中数据区域 A11:G30 加边框线。

2. 计算出每个学生的总评成绩,它等于期中成绩的 30% 加上期末成绩的 70%(公式自己建立,不再提示)。

3. 根据总评成绩利用 IF 函数功能判断"等第"(在 G12:G27 单元格区域),大于等于 80 分显示"优秀",其他则显示"一般"。

4. 在 D28:F28 单元格区域计算出"期中、期末及总评成绩"的平均分(保留 1 位小数)。

5. 在 D29:F29 单元格区域利用 COUNTIF 函数计算出"期中、期末及总评成绩"优秀人数(假设优秀的条件为" > =80")。

6. 在 D30:F30 单元格建立公式计算优秀率,把结果设置为百分比,保留到整数位。(提示:优秀率 = 优秀人数/总人数,总人数要求用 COUNT 函数计算。)

7. 在 Sheet2 工作表中,把"原值"属性列的 5 个数据设置为千位分隔符,并保留 2 位小数。如果数据显示不出来,可适当调整列宽保证完全显示出数据。

8. 按照 5% 的折旧率,计算设备"现值";把"现值"列 5 个数值设置为货币格式,货币符号为$,小数点位数为 2,根据情况可适当调整列宽保证能够完全显示出数据(提示:现值 = 原值 × (1 − 5%))。

9. 选定数据表 A11:C16,自动"套用表格格式",采用"中等深浅"中的"表样式中等深浅 3"。(提示:选中 A11:C16,单击"开始"选项卡→"样式"组下"套用表格格式"按钮,然后……)

10. 完成后以原文件名保存在"练习 6"文件夹下并关闭 Excel 文档窗口。

"Sheet1"工作表操作结果如图 5-36 所示。

	A	B	C	D	E	F	G
10							
11	学号	姓名	性别	期中成绩	期末成绩	总评成绩	等第
12	0003893	王前	男	76	87	83.7	优秀
13	0003894	于大鹏	女	87	78	80.7	优秀
14	0003895	周彤	女	67	76	73.3	一般
15	0003896	程国力	男	87	75	78.6	一般
16	0003897	李斌	男	89	77	80.6	优秀
17	0003898	刘小梅	女	65	83	77.6	一般
18	0003899	王丽琴	女	87	76	79.3	一般
19	0003900	金亨民	女	56	45	48.3	一般
20	0003901	崔旺日	男	77	66	69.3	一般
21	0003902	全智映	男	98	34	53.2	一般
22	0003903	崔民哲	女	87	87	87	优秀
23	0003904	郑秀龙	女	78	77	77.3	一般
24	0003905	玄相旭	男	65	70	68.5	一般
25	0003906	金大明	男	88	78	81	优秀
26	0003907	唐雅琴	女	87	78	80.7	优秀
27	0003908	张翰阳	男	56	87	77.7	一般
28	平均分			78.1	73.4	74.8	
29	优秀人数			8	4	6	
30	优秀率			50%	25%	38%	

图 5-36　Sheet1 操作结果

笔记

"Sheet2"工作表操作结果如图 5-37 所示。

	A	B	C	D
10				
11	家具 ▼	原值 ▼	现值 ▼	
12	办公桌子	234.45	$222.73	
13	椅子	32.50	$30.88	
14	柜子	15,655.55	$14,872.77	
15	床	22,673.54	$21,539.86	
16	电脑桌子	23,100.00	$21,945.00	
17				
18				

图 5-37　Sheet2 操作结果

五、实训步骤及要求

(一)实训一操作步骤

1.单击工作表标签"操作题 1",选定第一行(单击行号 1 即可选定整行),在选定区右击选择"插入",单击 A1,输入"学生各科成绩表"并按 Enter 键确认,用鼠标选定 A1:H1,单击"开始"选项卡→"字体"组(或"对齐"组)中的"对话框启动器",在"设置单元格格式"对话框中单击"对齐"选项卡,设置水平、垂直对齐方式均为居中,在"文本控制"处勾选"合并单元格"复选框,再单击"字体"选项卡,设置"黑体、18",然后单击"确定"。

2.单击 A3 单元格,先输入前置符(即英文单引号,输入时要切换至英文输入)再输入 001(即为'001),按 Enter 键确认,再选中 A3 单元格,将鼠标移至 A3 填充柄(此时显示"十"字形)处后再按下鼠标左键拖至 A11 单元格。

3.选中 G3 单元格,单击"开始"选项卡,在"编辑"组中单击"自动求和"按钮右侧下三角标记,选择"求和"项,按 Enter 键确认,再次单击 G3(此时,你也许会发现该单元格对应的编辑栏处将显示公式"=SUM(D3:F3)",指出在哪个区域求和。如果有人直接在 G3 单元格对应的编辑栏中输入公式"=D3+E3+F3"也应该算对),用鼠标移至 G3 填充柄处并向下拖曳鼠标至 G11(其实是复制公式);同理,单击 H3,在"编辑"组中单击"自动求和"按钮右侧下三角,选择"平均值"项,然后用鼠标重新选定单元格区域(即 D3:F3,这一点与求和操作有区别),按 Enter 键,再次单击 H3(此时编辑栏显示公式"=AVERAGE(D3:F3)")并用鼠标拖动其填充柄至 H11;最后选定 H3:H11,在选定区右击鼠标选择"设置单元格格式"→"数字"→"数值",在"小数位数"处设置 1 位小数,单击"确定"(比较:用鼠标右击选定区打开"设置单元格格式"对话框比步骤 1 中介绍的操作要方便)。

4.单击 B12,使用 COUNTA 函数求总人数。单击"公式"选项卡→"函数库"中的"fx 插入函数"按钮,在"或选择类别"处选择"全部",在下方的列表中找到 COUNTA 并选中再按"确定",弹出"函数参数"对话框,用鼠标直接在工作表中拖动 B3:B11 区域,松开左键,单击"确定"。

5.单击 D13 单元格,单击"公式"→"fx 插入函数",在"或选择类别"处选"常用函数",在下方列表中选择 MAX 函数并单击"确定",在工作表中拖动数据区 D3:D11,单击

"确定",再次选中 D13,拖动其填充柄至 F13。

6. 用鼠标选定 D3:F11,单击"开始"选项卡→"样式"组中"条件格式"按钮→"新建规则"→"只为包含以下内容的单元格设置格式",在"编辑规则说明"中选择"小于"并输入 60,单击"格式"按钮,设置颜色为标准红色,并依次地按"确定"即可。

7. 选定"姓名"列(即 B2:B11),再按住 Ctrl 键不放选定"平均分"列(即 H2:H11,注意标题必须一起选中),单击"插入"选项卡→"图表"组中"柱形图"按钮→"所有图表类型",选中左侧柱形图,在右侧单击第 1 个子图(簇状柱形图)并按"确定"。调整图表大小使之位于 A15:H30 区域。选中图表,单击自动出现的"图表工具"下"布局"选项卡,在"标签"组中单击"图表标题"→"图表上方",输入"学生成绩表",在图表外单击鼠标确认。同理,选中图表后在"标签"组中单击"图例"→"在底部显示图例";在"标签"组中单击"数据标签"→"数据标签外",以完成题目要求的设置。

8. 单击工作表标签"操作题 2",选择"考试状态"列(即单击该列标),在选定区右击选择"删除";选定 A1:H1 区域,在"开始"选项卡中设置"加粗、14、居中",然后右击选定区并选择"设置单元格格式"→"填充",在"背景色"处单击任一灰色,按"确定";选定"魏谢登"所在的行(点击行号),右击选定区选择"剪切",在行号"32"上右击鼠标并选择"插入剪切的单元格";选定整个数据表 A1:H32,右击选定区选择"设置单元格格式"→"边框",先选"双线"再单击"外边框",然后选"单线"再单击"内部",按"确定"。

9. 选定 C1:D32 区域,单击"开始"选项卡→"单元格"组中的"格式"按钮→"列宽",输入 13.25,按"确定";借助 Ctrl 键选定第三、四行,再次单击"单元格"组中的"格式"按钮→"行高",输入 26,在"字体"组中选字号为 20;最后右击"操作题 3"标签,选择"删除"命令即可。

10. 单击"快速访问工具栏"中的"保存"按钮,然后"关闭"该窗口。

(二)实训二操作步骤

1. 双击标签 Sheet1,输入"工资单",然后按 Enter 键确认。

2. 单击 F23 单元格,再单击"编辑栏"并输入公式"=(C23 + D23)* 3%"(输入公式时要求切换到英文状态,因为公式中的符号全是英文的),按 Enter 键确认。再次单击 F23,拖动其填充柄至 F35(即复制公式),松开左键;选定 F23:F35,右击选定区选择"设置单元格格式"→"数字"→"数值",设置 2 位小数,按"确定"。如果出现"#",可向右适当拖动"列标"边线。

3. 单击 G23 单元格,单击"公式"选项卡→"函数库"中的"fx 插入函数"按钮,在"常用函数"下选择 IF 函数并单击"确定",在弹出的"函数参数"对话框中有 3 个文本框,请分别输入"C23 > 2500、C23 * 8%、0",单击"确定"(说明:此操作还可以在单击 G23 后在编辑栏中直接输入公式"= IF(C23 > 2500,C23 * 8% ,0)"),再次单击 F23,拖动其填充柄至 G35(即复制公式),即可完成附加税的计算。

4. 单击 H23 单元格,再单击"编辑栏"并输入"= C23 + D23 - E23 - F23 - G23",按回车键确认,再次单击 H23,拖动其填充柄至 H35(即复制公式),松开左键。选定 H23:H35,右击选定区选择"设置单元格格式"→"数字"→"货币",设置"2 位小数和货币符号"并单击"确定"。如果出现"#",可向右适当拖动"列标"边线。

5. 单击数据清单中任意一个单元格(或者选定整个数据清单(含标题行)),单击"数据"选项卡→"排序和筛选"组中的"排序"按钮,在"主要关键字"处选择"实发工资",在"次序"处选择"降序",按"确定"。

6. 用鼠标右击行号 36 选择"插入",在 A36 单元格输入"总计",选定 A36:B36 区域,在选定区右击选择"设置单元格格式"→"对齐",在"水平对齐"处设置"居中",然后勾选"合并单元格"复选框,单击"确定"。然后在 C36:H36 区域中填写各对应列区域内的求和结果,自己完成。

7. 单击工作表标签右侧的"插入工作表"按钮新建一张工作表,双击默认名并输入"我的练习"后按回车,然后在 B1:F1 区域内依次输入 1、3、5、7、9,在 A2 中输入 8。

8. 单击 B2,输入公式" = B1 * $ A $ 2(或 = B1 * $ A2)",然后按 Enter 键确认,再次单击 B2,用鼠标拖曳其填充柄至 F2(特别说明:在此输入公式时要看题意,A2 之所以要用绝对地址表示是因为拖动填充柄复制公式时,要求 A2 单元格地址始终不变)。

9. 单击"快速访问工具栏"中的"保存"按钮,然后"关闭"Excel 窗口。

(三)实训三操作步骤

1. 启动 Excel 2010 程序,然后单击"文件"→"保存",在出现的"另存为"对话框中找到"练习 3"文件夹,在"文件名"文本框中输入 prac3. xlsx(扩展名可以不写),单击"保存"按钮即可完成工作簿文件的建立。双击工作表标签 Sheet1,输入"debug1",按 Enter 键确认。

2. 在"debug1"中,在 A2 和 B2 中分别输入 1 和 3,然后一起选中 A2 和 B2 两个单元格,用鼠标将这两个单元格共有的填充柄(在 B2 右下角)拖至 K2 单元格(说明:在默认情况下是以等差数列填充的,如果要以等比数列填充,则必须用"开始"选项卡下"编辑"组中的"填充"按钮完成);同理,在 A3 和 B3 中分别输入 1 和 5,同时选中 A3 和 B3,拖动共有的填充柄至 K3 单元格。

3. 同理,可在 A5:K5 区域填充数据,因为题中要求输入字符"10101"和"10102",故在 A5 和 B5 中输入时应使用前置符(先输入英文单引号'),也就是:" ' 10101"和" ' 10102",其他操作都与上一步相同。

4. 单击 Sheet2 工作表,在 B3 单元格输入"星期日"并回车,然后用鼠标拖动 B3 单元格的填充柄至 B23 单元格并回车;单击 C3 单元格并输入"四月",然后用鼠标拖动 C3 单元格的填充柄至 C23 单元格;单击 D3 单元格并输入"2013 − 6 − 1"并按 Enter 键(若变成"2013/6/1"没关系),拖动 D3 单元格的填充柄至 D18 单元格,如果出现"#",可向右适当拖动"列标"边线。

5. 选中星期列(即单击该列的"B"列标),在选定区右击选择"剪切",然后用鼠标右击"D"列标并选择"插入剪切的单元格"即可。

6. 单击 Sheet3 工作表,按所给的图示输入数据。然后,选定 A2:A5,在选定区右击选择"设置单元格格式"→"数字"→"货币",然后设置 1 位小数和货币符号,单击"确定";选定 B2:B5,在选定区右击选择"设置单元格格式"→"数字"→"数值",保留 2 位小数,勾选"使用千位分隔符"复选框,单击"确定";第 3 个操作不再提示;选定 D2:D5,在选定区右击选择"设置单元格格式"→"数字"→"文本",单击"确定"。

7. 用鼠标右击 debug1,选择"工作表标签颜色",在标准色中选择红色即可;同理,可设置 sheet2、sheet3 的标签颜色。

8. 单击"快速访问工具栏"中的"保存"按钮,然后"关闭"Excel 窗口。

(四)实训四操作步骤

1. 单击工作表标签"自动筛选",然后单击 E11,输入"＝C11＊D11"并按 Enter 键确认,再次选中 E11,拖动其填充柄至 E20。

2. 单击数据清单中任意一个单元格(或者选定整个数据清单(含标题行)),单击"数据"选项卡→"排序和筛选"组中的"筛选"按钮,单击"单价"标题右侧下三角标记并选择"数字筛选"→"大于或等于",在相应框中输入 15,单击"确定";再单击"数量"标题右侧下三角并选择"数字筛选"→"大于",在相应框中输入 18,然后在"与"字下方框中选择"小于"并输入 30,单击"确定"。这样满足条件的记录就被筛选出来,用鼠标拖动(即选定)数据区(A10:E19),右击选定区并选择"复制",然后右击 F24 单元格选择"粘贴"。此时再次单击"筛选"按钮即可取消自动筛选状态,选中原数据区按 Delete 键删除它,然后选定临时存放的筛选结果并在选定区右击鼠标,选择"剪切",右击 A10 单元格选择"粘贴"即可。

3. 选定数据区 B10:B15,按住 Ctrl 键不放再选定 E10:E15,然后单击"插入"选项卡→"图表"组中"柱形图"按钮→"所有图表类型",选中左侧柱形图,在右侧单击第 1 个子图(簇状柱形图)并按"确定"。

4. 单击工作表标签"高级筛选",在进行高级筛选时必须先建立条件区,因此可单击 B23 并输入"单价",单击 C23 中并输入"数量",在 B24 中输入条件"＞＝20",在 C25 中输入条件"＞25"(注意,因为是"或"关系,条件不能写在同一行,样式如图

单价	数量
>=20	
	>25

图 5-38 样式

5-38所示);然后单击数据清单中任意一个单元格,单击"数据"选项卡→"排序和筛选"组中的"高级"按钮,列表区域为"＄A＄10:＄E＄20"(即整个数据表),条件区域为"＄B＄23:＄C＄25"(操作时可以用鼠标选择相关区域),单击确定。选定筛选结果区,右击选定区并选择"复制",单击 Sheet1,在其 A1 单元格处右击并选择"粘贴",再单击"高级筛选"标签,在"排序和筛选"组中单击"清除"按钮,即可恢复原数据表中所有信息。

5. 单击工作表标签"分类汇总",在数据表中任意单击一个单元格,单击"数据"选项卡→"排序和筛选"组中的"排序"按钮,在"主要关键字"处选择"科室",在"次序"处选择"升序"并按确定;确认插入点仍在数据表区,然后在"数据"选项卡下单击"分级显示"组中的"分类汇总"按钮,在出现的对话框中,"分类字段"选择"科室","汇总方式"选择"求和",在"选定汇总项"中只勾选"基本工资"和"实发工资"复选框,单击"确定"。

6. 单击"快速访问工具栏"中的"保存"按钮,然后"关闭"Excel 窗口。

(五)实训五操作步骤

1. 利用公式求和计算总计:单击工作表标签 Sheet1 工作表,计算每位职工的基本奖金、出勤奖和贡献奖的合计结果。选中 G2 单元格,单击"开始"选项卡,在"编辑"组中单击"自动求和"按钮右侧下三角标记,选择"求和"项,按 Enter 键确认,再次单击 G2,用鼠标移至 G2 填充柄处并向下拖曳鼠标至 G7。

2. 制作图表——簇状圆锥图:以姓名作为分类轴,以基本奖金、出勤奖和贡献奖作为

笔记

数值轴,建立图表,图表类型采用"柱形图"下的"簇状圆锥图"子图来表示,把它嵌入数据表 Sheet1 中并位于数据表下方。选定"姓名"列(即 A1:A7),再按住 Ctrl 键不放选定"基本奖金"列(即 D1:D7),同理继续按住 Ctrl 键来选中"出勤奖"和"贡献奖"列。单击"插入"选项卡→"图表"组中"柱形图"按钮→"所有图表类型",选中左侧柱形图,在右侧单击第 2 行第 5 个子图(簇状圆锥图)并按"确定"。调整图表位置。

3. 计算平均值:单击工作表标签 Sheet2 工作表,选中 N11 单元格,单击"开始"选项卡,在"编辑"组中单击"自动求和"按钮右侧下三角标记,选择"平均值"项,按 Enter 键确认,即可计算出 12 个月体重的平均值。

4. 制作折线图——带数据标记的折线图:选定"月份"行(即 A10:M10),再按住 Ctrl 键不放选定"体重"行(即 A11:M11),单击"插入"选项卡→"图表"组中"折线图"按钮→"所有图表类型",选中左侧折线图,在右侧单击第 4 个子图(带数据标记的折线图)并按"确定"。调整图表位置。选定"体重"图例右击删除。将自动出现的"体重"标题改为全年体重总变化或者将"体重"标题删除,单击图表,单击自动出现的"图表工具"下"布局"选项卡,在"标签"组中单击"图表标题"→"图表上方",输入"全年体重变化",在图表外单击鼠标确认。同理,选中图表后在"标签"组中单击"坐标轴标题"→"主要横坐标轴标题"→修改为"月份";同理将纵坐标改掉。

5. 保存与关闭:单击"快速访问工具栏"中的"保存"按钮,然后"关闭"该窗口。

(六)实训六操作步骤

1. 加边框线:单击工作表标签 Sheet1 工作表,选中数据区域 A11:G30,右击设置单元格格式→框线→线条样式为单实线→单击外边框和内部,即可加上边框线。

2. 自编公式计算:选中 F12 单元格,在编辑框内输入" = D12 * 30% + E12 * 70% ",按 Enter 键确认,计算出每个学生的总评成绩,再次选中 F12,拖动其填充柄至 F27。

3. 利用 IF 函数:选中 G12 单元格,单击"公式"选项卡→"函数库"中的"fx 插入函数"按钮,在"或选择类别"处选择"常用函数",在下方的列表中找到 IF 并选中再按"确定",弹出"函数参数"对话框,在逻辑值框中输入"F12 > 80",在第二个框中输入"优秀",在第三个框中输入"一般",单击"确定",再单击"关闭",再次选中 G12,拖动其填充柄至 G27 即可。

4. 计算平均分并保留 1 位:选中 D28 单元格,单击"开始"选项卡,在"编辑"组中单击"自动求和"按钮右侧下三角标记,选择"平均值"项,按 Enter 键确认,拖动其填充柄至 F28。选中 D28 至 F28 的单元格,鼠标右击设置单元格格式→数字→数值→小数位数改为 1。

5. 利用 COUNTIF 函数:选中 D29 单元格,单击"公式"选项卡→"函数库"中的"fx 插入函数"按钮,在"或选择类别"处选择"全部",在下方的列表中找到 COUNTIF 并选中再按"确定",弹出"函数参数"对话框的第一个框中输入"D12:D27"或者直接用鼠标选中该区域即可,在第二个框中输入" > =80",依次单击"确定"与"关闭",再次选中 D29,拖动其填充柄至 F29。

6. 利用 COUNT 函数以及设置为百分比形式:选中 D30 单元格,在编辑框中输入" = D29/COUNT($D$12:$D$27)"(COUNT 函数也可以利用公式),再次选中 D30,拖动其填充柄至 F30。选中 D30 至 F30 的区域,鼠标右击设置单元格格式→数字→百分比→小数位数改为 0。

7. 设置千位分隔符:单击 Sheet2 工作表,选定 D12 至 B16,鼠标右击设置单元格格式

→数字→数值→勾选"使用千位分隔符"的复选框,设置小数位数为 2(如果数据显示不出来,可适当调整列宽保证完全显示出数据)。

8. 设置货币格式:选定 C12 单元格,在编辑框中输入:"= c12 * (1 - 5%)",拖动其填充柄至 C16,鼠标右击设置单元格格式→数字→货币→小数位数改为 2,货币符号选择为$(根据情况可适当调整列宽保证能够完全显示出数据)。

9. 套用表格格式:选中 A11:C16,单击"开始"选项卡→"样式"组下"套用表格格式"按钮→"中等深浅"中的"表样式中等深浅 3"。

10. 保存与关闭:单击"快速访问工具栏"中的"保存"按钮,然后"关闭"该窗口。

六、能力和知识拓展

根据题目要求,查阅素材文件"Excel 实训题_B. xls",并在指定的工作表中保存操作结果,最后将结果文件保存到上述指定的文件夹中。注意:该部分的素材与答题均在"Excel 实训题_B. xls"文档中,请注意工作表名称的提示。

(一)根据"素材 1"制作万年历

参照"素材 1"表的万年历效果图,在"答题 1"表中制作万年历。具体要求:

1. 万年历中可查阅自 1969 年到 2029 年 1 至 12 个月的日历,结果如"素材 1"表中效果图所示。

2. 其中查询条件"年""月"的输入以下拉列表的形式来选择,当前日期自动更新。

3. 万年历的格式同"素材 1"表中效果图,其中标题格式为华文琥珀、26 号,日历中的项目标题格式为华文行楷、18 号,日历中的数字格式为宋体、18 号。

(提示:4 年设一闰年,即能被 4 整除的年份为闰年,但是,对于世纪年,即末尾数字为两个零的年份,必须能被 400 整除才算闰年。)

(二)根据"素材 2"表中数据,完成函数应用和数据的筛选

1. 根据"素材 2"表提供的职工保险信息,在"答题 2"表中对数据进行格式化操作,效果如"素材 2"中图 1 所示。要求:日期型数据显示为"1990 - 01 - 01"形式。

2. 利用函数计算图 1 中"参加工作年龄""退休日期""通知书抬头"列内容,其中退休日期依据男性 60 岁退休、女性 55 岁退休规则来计算;通知书抬头中称呼男性为先生、女性为女士。

3. 对"素材 2"中的数据进行筛选,筛选出 1980 年以后或 1970 年以前,同时缴费基数超过 1000 的男性记录,并将结果保留在上述处理过的数据表格的下方。

(三)根据"素材 3"给定的数据,制作动态图表

1. 在"答题 3"工作表中计算出各车间生产轮胎的平均值。

2. 根据表中数据制作各种型号轮胎的生产数量分别与平均值对比的动态图表。要求在图表中,设置一个组合框控件,通过在组合框控件中选择数据表中各列名称(如 3 号轮胎),图表动态地显示出相应型号轮胎的数量与平均值的对比图表。

操作步骤:

制作万年历

1. 根据图片要求先大概地设定好模板,并设置边框,如图 5-39 所示。

图 5-39 设置边框

2. 选中 B1:H2,合并居中,设置为宋体,24 磅,设定一种字体颜色(见图 5-40)。

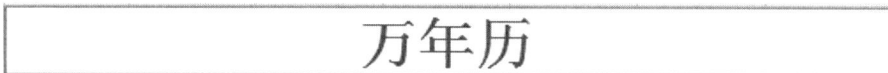

图 5-40 字体

3. 选中 B3:C3 和 D3:H3,合并居中,分别输入"当前日期:"和" = TODAY( )",如图 5-41 所示。

图 5-41 当前日期

4. 在 I 列输入 1969 到 2029 的数列(用填充工具),在 J 列输入 1 到 12 的数列,在"数据"组—"数据工具"栏—"数据有效性"处设置 E14 和 G14 的数据有效性(见图 5-42)。

图 5-42 数据有效性

5. 在星期栏上面输入相应的数字(见图 5-43)。

7	1	2	3	4	5	6
星期日	星期一	星期二	星期三	星期四	星期五	星期六

图 5-43 星期

6. 在"文件"—"选项"中"在具有零值的单元格中显示零"的框前去掉勾(见图 5-44)。

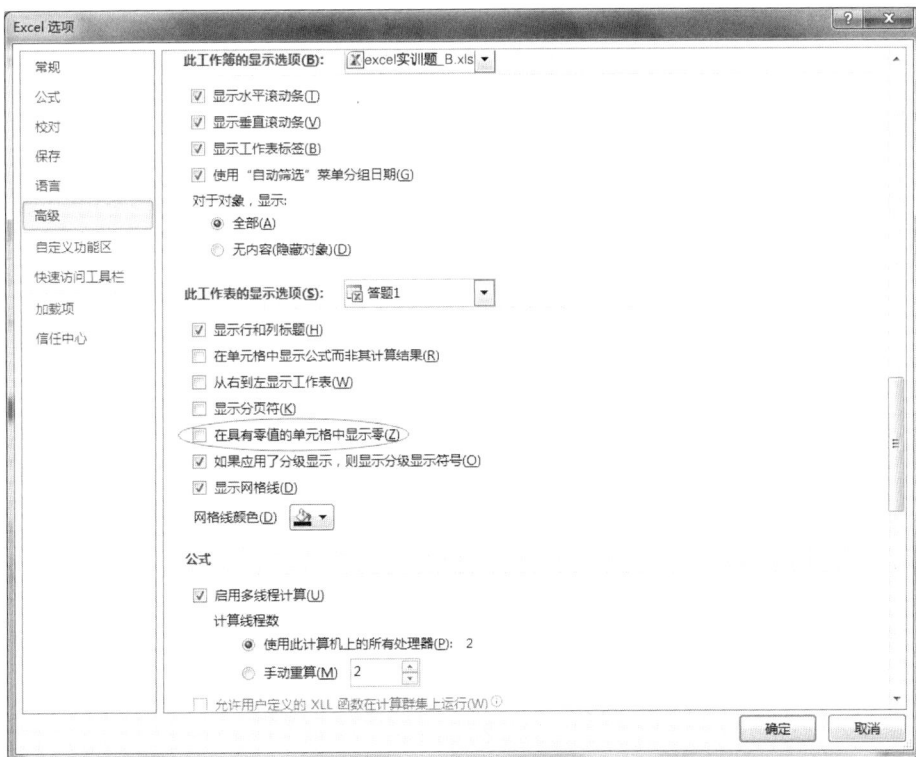

图 5-44 选项

笔记

7. 在 B4 中输入" = IF(WEEKDAY(DATE($E$14,$G$14,1),2) = B5,1,0)",并拖至 H4。如图 5-45 所示。

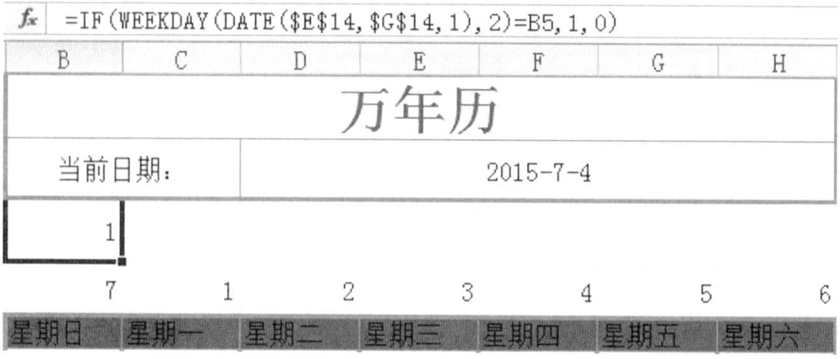

图 5-45　B4 至 H4

8. 在 A2 中输入" = IF(G14 = 2,IF(OR(E14/400 = INT(E14/400),AND(E14/4 = INT(E14/4),E14/100 < > INT(E14/100))),29,28),IF(OR(G14 = 6,G14 = 4,G14 = 9,G14 = 11),30,31))"。

9. 在 B7 输入" = IF(B4 = 1,1,0)",在 B8 输入" = IF(B7 > 0,B7 + 1,IF(C4 > 0,1,0))"并拖至 H8,在 B9 输入" = H8 + 1",将 B9 拖至 B10,在 C8 输入" = B8 + 1"并拖至 H8,在 C9 输入" = B9 + 1",拖至 H9,在 C10 中输入" = B10 + 1",拖至 H10,在 B11 输入" = IF(H10 > $A$2,0,H10 + 1)",在 C11 输入" = IF(B11 > $A$2,0,IF(B11 > 0,B11 + 1,0))"并拖至 H11,在 B12 输入" = IF(H11 > 0,IF(H11 > = $A$2,0,H11 + 1),0)",在 C12 输入" = IF(B12 > = $A$2,0,IF(B12 > 0,B12 + 1,0))",并拖至 H12。结果见图 5-46 和图 5-47。

图 5-46　输入(一)

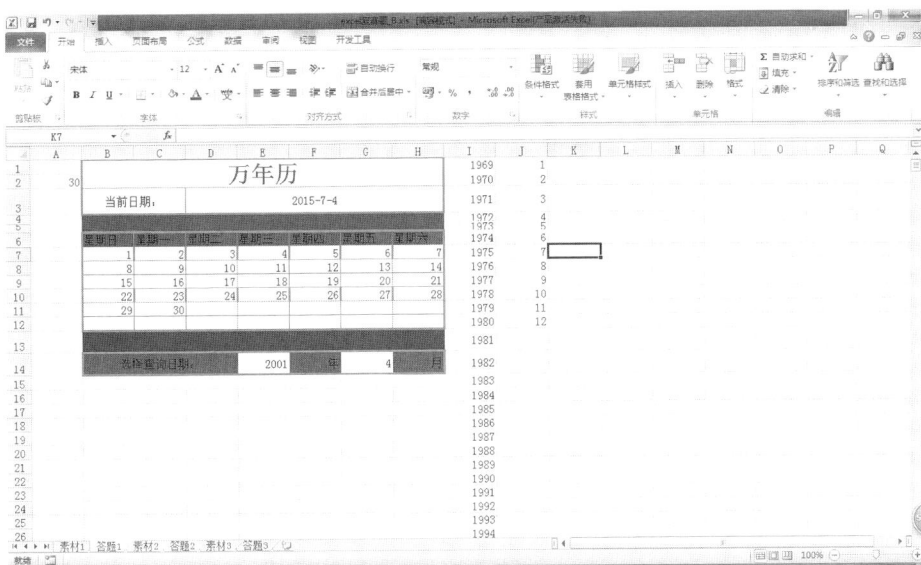

图 5-47　输入(二)

10. 修饰:隐藏 A、I、J 三列,把 B4:H5 的字体颜色和填充颜色设为一致。最终效果如图 5-48 所示。

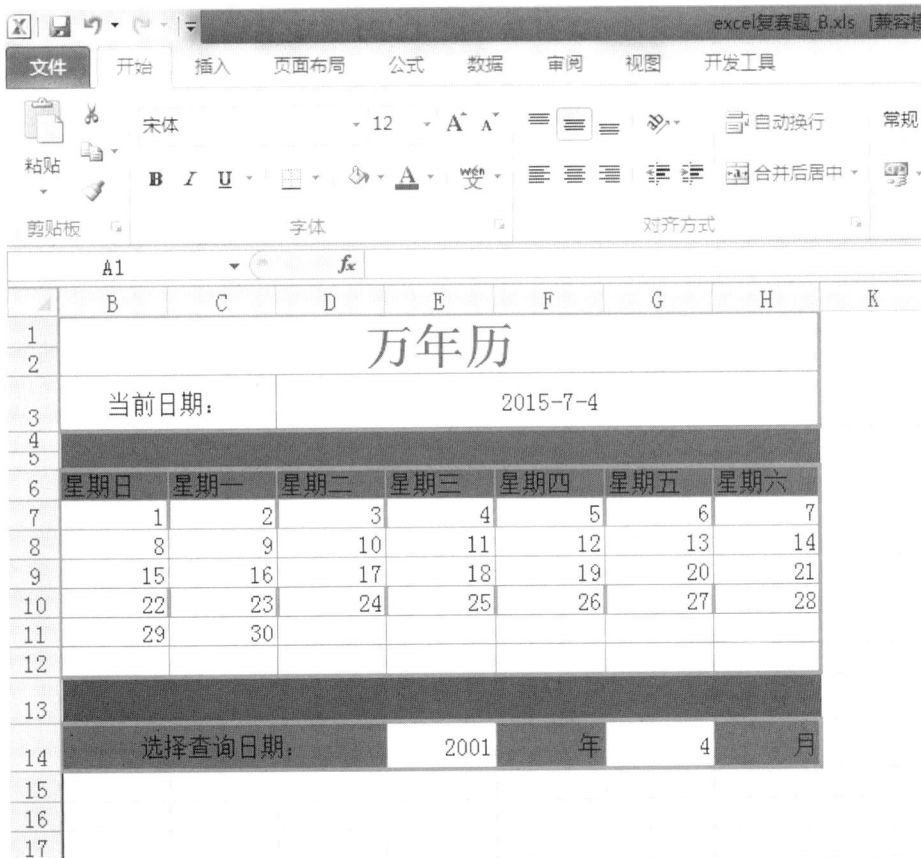

图 5-48　最终效果

233

(二)职工保险单

1. 复制表格到答题 2 表中,根据图 1 在相应的格子里输入文字(见图 5-49)。

图 5-49　输入文字

2. 在 I3 里输入" = YEAR(F3) - YEAR(E3)",拖至 I48。如图 5-50 所示。

图 5-50　自动计算

3. 在 J3 里输入" = IF(C3 = "女",YEAR(E3) + 55 & " - " & MONTH(E3)& " - " & DAY(E3),YEAR(E3) + 60 & " - " & MONTH(E3)& " - " & DAY(E3))",拖至 J48。

4. 在 K3 输入" = IF(C3 = "女",G3 & "女士",G3 & "男士")",拖至 K48。

5. 选中素材 2 中的一个单元格,点击"筛选",在出生日期和缴费基数中选择筛选条件(见图 5-51 和图 5-52)。

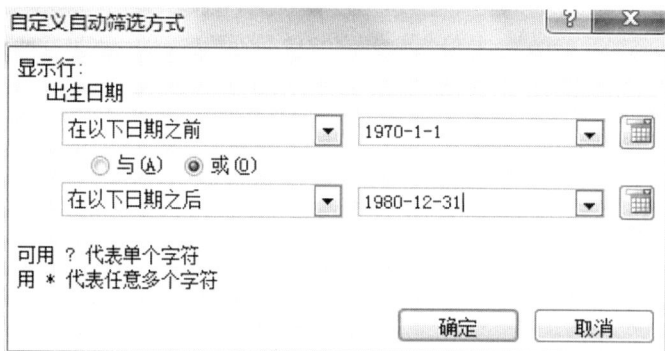

图 5-51　筛选条件 1

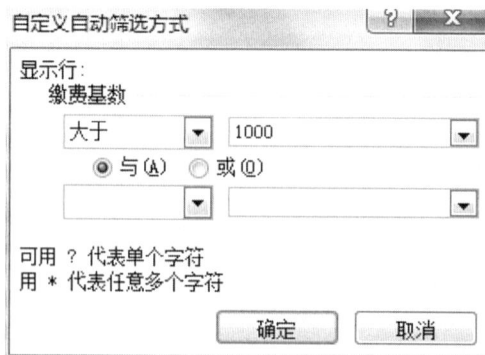

图 5-52　筛选条件 2

234

6. 将筛选结果复制至表格下方。

7. 动态图表：

（1）将素材3的表转置粘贴到答题3表中，用 AVERAGE 函数计算平均值。

（2）在"开发工具"—"插入"栏中选择组合框的控件，插入。设置组合框格式，如图 5-53 所示。

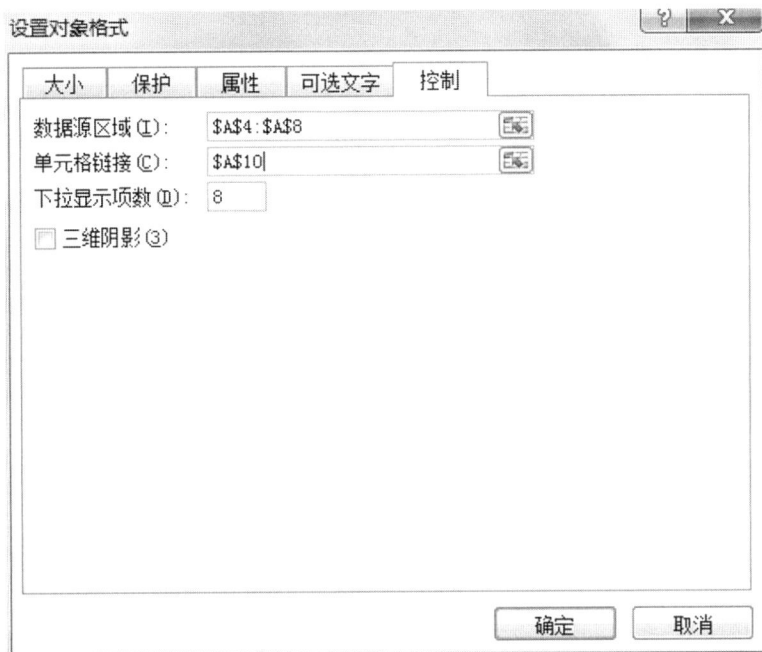

图 5-53　设置对象格式

（3）在公式中定义新的公式 data（见图 5-54）。

图 5-54　定义 data 公式

笔记

（4）根据表内容创建柱形图表，在"图例"项选择平均值和系列1。如图 5-55 至图 5-57 所示。

图 5-55　编辑数据系列

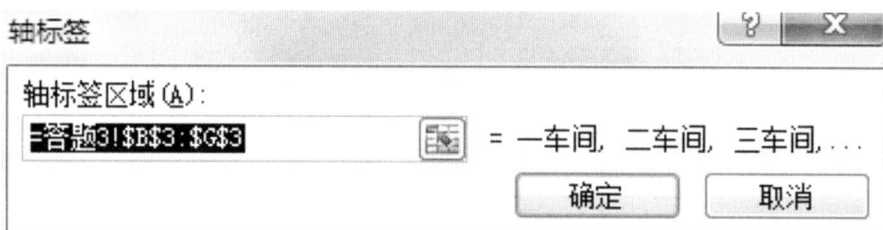

图 5-56　轴标签

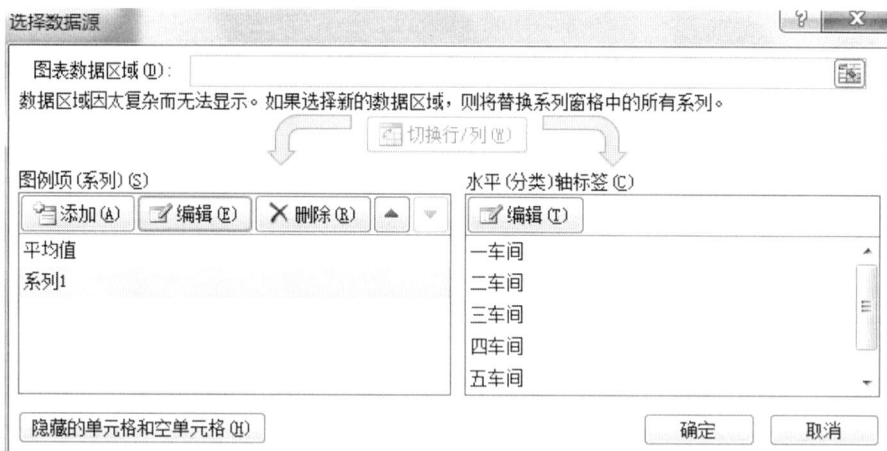

图 5-57　选择数据源

（5）效果图如图 5-58 所示。

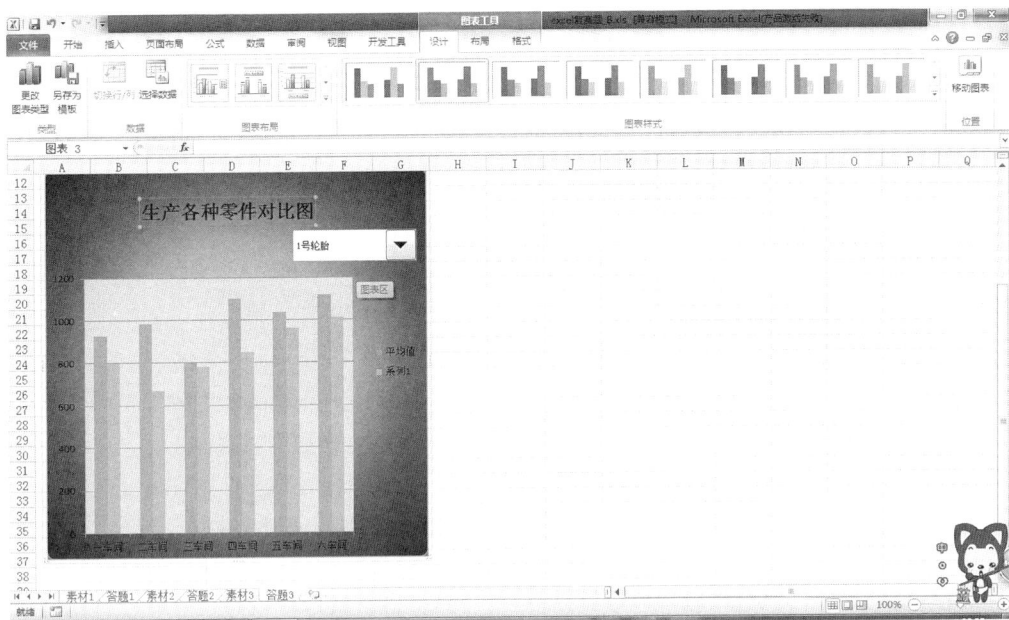

图 5-58 效果图

七、课外练习与操作提示

习题一：九九乘法表的制作（公式的使用，相对引用位置）

操作提示：

1. 在 B1 单元格中输入 1，向右拖动单元格右下方的填充柄，至单元格 J1，点击右下方的智能标签，选择填充序列。

2. 上步中，也可以在 B1 中输入 1，B2 中输入 2，同时选中 B1、B2，拖动填充柄，Excel 会自动以等差数列填充后续的单元格。

3. 选中 B1 到 J1，右击鼠标，点"复制"，选中 A2 单元格→"开始"选项卡→"剪贴板"分组→"粘贴"下拉按钮→"选择性粘贴"，勾选"转置"，点击"确定"按钮。

4. 选择 B2 单元格，输入公式"=B$1*$A2"，注意，Excel 公式默认为相对位置，加上$符号后为绝对位置。

5. 选中 B2，向右拖动填充柄至 J2，在 B2:J2 被选中的情况下，向下拖动填充柄到 J10。

6. 如果在 B2 单元格中输入的公式为"=IF(B$1<=$A2,B$1*$A2,"")"，填充步骤同上，将会得到一个小的九九乘法表。这里用到了公式的嵌套，就是一个公式的结果作为另一个公式的参数。

7. 如果第 1 步到第 3 步同上，然后选择 B2:J10，在编辑栏中输入公式"=B1:J1*A2:A10"，按 Ctrl+Shift+Enter 键，可一次性地完成整个乘法表，当然，如果输入的公式为"=IF(B1:J1<=A2:A10,B1:J1*A2:A10,"")"，将会得到小的九九乘法表，这里用到的是数组公式。

习题二：从身份证号码中得到出生日期（公式的嵌套使用）

操作提示：

1. 在 A1 单元格中输入，"'123456199206012222"当作一个身份证号码，注意，第一个字符是一个单引号，表示以后输入的数字作为一个字符串处理。

2. 首先分步来做，在 B1 单元格中输入公式" = MID(A1,7,4)"，从 A1 的第 7 位开始提取 4 位，即年份。

3. 同样，在 C1 中输入" = MID(A1,11,2)"，获得月份，在 D1 中输入" = MID(A1,13,2)"获得日。

4. 在 E1 中，输入" = DATE(B1,C1,D1)"，组成出生日期。

5. 现在在 F1 中尝试着一次性输入整个公式，选输入 E1 一样的公式，然后用 B1 中的公式去掉等号，替换公式中的 B1，同样替换掉 C1、D1，最后得到这样的公式" = DATE(MID(A1,7,4),MID(A1,11,2),MID(A1,13,2))"，这就是公式的嵌套。

6. 有时，身份证号码只有 15 位，那么公式就应该是" = DATE(MID(A2,7,2),MID(A2,9,2),MID(A2,11,2))"。

7. 如果本身是 15 位的身份证号码，人为地在年份前补充了"19"，就成了 17 位，则可以继续使用 18 位版的公式。

8. 如果我们没法确定输入的身份证号码是几位，该怎么办？可以对身份证的位数进行判断，用 LEN(A1)公式，嵌套后的完整公式可以写为" = IF(LEN(A1) < 17,DATE(MID(A1,7,2),MID(A1,9,2),MID(A1,11,2)),DATE(MID(A1,7,4),MID(A1,11,2),MID(A1,13,2)))"。

习题三：某体检机构接受网上体检预约，从网上获得文本数据，但需要用特定的 Excel 格式导入体检系统，请完成：（文本导入向导、数据导入、分列）

文本数据如下，数据项以 1～2 个空格分隔，实际工作中，行数会很多，此处仅为示例。

1911	张贞薇	123456194902034321	女	正常
8407	潘薇秀	123456194109074321	女	正常
8282	陈秋楼	123456193308294321	男	正常
2019	林筱茂	123456196205084321	女	正常
682	欧小松	123456194709224321	男	正常
1888	余令荣	123456196301134321	女	正常
929	陈花云	123456196401294321	女	正常

目标要求的表格如下，因为要用此文件导入到程序中，所以格式不能更改。

体检预约表

单位名称：	写数字或简写，未婚：			
预约日期：	2016/6/1			
姓名	(1男，年龄年月日(yyyy-婚否，联系电话，E-mail)		身份证号	部门
张贞薇	女	1949/2/3	123456194902034321	1911
潘薇秀	女	1941/9/7	123456194109074321	8407
陈秋楼	男	1933/8/29	123456193308294321	8282
林筱茂	女	1962/5/8	123456196205084321	2019
欧小松	男	1947/9/22	123456194709224321	682
余令荣	女	1963/1/13	13456196301134321	1888
陈花云	女	1964/1/29	123456196401294321	929

操作提示：

1. 复制文本内容，在 Excel 工作表中，选中 B5 单元格，右击鼠标，点"粘贴"，点击"智能标签"，选择匹配目标格式。

2. 确认粘贴的全部内容被选中→"数据"标签选项卡→"数据工具"分组→"分列"按钮→在分列向导的第一步→确认分隔符号被选中→点击"下一步"。

3. 向导第二步，确认分隔符号中的空格被选中，确认右侧的连续分隔符号视为单个处理被选中，点击"下一步"。

4. 在数据预览中，选择第三列，即身份证号码那一列，将上方的列数据格式设为文本，否则身份证的后 3 位会被 0 代替，点击"完成"。

5. 如果第一列内容显示为其他格式，可选中第一列所有数据，右击鼠标，点击"设置单元格格式"，在"数字"选项卡中选择"常规"。

6. 将各列数据移至相应的列，用剪切、粘贴，相应的键盘快捷键为 Ctrl + X，Ctrl + V。

7. 在单元格 D5 中输入公式" = IF(LEN(I5) < 17,DATE(MID(I5,7,2),MID(I5,9, 2),MID(I5,11,2)),DATE(MID(I5,7,4),MID(I5,11,2),MID(I5,13,2)))"，并向下填充。

习题四：从网上获取的《中华流行病学杂志》十年来的文章发表题录（见下载文档），请您整理分析（用数据透视表分析数据）

操作提示：

1. 数据分析比较复杂，不同的问题和目的差别很大，本例以分析不同年份以来该杂志栏目文章数的变化为例，学术上可能不够专业，仅以此为例说明 Excel 的操作。

2. 打开 Excel 表格，发现每年的栏目是有变化的，栏目的名称并不统一，所以，首先要对栏目进行规整。

3. 复制栏目列，新建一个工作表，将表名改为"栏目规整表"，选中 A1 单元格，粘贴，在"数据"选项卡的"数据工具"分组中，点击"删除重复项"。

4. 选中保留项目的任意一行，点击"排序和筛选"分组，点击"排序"，升序降序皆可。

5. 将 A 列复制，并粘贴到 B 列中，这样，有了一个与原始栏目一样的一列，将 A 列中应当归为一类的栏目，在 B 列中用同样的栏目名称表示。

6. 现在的问题是，如何将这些规整后的栏目名称放到原始的表中。在原始表的栏目列 G 后新插入一列，在 H1 中输入 ReCategory 作为列名，在 H2 中输入以下公式" = VLOOKUP(G3,栏目规整表! A:B,2,FALSE)"，规整后的栏目名称被查找并显示出来。

7. 向下填充，显示所有条目的规整栏目名。

8. 过多的公式会影响 Excel 的运行速度，为此，可以将公式的结果保留，选中 H 列，按 Ctrl + C，然后按 Ctrl + V，这样数据被复制粘贴到原位，右下角出现智能标签，点开"选择粘贴数据"→"值和数据格式"。这样公式被去掉，仅留下相应的数值。

9. 选择原始数据表中的任何位置→"插入"选项卡→"表格"分组中的"数据透视表"，确认表/区域已正确扩展→选择"新工作表"，或设置现有工作表的位置→点击"确定"按钮。

239

10. 右侧出现数据透视表字段面板,将上方的 YEAR 标签拖动到下方的列框中,将 ReCategory 拖到行框中,拖标签到值框中,确认在值框中显示为"计数项:",如不是,点击,选择"值字段设置",计算类型选中"计数",点击"确定"。

11. 在数据透视表总计列中点击任一位置,将数据按降序排列,这样,文章数目最多的栏目显示在最上面。

12. 运用数据透视表中的数据,可以选择部分数据,插入图表,能够更直观地发现数据的变化趋势。如图 5-59 所示。

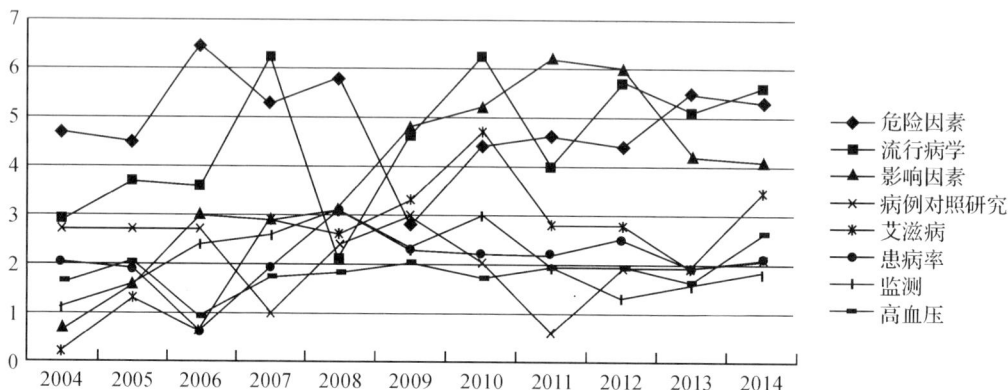

图 5-59　数据变化趋势

习题五:某体检部门用 Excel 记录单位体检缴费情况,请利用 Excel 功能进行统计,文档见单位费用结算。

操作提示:

1. 表内数据较多,当只需要浏览特定数据时可以使用筛选功能,数据表内的任一单元格被选定的情况下,选择"数据"选项卡→"排序和筛选"分组,点击"筛选"按钮。

2. 此时,在表格的每一个列标题上,都出现了一个下拉按钮,如点击"经手人"旁的下拉按钮,取消"全选"的选择,选择"叶辉",则只显示经手人是叶辉的缴费记录,此时,左侧的行标题变成蓝色,"经手人"旁的下拉按钮也变成了筛选样的图标。

3. 要清除已做的筛选,只需要选中"全选"即可。

4. 筛选条件也可以自定义,如要显示体检人数在 50～100 人的缴费记录,可单击"体检人数"右侧的下拉按钮,点击"数字筛选"→"介于",在右上输入框中输入 50,右下输入框中输入 100,点击"确定"。

5. 当几个列同时设置筛选条件时,仅显示满足所有条件的行。

6. 所有数据都是一个颜色,不明显,希望所有已核销的数据显示为灰色,已领发票未核销的数据显示为红色,表明要注意催款,其余的为还未开发票的,显示为黑色。

7. 这里要用到条件格式的高级用法,选中 A2:L2,"开始"选项卡→"样式"分组→"条件格式"→"新建规则",选择规则类型,选最后一项,使用公式确定要设置格式的单元格,在下方的公式输入框中,输入"＝$K2＝",点击"格式"按钮,在"字体"选项卡中,将颜色设为红色,如上述新建规则,公式为"＝$G2＝",格式为将颜色设为黑色,单击"确定"。

8.仍在上述单元格选中的情况下,将字体颜色设为灰色。

9.拖动填充手柄,直至最下方,点击"智能标记",选中"仅填充格式"。现在可以看到不同阶段缴费记录按不同颜色显示,一目了然。

10.该项工作要求,在确认收费信息后,打印三张通知单,一张给缴费单位,定明银行账号,一张给财务出纳留存,一张体检部保留。

11.新建一张工作表,按格式要求设置内容及边框。

12.选中 M1 单元格,右击鼠标,点击"设置单元格格式"→"数字"选项卡→"分类"选择"自定义",在右侧的类型中输入"No."G/通用格式,这样当输入的仅为一个数字时,会在数字前加上一个 No. 的前缀,显示更加友好。

13.选中 I2 单元格,输入公式"=VLOOKUP(M＄1,缴费清单! A:L,2,FALSE)",是将序号与 M1 相同的缴费记录中的单位名称提取出来。

14.选中 I3 单元格,输入公式"=VLOOKUP(M＄1,缴费清单! A:L,3,FALSE)",提取起始日期信息,右击鼠标,设置单元格格式,使用自定义格式,类型框中输入 yyyy"年"m"月"d"日",以限定日期格式。

15.选中 I4 单元格,输入公式"=VLOOKUP(M＄1,缴费清单! A:L,4,FALSE)",格式 yyyy"年"m"月"d"日"。

16.选中 I5 单元格,输入公式"=VLOOKUP(M＄1,缴费清单! A:L,5,FALSE)",格式 G/通用格式"("人")"。

17.选中 I6 单元格,输入公式"=VLOOKUP(M＄1,缴费清单! A:L,6,FALSE)"。

18.选中 I7 单元格,输入公式"=VLOOKUP(M＄1,缴费清单! A:L,6,FALSE)",格式[DBNum2][＄RMB]"大""写"":"G/通用格式;[红色][DBNum2][＄RMB]G/通用格式。

19.选中 I8 单元格,输入公式"=VLOOKUP(M＄1,缴费清单! A:L,8,FALSE)"。

20.选中 I9 单元格,输入公式"=VLOOKUP(M＄1,缴费清单! A:L,7,FALSE)",格式 yyyy"年"m"月"d"日"。

21.选中 F13 和 F26 单元格,输入公式"=M1"。

22.下面两页的内容同样设好,现在,将 M1 单元格内容改为任一缴费序号,整个表格的内容都会显示该记录的情况。

本例仅用 Excel 就实现了类似邮件合并的功能,当想把文件放到云端时,就如此操作。

第三节　演示文稿制作软件

一、知识准备

(一)演示文稿的办公应用

当进行学术交流、产品展示、工作汇报等场合需要介绍一个计划、一个观点或做

241

报告、演讲时,最好的办法是事先准备一些带有文字和图表的演示文稿,用来阐明自己的主要论点,然后在面向观众播放演示文稿中幻灯片的同时,可以进行更详细的讲解。

(二)PowerPoint 的功能特点

Microsoft Office 办公套装软件中的 PowerPoint 就是一款演示文稿制作软件,它可以制作内容丰富、效果生动的演示文稿,其主要功能特点如下。

1. 可以作为屏幕演示

利用 PowerPoint 制作的幻灯片可以作为演示文稿进行屏幕演示,屏幕演示的内容可以包含文本、图形、表格、绘制的形状以及由其他应用程序产生的图片、声音、影片和其他艺术对象等。它既可以按一定顺序连续播放,也可以像选择菜单一样进行选择播放;还可以随时修改演示文稿,使用幻灯片切换、定时和动画控制播放。

2. 可以制作投影幻灯片及 35mm 专业幻灯片

利用 PowerPoint 不仅可以将屏幕演示用的幻灯片打印成黑白或彩色的胶片,而且还可以将制作的幻灯片转制成 35mm 专业幻灯片。

3. 可以同时制作讲义、备注和大纲,而且可以在演示中做标记

在利用 PowerPoint 制作演示幻灯片的同时,可以制作出供观众使用的讲义和供演讲者使用的备注,可以打印演示文稿的大纲。另外,在播放的过程中为了强调某些内容,演讲者还可以在演示文稿中利用不同颜色的绘图笔做记号或做出批注、注释。

(三)PowerPoint 演示文稿制作时的几个术语或概念

PowerPoint 演示文稿的内容主要由幻灯片、大纲、讲义、备注页等组成;每一页幻灯片内都是由对象布置的板式组成。另外,PowerPoint 可以使演示文稿的所有幻灯片具有一致的外观,而控制幻灯片外观的方法有 3 种:母版、配色方案及模板。

为了以后叙述的方便,下面简单介绍其中几个主要术语,其相关操作将在后面讲解。

(1)演示文稿:PowerPoint 文件,默认扩展名为 ppt(2007 版本之后变为 pptx),有时也称之为 PPT 文档。

(2)对象:幻灯片中的文字、表格、图表、图形以及其他任何可以插入的元素。

(3)版式:幻灯片中对象的布局格式。PowerPoint 提供了 30 多种自动版式,根据需要可以从中选择。每一种都提供了相应的占位符,根据提示用户可以填写自己相应的内容。

(4)母版:母版包含着每个页面上所需显示的对象。例如,想在每张幻灯片的右下角都出现公司的标志,只要将公司的标志图案置于幻灯片母版的右下角即可。

(5)配色方案:一组可以用于演示文稿的预设颜色,也可用于表格和图表以及图形的着色,在幻灯片制作中,随时可以选择、修改和设置配色方案。

(6)模板:一个已经保存的演示文稿,包含有预先定义的文字格式、颜色以及图形等元素。它是由具有丰富设计经验的艺术设计师设计的,每个模板都表达了某一种风格。

二、实训目标

1. 巩固 PowerPoint 2010 演示文稿的相关概念、功能及特点、常用操作方法等主要知识点。

2. 培养学生应用 PowerPoint 2010 演示文稿的基本能力。

3. 提高灵活运用 PowerPoint 2010 演示文稿解决在实际工作生活中遇到的相关问题的能力。

三、实训环境

1. 硬件环境：多媒体计算机。

2. 软件环境：Windows 操作系统、PowerPoint 2010 软件、下载上机练习题（http：//pan.baidu.com/s/1nvTQW0x）。

四、实训内容

实训一

打开"练习 1"文件夹下的演示文稿"PPT001.pptx"，按下列要求对其进行操作，并以另一文件名"LX001.pptx"保存在"练习 1"下。

1. 将第一张幻灯片中的文字设置为楷体、加下划线、44 号字，并为文字设置动画为飞入，方向为自左下部（动画播放时"开始"方式采用系统默认的"单击时"）。

2. 插入一张"空白"版式幻灯片作为第二张幻灯片，在幻灯片中插入垂直文本框，输入文字"太阳从东方升起"。为文字设置动画为切入，并要求幻灯片播放时，"延迟 1 秒"，"持续时间 2 秒"，自动"自右侧"切入（提示：此处的动画"开始"方式要选择"上一动画之后"，默认的动画"开始"方式是"单击时"）。

3. 插入一张"垂直排列标题与文本"版式的幻灯片作为第三张幻灯片。在标题占位符中输入"上海滩"，设置字体字号为"黑体、54 磅"，文字颜色设为亮蓝色（注意：请用自定义标签中的红色 0、绿色 255、蓝色 255）；在文本占位符中输入"想念你！"，文字颜色设为品红（请用自定义标签中的红色 255、绿色 0、蓝色 255）。

4. 插入一张"标题和内容"版式的幻灯片作为第四张幻灯片，在标题占位符中输入"我的红玫瑰"，文字设置为居中；单击幻灯片中"插入来自文件的图片"占位符，插入"练习 1"文件夹下的图片文件"玫瑰.jpg"。设置动画效果为向内溶解，"开始"方式为"上一动画之后"。

5. 设置所有幻灯片的背景格式为"填充→纹理填充→白色大理石"。

6. 在第三张幻灯片的空白处插入"椭圆"图形，添加文字"浪奔浪流"。

7. 给所有幻灯片插入"幻灯片编号"。

8. 将所有幻灯片的切换方式设置为随机线条，并设置自动换片时间为 2 秒。

9. 放映并观看效果。

10. 完成以上操作后，将该文件以"LX001.pptx"为文件名保存在"练习 1"文件夹下，然后关闭 PPT 文档窗口。

操作结果如图 5-60 所示(仅作参考)。

图 5-60　练习 1 操作结果

实训二

打开"练习 2"文件夹下的演示文稿"PPT002.pptx",按下列要求对其进行操作,并以另一文件名"LX002.pptx"保存在"练习 2"下。

1.在"幻灯片"窗格中选中第一张幻灯片,在其后插入"仅标题"版式的新幻灯片,输入标题"成本论",然后删除第一张幻灯片。

2.在第二张幻灯片中插入剪贴画中的任意声音文件,并设置为"自动播放",放映幻灯片时隐藏声音图标。

3.在第三张幻灯片中插入剪贴画中的任意视频文件。

4.将第二张幻灯片复制到第五张幻灯片之后,作为第六张幻灯片。

5.设置幻灯片母版,将标题区文字格式设置成:楷体、48 号、红色、分散对齐。

6.隐藏第七张幻灯片(注意:隐藏幻灯片不是删除幻灯片,只是播放时不显示)。

7.为所有幻灯片设置页眉页脚,即添加自动更新的日期和时间及幻灯片编号。

8.将整个演示文稿应用"龙腾四海"主题。

9.将所有幻灯片的切换效果设置为"百叶窗",换片持续时间为 1.0 秒。

10.将演示文稿从头开始放映以观看效果。

11.完成以上操作后,将该文件以"LX002.pptx"为名保存在"练习 2"文件夹下。

操作结果如图 5-61 所示(仅作参考)。

图 5-61　练习 2 操作结果

实训三

打开"练习 3"文件夹下的演示文稿"PPT003.pptx",按下列要求对其进行操作,并以另一文件名"LX003.pptx"保存在"练习 3"下。

1. 进入幻灯片浏览视图,把第一张和第三张幻灯片复制到幻灯片最后,然后切换到幻灯片普通视图。

2. 在第一张幻灯片中插入"星与旗帜"中的"八角星",添加并编辑文字"八一",纯色填充(颜色采用标准色中的"橙色"),设置文字为"隶书,40 磅"。

3. 为幻灯片中的"八角星"和"图片"分别设置动画,前者进入效果选择"中心旋转",后者选择"回旋",并要求它们都自动出现,且在第 1 个对象出现后间隔 1.5 秒第 2 个对象才开始出现。

4. 在两张幻灯片中插入"练习 3"文件夹下的声音文件"Sou11.wav",要求单击时播放;在三张幻灯片中插入"练习 3"文件夹下的视频文件"Mov11.avi"。

5. 设置第四张幻灯片背景,要求采用"渐变填充",预设颜色选择"雨后初晴"。

6. 在幻灯片最后插入一张空白幻灯片,在新幻灯片中插入艺术字,选择第 3 行第 1 列选项,文本内容是"谢谢各位光临",设置艺术字的"文本填充"(采用标准色中的"橙色")、"文本效果"(采用"转换"中的"山形")。

7. 自定义放映演示文稿中第 1、3、5、7 张幻灯片,幻灯片放映名称采用默认的"自定义放映 1"。

8. 设置"自定义放映 1"放映方式(演示文稿默认的放映方式为"全部"),并设置"循环放映"。

9. 进行幻灯片放映并观看效果。

10. 完成以上操作后,将该文件以"LX003.pptx"为名保存在"练习 3"文件夹下。

操作结果如图 5-62 所示(仅作参考)。

图 5-62　练习 3 操作结果

实训四

打开"练习 4"文件夹下的演示文稿"PPT004.pptx",按下列要求对其进行操作,并以另一文件名"LX004.pptx"保存在"练习 4"下。

1. 在第一张幻灯片前插入"标题幻灯片"(提示:插入时只能在第一张之后,可在"幻灯片"窗格中把它拖至第一个位置)。输入标题"多媒体素材",文字颜色设置为黄颜色,要求用自定义标签中的红色 255,绿色 255,蓝色 0。

2. 在标题幻灯片中右下角插入"横排(即水平)文本框",输入文字"指向",为"指向"文字设置超链接,播放时单击它可指向第四张标题为"多媒体素材的分类"的幻灯片(可放映幻灯片,验证一下)。

3. 在第二张幻灯片中,将文本框中的第二行、第四、五行向右增大缩进级别(即将文本行降级,此时项目符号会发生变化)。

4. 将第三张幻灯片文本框文字(除标题)设为 40 号、倾斜,并将幻灯片中的项目符号由"■"改为"➢"。

5. 将第四张幻灯片文本框中三句的项目符号去掉,并将文本居中,行距设置为 1.5 倍行距,并为它们设置动画为擦除,方向为自顶部。

6. 在第四、五张幻灯片之间插入一张"空白"幻灯片作为第五张幻灯片,在空白幻灯片中插入 4 行 5 列表格,合并第一行,输入"成绩表"并将之居中。

7. 将第一张幻灯片应用主题为"跋涉",将第 2 至 5 张幻灯片应用主题为"暗香扑面"。

8. 将幻灯片的切换方式设置为"摩天轮",并应用于所有幻灯片。

9. 进行幻灯片放映并观看效果。

10. 完成以上操作后,将该文件以"LX004.pptx"为名保存在"练习 4"文件夹下。

笔记

操作结果如图 5-63 所示(仅作参考)。

图 5-63　练习 4 操作结果

实训五

打开"练习 5"文件夹下的演示文稿"PPT005.pptx",按下列要求对其进行操作,并以另一文件名"LX005.pptx"保存在"练习 5"下。

1. 在第二、三张幻灯片之间插入一张版式为"两栏内容"的新幻灯片作为第三张幻灯片,在左侧文本框中利用"插入来自文件的图片"占位符,插入"练习 5"文件夹下的图片文件"bird.jpg",在右侧文本框中利用"剪贴画"占位符,插入任意一幅剪贴画。设置"bird.jpg"图片高度为 7 厘米、宽度为 8 厘米(设置时要去掉"锁定纵横比"复选框)。

2. 在第三、四张幻灯片之间插入一张版式为"标题和内容"的新幻灯片作为第四张幻灯片,在文本框中单击"插入图表"占位符,图表类型为"簇状柱形图",数据采用系统默认的数据表(因此,插入"簇状柱形图"子图后可直接关闭 Excel 窗口)。

3. 将第一张幻灯片中的文字"转向第 4 张幻灯片"设置为"动作"链接,即播放时单击它可链接第四张幻灯片。

4. 在所有幻灯片中插入页脚"幻灯片制作"字样(只考虑在"普通视图"中操作)。

5. 将第一、二张换灯片应用"凤舞九天"主题。

6. 将第六张幻灯片背景效果设置为"渐变填充",预设颜色选择"红日西谢"。

7. 设置演示文稿放映方式为"循环放映,按 Esc 键终止"。

8. 设置换片方式为"手动"。

9. 将所有幻灯片的切换方式设置为溶解。

10. 进行幻灯片放映并观看效果。

11. 完成以上操作后,将该文件以"LX005.pptx"为名保存在"练习 5"文件夹下。

笔记

操作结果如图 5-64 所示（仅作参考）。

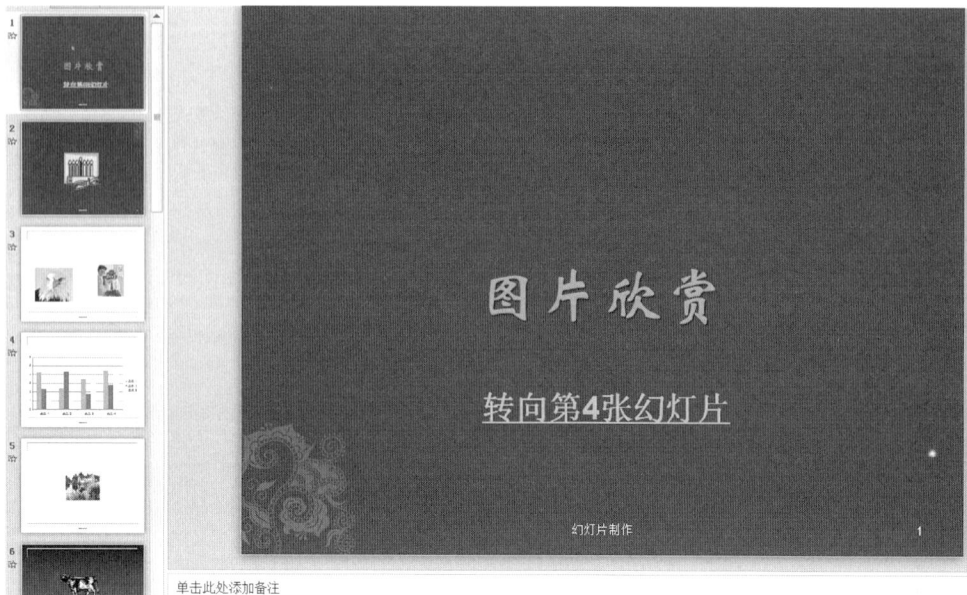

图 5-64　练习 5 操作结果

五、实训步骤及要求

（一）实训一操作步骤

1. 选定幻灯片中的文字，单击"开始"选项卡，在"字体"组中设置"楷体、下划线、44 号字"；再次选定文字，单击"动画"选项卡，在"高级动画"组中单击"添加动画"按钮→"更多进入效果"命令，选择"飞入"并按"确定"，再次选定文字，在"动画"选项卡下"动画"组中选择"效果选项"→"自左下部"。

2. 单击"开始"选项卡→"幻灯片"组中的"新建幻灯片"→"空白"（此时新插入幻灯片为当前幻灯片），然后单击"插入"选项卡→"文本"组中的"文本框"→"垂直文本框"，在幻灯片空白处左击鼠标即可输入"太阳从东方升起"。选定文本，在"动画"选项卡"高级动画"组中选择"添加动画"→"更多进入效果"→"切入"，按"确定"。然后选定文本，在"动画"选项卡"计时"组中进行相关设置："开始"处选择"上一动画之后"，"延迟"处选择"1"秒，"持续时间"处选择"2"秒，然后在"动画"选项卡下"动画"组中选择"效果选项"→"自右侧"。以上各项设置也可以通过打开"动画窗格"进行操作。

3. 确认第二张幻灯片为当前幻灯片（可在"幻灯片"窗格中选择），单击"开始"→"新建幻灯片"→"垂直排列标题与文本"，单击标题占位符并输入"上海滩"，选定文字，在"开始"选择卡设置"黑体、54 磅"，并单击"字体颜色"按钮右侧下三角选择"其他颜色"→"自定义"，在对应处输入"红色 0、绿色 255、蓝色 255"；单击文本占位符并输入"想念你！"，同理，可设置文字颜色为"红色 255、绿色 0、蓝色 255"。

4. 确认第三张幻灯片为当前幻灯片，单击"开始"→"新建幻灯片"→"标题和内容"，单击标题占位符输入"我的红玫瑰"并设置居中；把鼠标移至"插入来自文件的图片"占位符并单击它,在"练习1"下找到"玫瑰.jpg"并单击"插入"按钮,选中图片,单击"动画"选项卡→"添加动画"→"更多进入效果"→"向内溶解"→"确定",然后设置"开始"方式为"上一动画之后",其他选项均采用默认设置。

5.单击"设计"选项卡→"背景"组中的"背景样式"→"设置背景格式"→"填充"→"图片或纹理填充",单击"纹理"处的下三角并选择"白色大理石",单击"全部应用",并按"关闭"按钮。

6.在"幻灯片"窗格中单击第三张幻灯片使其成为当前幻灯片,然后单击"插入"选项卡→"插图"组中的"形状",在"基本形状"处单击"椭圆",在幻灯片中单击左键并拖动鼠标至合适大小,右击椭圆选择"编辑文字"并输入"浪奔浪流"即可。

7.单击"插入"选项卡→"文本"组中的"页眉页脚"按钮,在出现的"页眉页脚"对话框中勾选"幻灯片编号"复选框,再单击"全部应用"按钮。

8.单击"切换"选项卡→"切换到此幻灯片"组中的"随机线条",单击后在"计时"组中的"换片方式"处勾选"设置自动换片时间"复选框,并在右侧框中设置为2秒,最后单击"全部应用"按钮。

9.单击"幻灯片放映"选项卡→"开始放映幻灯片"组中的"从头开始"按钮,即可观看幻灯片的放映效果。

10.单击"文件"→"另存为",在"另存为"对话框中找到"练习1"文件夹,在"文件名"文本框中输入LX001.pptx(扩展名可以不写),单击"保存"按钮,然后关闭PPT文档窗口。

(二)实训二操作步骤

1.在"幻灯片"窗格中选中第一张幻灯片,单击"开始"选项卡→"幻灯片"组中的"新建幻灯片"→"仅标题",在标题占位符中输入"成本论",右击"幻灯片"窗格中第一张幻灯片(即原来的幻灯片),选择"删除幻灯片"命令。

2.在"幻灯片"窗格中选中第二张幻灯片,单击"插入"→"媒体"组中的"音频"→"剪贴画音频",在右侧窗格中单击任意一个声音图标即可将之插入幻灯片中,在幻灯片中选择声音图标,在自动出现的"音频工具"中单击"播放"选项卡,在"音频选项"组中的"开始"处选择"自动",并勾选"放映时隐藏"复选框。

3.在左侧"幻灯片"窗格选中第三张幻灯片,单击"插入"→"媒体"组中的"视频"→"剪贴画视频",在右侧窗格中单击任一视频图标即完成插入。

4.在"幻灯片"窗格中右击第二张幻灯片,选择"复制",把插入点定位到第五张幻灯片之后并右击鼠标选择"粘贴"。

5.单击"视图"选项卡→"母版视图"组中的"幻灯片母版",在左侧窗格中单击第一张母版,在幻灯片窗口中选定母版标题样式中文字,然后单击"开始"选项卡,在此设置:楷体、48号、红色、分散对齐(位于"段落"组中),然后再单击"幻灯片母版"选项卡→"关闭母版视图"按钮,返回普通视图,也许你发现每张幻灯片标题格式全变了。

6.在"幻灯片"窗格中用鼠标右击第七张幻灯片,并选择"隐藏幻灯片"。

7.单击"插入"选项卡→"文本"组中的"页眉页脚"按钮,勾选"日期和时间"复选框,并单击"自动更新"单选钮,然后勾选"幻灯片编号"复选框,再单击"全部应用"。

笔记

8. 单击"设计"选项卡,在"主题"组的右侧单击位于下方的三角标记,在列表中找到"龙腾四海"主题,并在其上右击鼠标,选择"应用于所有幻灯片"命令(说明:原来在母版中做过的设置将受到影响,但主要是练练手,没关系)。

9. 单击"切换"选项卡→"切换到此幻灯片"组中的"百叶窗",在"计时"组设置持续时间为1.0秒,并单击"全部应用"按钮。

10. 单击"幻灯片放映"选项卡→"开始放映幻灯片"组中的"从头开始"按钮,即可观看幻灯片的放映效果。

11. 单击"文件"→"另存为",在"另存为"对话框中找到"练习2"文件夹,在"文件名"文本框中输入LX002.pptx(扩展名可以不写),单击"保存"按钮,然后关闭PPT文档窗口。

(三)实训三操作步骤

1. 单击"状态栏"右侧的"幻灯片浏览"视图按钮,进入后先单击第一张幻灯片,再按住Ctrl键不放单击第三张幻灯片,在选中的幻灯片上右击并选择"复制",把插入点移到最后一张幻灯片之后并右击选择"粘贴",然后单击"状态栏"右侧的"普通视图"按钮。

2. 在"幻灯片"窗格中单击第一张幻灯片,单击"插入"→"形状"→"星与旗帜"→"八角星",在幻灯片空白处按下左键并拖曳鼠标至合适大小并松手,右击图形选择"设置形状格式"→"填充"→"纯色填充",在"颜色"处选择标准色中的"橙色",单击"关闭"。再次右击图形选择"编辑文字",输入"八一",然后选中文字,在"开始"选项卡中设置"隶书、40磅"。

3. 选中"八角星",单击"动画"→"添加动画"按钮→"更多进入效果",选择"中心旋转"并按"确定",单击"动画窗格"按钮在右侧打开"动画窗格"框,单击与该动画相关的动画标记右侧下三角,选择"计时",在"开始"处选择"上一动画之后"并单击"确定";同理选中"图片",单击"动画"→"添加动画"→"更多进入效果",选择"回旋"并按"确定",此时在"动画窗格"框中出现第2个动画标记,单击该标记右侧下三角并选择"计时",在"开始"处选择"上一动画之后","延迟"为"1.5"秒,单击"确定"(如果你想看动画效果,可以单击状态栏右侧的"幻灯片放映"按钮)。

4. 在"幻灯片"窗格中单击第二张幻灯片,单击"插入"→"媒体"组中的"音频"→"文件中的音频",在"练习3"文件夹下找到"Sou11.wav",单击"插入"按钮……在三张幻灯片中插入视频文件"Mov11.avi",其操作基本上相同,不再提示。

5. 在"幻灯片"窗格中选中第四张幻灯片,单击"设计"选项卡→"背景样式"→"设置背景格式"→"填充"→"渐变填充",在"预设颜色"处选择"雨后初晴",单击"关闭"按钮(不能选"全部应用")。

6. 在"幻灯片"窗格中单击最后一张幻灯片,单击"开始"选项卡→"新建幻灯片"→"空白",然后单击"插入"→"文本"组中的"艺术字",选择第3行第1列样式,输入"谢谢各位观看",选中文字,单击自动出现的"绘图工具"中的"格式"选项卡,单击"艺术字样式"中的"文本填充"按钮,设置"橙色",再单击"文本效果"按钮,即"文本效果"→"转换"→"弯曲"→"山形"。

7. 单击"幻灯片放映"选项卡→"开始放映幻灯片"组中的"自定义幻灯片放映"按钮

→"自定义放映"→"新建",采用默认名"自定义放映1",将左侧框中的第1、3、5、7张幻灯片添加至右侧框中,单击"确定"后并单击"关闭"。

8.单击"幻灯片放映"选项卡→"设置"组中的"设置幻灯片放映",在"放映幻灯片"处单击"自定义放映"单选按钮;在"放映选项"处勾选"循环放映,按Esc键终止"复选框,单击"确定"。

9.不再提示。

10.不再提示。

(四)实训四操作步骤

1.单击"开始"选项卡→"新建幻灯片"→"标题幻灯片",在"幻灯片"窗格中单击新插入幻灯片并用鼠标把它拖至第一个位置,输入标题"多媒体素材",设置自定义颜色(不再提示),单击副标题占位符并输入"王小二"。

2.单击"插入"选项卡→"文本"组中的"文本框"按钮→"横排文本框",在幻灯片右下角单击一下鼠标并输入"指向";选定文字"指向",在"插入"选项卡下单击"链接"组中的"超链接"按钮→"本文档中的位置",选择标题为"多媒体素材的分类"幻灯片,单击"确定"(可单击状态栏中右侧的"幻灯片放映"按钮,播放时验证一下)。

3.在"幻灯片"窗格中选中第二张幻灯片,选定第二行文字后按住Ctrl键不放然后用鼠标选中第4、5行,单击"开始"选项卡,在"段落"组中单击"增大缩进级别"按钮即可。

4.在"幻灯片"窗格中选中第三张幻灯片,并选中文本框中的文字,单击"开始"选项卡,在此设置"40号、倾斜";选中三段文本,单击"开始"选项卡,在"段落"组中单击"项目符号"右侧的下三角并选择"➤"项目符号。

5.在"幻灯片"窗格中选中第四张幻灯片,选定文本框中文本,利用"开始"选项卡中的"项目符号"按钮去掉它们的项目符号,然后设置居中,在选定区右击鼠标选择"段落",在"行距"处设置为1.5倍行距,单击"确定"。然后选定文本,设置"擦除"动画,不再提示。

6.在"幻灯片"窗格中选中第四张幻灯片,单击"开始"→"新建幻灯片"→"空白",再单击"插入"→"表格"→"插入表格",输入5(列)、4(行),按"确定",然后选定第一行,在选定区右击并选择"合并单元格",输入"成绩表",在"开始"选项卡中将之居中。

7.在"幻灯片"窗格中选中第一张幻灯片,单击"设计"选项卡,在"主题"组中找到"跋涉"主题(单击"主题"组右侧下面的三角标记▾可方便找到),在其主题图标上右击鼠标,选择"应用于选定幻灯片";同理,借助Ctrl键选定第2、3、4、5张幻灯片,在"主题"组中找到"暗香扑面"主题,在其主题图标上右击鼠标,选择"应用于选定幻灯片"即可。

8.单击"切换"选项卡,在"切换到此幻灯片"组中找到"摩天轮"并单击它,在"计时"组中单击"全部应用"按钮。

9.不再提示。

10.不再提示。

(五)实训五操作步骤

1.插入幻灯片、插入图片与剪贴画:在左侧的幻灯片视图区将光标定位在第二、三张

笔记

幻灯片之间,单击"开始"选项卡→"幻灯片"组中的"新建幻灯片"→"两栏内容"(此时新插入幻灯片为当前幻灯片)作为第三张幻灯片,在左侧文本框中利用"插入来自文件的图片"占位符,把鼠标移至"插入来自文件的图片"占位符并单击它,在"练习5"下找到"bird. jpg"并单击"插入"按钮,即可插入图片文件"bird. jpg",在右侧文本框中单击"剪贴画"占位符,在右侧出现的剪贴画框中任选一副剪贴画并单击它即可插入。选中"bird. jpg"图片,右击设置图片格式,点击"大小",去掉"锁定纵横比"复选框,同时将"尺寸和旋转"区的高度改为7厘米、宽度改为8厘米。

2. 插入图表:在左侧的幻灯片视图区将光标定位在第三、四张幻灯片之间,单击"开始"选项卡→"幻灯片"组中的"新建幻灯片"→"标题和内容"作为第四张幻灯片,在文本框中单击"插入图表"占位符,选择图表类型为"簇状柱形图",数据采用系统默认的数据表(插入"簇状柱形图"子图后可直接关闭Excel窗口),即可插入一张图表。

3. 设置超链接:选中第一张幻灯片中的文字"转向第4张幻灯片",点击"插入",在"链接"中点击"超链接",选择文档中的位置,再点击"幻灯片4"即可链接第四张幻灯片。

4. 插入页脚(自己输入页脚内容):单击"插入"选项卡→"文本"组中的"页眉页脚"按钮,在出现的"页眉页脚"对话框中勾选"页脚"复选框,输入"幻灯片制作",再单击"全部应用"按钮。

5. 将主题应用到选定的幻灯片:将第一、二张换灯片应用"凤舞九天"主题。借助Ctrl键选定第一、二张幻灯片,单击"设计"选项卡,在"主题"组中找到"凤舞九天"主题(单击"主题"组右侧下面的三角标记可以方便找到),在其主题图标上右击鼠标,选择"应用于选定幻灯片"即可。

6. 设置背景效果:确认第六张幻灯片为当前幻灯片(可在"幻灯片"窗格中选择)单击"设计"选项卡→"背景样式"→"设置背景格式"→"填充"→"渐变填充",在"预设颜色"处选择"红日西谢",单击"关闭"按钮。

7. 设置放映方式:单击"幻灯片放映"选项卡→"设置"组中的"设置幻灯片放映",在"放映选项"处勾选"循环放映,按Esc键终止"复选框,单击"确定"。

8. 设置换片方式:单击"切换",在"计时"的"换片方式"组里勾选"单击鼠标时"即为手动操作(设置换片方式为"手动")。

9. 设置切换方式:单击"切换"选项卡→切换到此幻灯片→选择"溶解"(找不到可以点击下拉箭头寻找应用)。

10. 进行幻灯片放映并观看效果:单击"幻灯片放映"选项卡→"开始放映幻灯片"组中的"从头开始"按钮,即可观看幻灯片的放映效果。

11. 保存:单击"文件"→"另存为",在"另存为"对话框中找到"练习1"文件夹,在"文件名"文本框中输入LX005. pptx(扩展名可以不写),单击"保存"按钮,然后关闭PPT文档窗口。

六、能力和知识拓展

请参照"PPT素材_B"文件夹中"汽车发展史样例. exe"文件,利用提供的素材,根据

笔记

下列要求制作演示文稿,并将演示文稿命名为"PowerPoint 汽车发展史.pptx"保存到上述指定的文件夹中。

注意:制作演示文稿时,需将视频文件复制到指定文件夹中。

制作要求:

1.每张幻灯片的版式、动画效果、颜色、字体等外观效果同样例。

2.第一张:插入艺术字"汽车发展史",插入相应图片作背景,效果同样例。

3.第二张:参照样例第 2 张的播放效果,根据给定的图片 2 制作滚动轮子的动画效果,外观、效果同样例。

4.第三张:参照样例第三张内容和外观制作该页,设置每一项内容的下划线式超链接,分别链接到第四、五、六、七张,超链接字体颜色为蓝色,已访问超链接为绿色;在第四、五、六、七张分别增加返回到第三张的超链接按钮,按钮颜色为蓝色。

5.第四张:参照样例第四张内容和动画效果制作该页。

6.第五张:根据提供的图片素材,参照样例第五张制作具有旋转立方体图片动画效果的幻灯片。

7.第六张:参照样例第六张效果,插入控件来播放素材给定的"汽车"视频,效果同样例。

8.第七张:参照样例第七张内容和图表效果,利用给定的"图表数据.txt"生成图表,动画效果、图表柱状标志颜色同样例。

9.除首页外,为演示文稿每页幻灯片左上角添加"汽车 logo"的图片标志;每页幻灯片底部左下角添加比赛当天日期,中部为考生编号,右下角添加幻灯片编号"第×页",效果参考样例。

10.参照样例设置幻灯片切换方式。

操作步骤:

(一)第一张幻灯片

1.幻灯片中插入图片做法:单击"插入"选项卡→"图像"组中的"图片"→选中相应文件夹中的图片→点击"插入"。

2.插入相应艺术字做法:单击"插入"选项卡→"文本"组中的艺术字 ,单击选择第一行中的第四个。

3.单击幻灯片中的艺术字,选择"格式"选项卡→"艺术字样式"组中的"文本填充"→"渐变"→"中心辐射";"文本轮廓"→"黑色";"文本效果"→"转换"→"倒 V 形"。如图 5-65 所示。

图 5-65 艺术字样式设置

253

4. 单击幻灯片中的艺术字，单击"动画"选项卡→"动画"组的下拉菜单→"轮子"→效果选项为"4 轮辐图案"→"开始"→"上一动画之后"。如图 5-66 所示。

图 5-66　艺术字动画设置

5. "开始"→"幻灯片"→"新建幻灯片"→"仅标题"→在标题内输入"转动的轮子"→点击"动画"选项卡→"进入"中的"擦除"→"计时"组的"开始"→"与上一动画同时"。如图 5-67 和图 5-68 所示。

图 5-67　输入文字

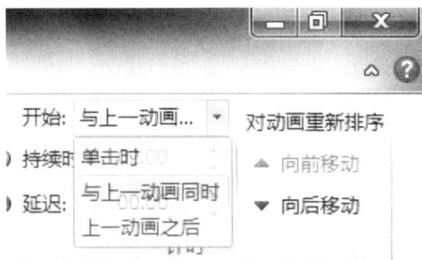

图 5-68　动画设置

6.“插入”→“页眉和页脚”→点击“全部应用”→“幻灯片编号”文本框中内容修改为“第×页”→选中“日期”“考号”“编号”（见图5-69），在“开始”选项卡“字体”组中加粗并改颜色。“插入”→“矩形”→右击设置形状格式→“纯色填充”→选择合适颜色后移至合适位置。效果如图5-70所示。

图5-69　页眉和页脚设置

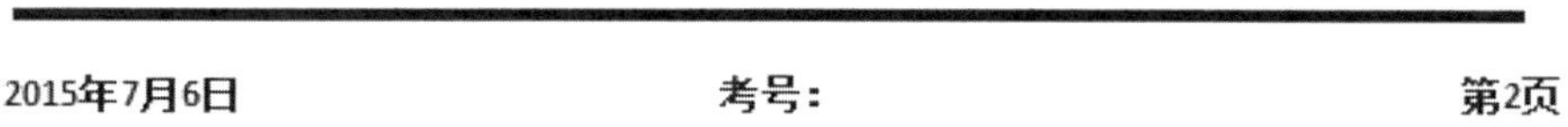

2015年7月6日　　　　　　　　　**考号：**　　　　　　　　　**第2页**

图5-70　页脚设置效果

7.此时,选中第二张幻灯片,右击“复制”,在左侧列空白处粘贴【之后所有幻灯片均由第二张幻灯片复制而来】。

（二）第二张幻灯片

1.“插入”→“图像”→“图片”→找到相应轮子图片后点击插入。

2.“插入”→“插图”→“形状”→“矩形”→在幻灯片合适位置处插入→右击矩形→“填充”→“图案填充”→选择合适图案。如图5-71所示。

笔记

图 5-71　设置形式格式

3.插入轮子图片后,右击修改图片大小,取消纵横比,更改数据,使其为正方形。如图 5-72 至图 5-74 所示。

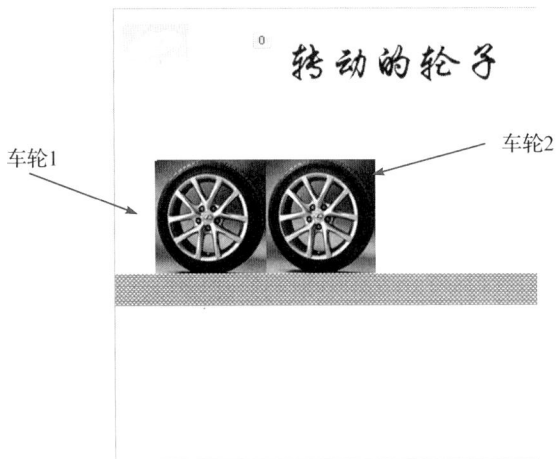

图 5-72　修改图片(一)

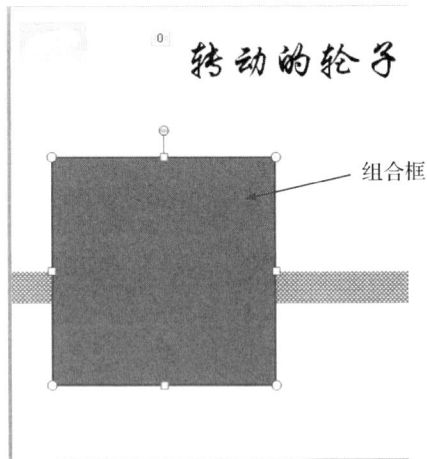

图 5-73　修改图片(二)

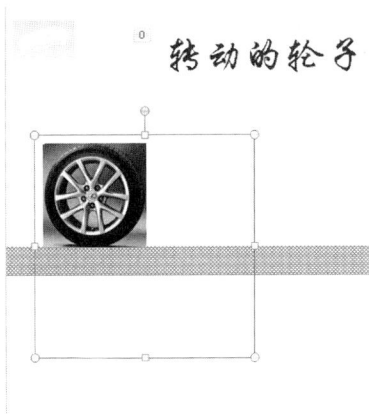

图 5-74　修改图片（三）

注：插入一个长方形，以 2 个车轮图案的左上角为顶点，按住 Shift 键插入一个正方形刚好完全覆盖 2 个车轮图案。右击矩形设置形状格式：填充为无，线条颜色为无。删去车轮 2，将车轮 1 与矩形组合。

4. 设置轮子转动的做法：在横形条上插入"独立车轮 1"，在此基础上插入"组合框 1"（组合框是上面自己做出来的），设置组合框动画：强调→陀螺旋效果选项：方向→顺时针 数量→四分之一旋转→开始：上一动画之后。

5. 在上述独立车轮旁再插入一张独立车轮，称作"独立车轮 2"，动画设置为"出现"，开始设置为"上一动画之后"。在此基础上插入"组合框 1"的复制体，称作"组合框 2"。

6. 选中"独立车轮 2"和"组合框车轮 2"，右击"复制"，然后粘贴，获得之后的所需车轮，移到适宜位置即可。

（三）第三张幻灯片

1. 更改标题中的文字为"内容摘要"。

2. "插入"→椭圆/矩形→右击设置形状格式，如图 5-75 所示。

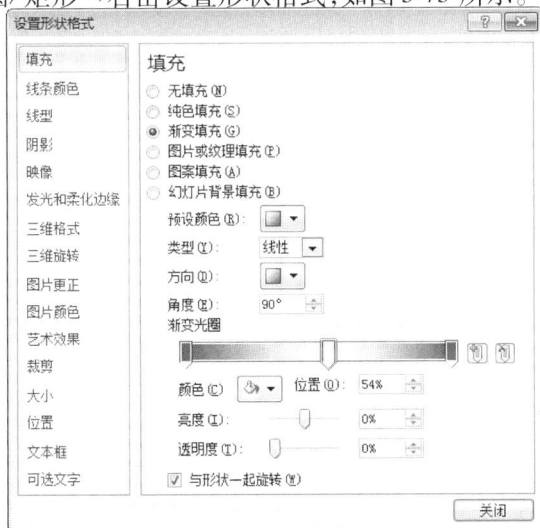

图 5-75　设置形式格式

笔记

3.椭圆还需更改线条颜色:右击设置形状格式→"线条颜色"→"实线"→黑色线型→线型宽度改至合适粗细。

4.右击椭圆/矩形→编辑文字→输入相应标题。

5.选中椭圆,按 Ctrl,再点击矩形,右击组合,复制。更改相应文字(见图5-76)。

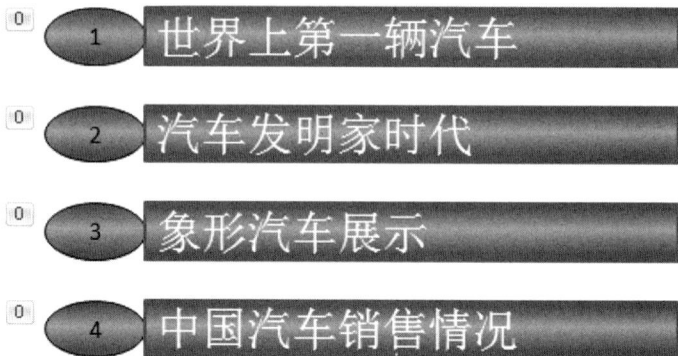

图 5-76　更改文字

6.选中上述所有形状:动画为"进入"→"擦除",效果选项为"自顶部",开始为"上一动画之后"。

(四)第四张幻灯片

1.更改标题中的文字为"世界上第一辆汽车"。

2.输入相应文字以及图片,并设置动画。

(五)第五张幻灯片

1.更改标题中的文字为"汽车发明家时代"。

2.动画效果为"伸展"和"层叠",先在 Office 2003 中做好,复制到 Office 2010。

3.打开 Office 2003,插入 4 张图片,依次放置白车、黑车、红车、绿车,然后进行动画操作。如图 5-77 所示。

4.白车:退出→层叠　　　　开始:上一动画之后　　　效果选项:到顶部

5.黑车:进去→伸展　　　　开始:与上一动画同时　　效果选项:自底部

点击"添加动画"→退出:层叠　开始:上一动画之后　　　效果选项:到右侧

6.红车:进去→伸展　　　　开始:与上一动画同时　　效果选项:自左侧

点击"添加动画"→退出:层叠　开始:上一动画之后　　　效果选项:到底部

7.绿车:进去→伸展　　　　开始:与上一动画同时　　效果选项:自顶部

8.将上述 4 车重合:白车最上,其次是黑车,紧接红车,最下面放绿车。

9.将上述重合后的车子复制到 Office 2010 版本中。效果如图 5-78 所示。

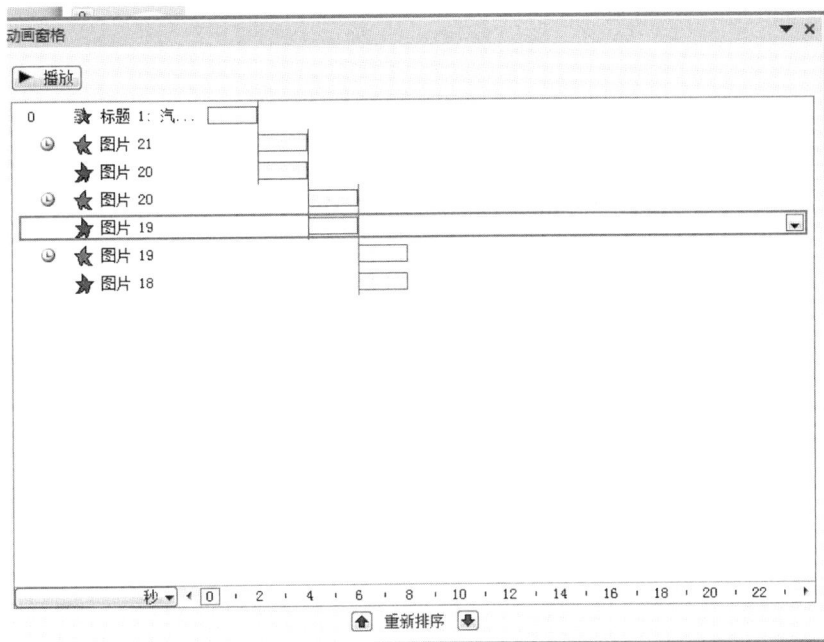

图 5-77　插入 4 张图片

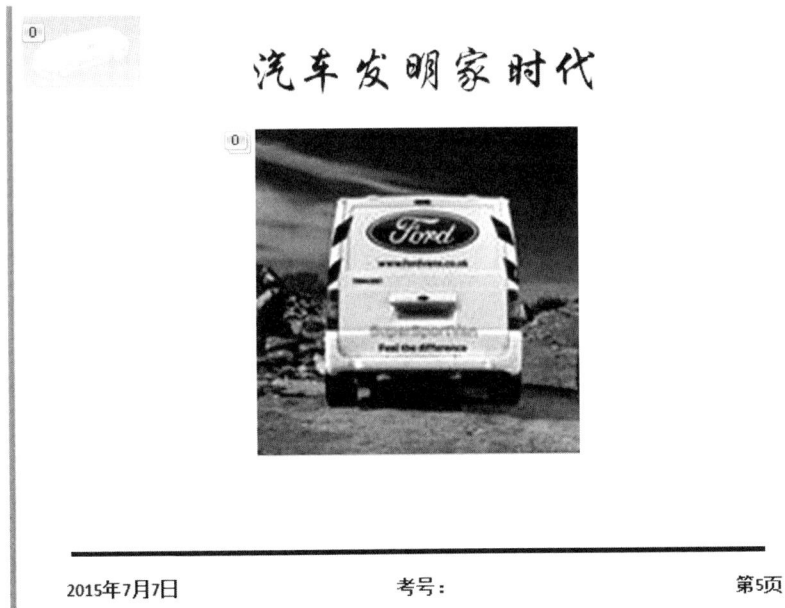

2015年7月7日　　　　　考号：　　　　　　第5页

图 5-78　效果

(六) 第六张幻灯片

1. 更改标题中的文字为"象形汽车展示"。

2. "插入"选项卡→"媒体"组中的"视频"→选择文件中相应文件→对话框中点击"插入"。如图 5-79 所示。

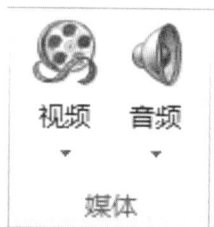

图 5-79　插入视频

3. 点击所插入的视频,选择"播放"选项卡,做如图 5-80 所示操作。

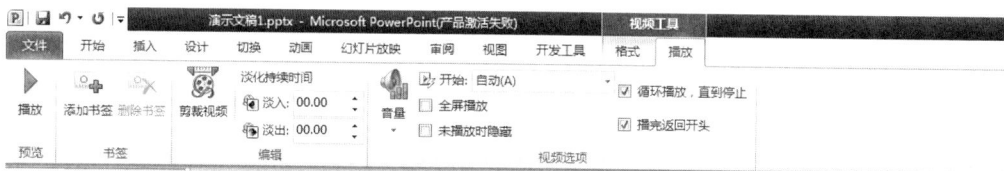

图 5-80　播放设置

(七)第七张幻灯片

1. 更改标题中的文字为"中国汽车销售情况"。

2. "插入"→"图表"→"三维簇状柱形图"(第一排第四个)→弹出 Excel→导入数据→关闭 Excel→出现图表。如图 5-81 所示。

图 5-81　导入数据

3. 点击图表,选项卡中出现"图表工具",单击其中的"布局"选项卡→"标签"组的"图例"→在底部显示图例。如图 5-82 所示。

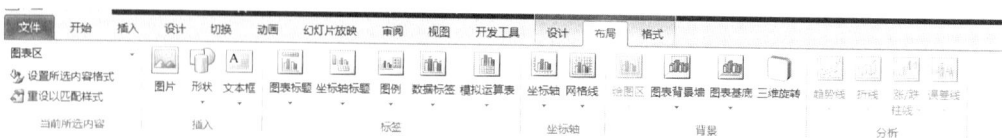

图 5-82　图例显示设置

更改表格格式为如图 5-83 所示。

笔记

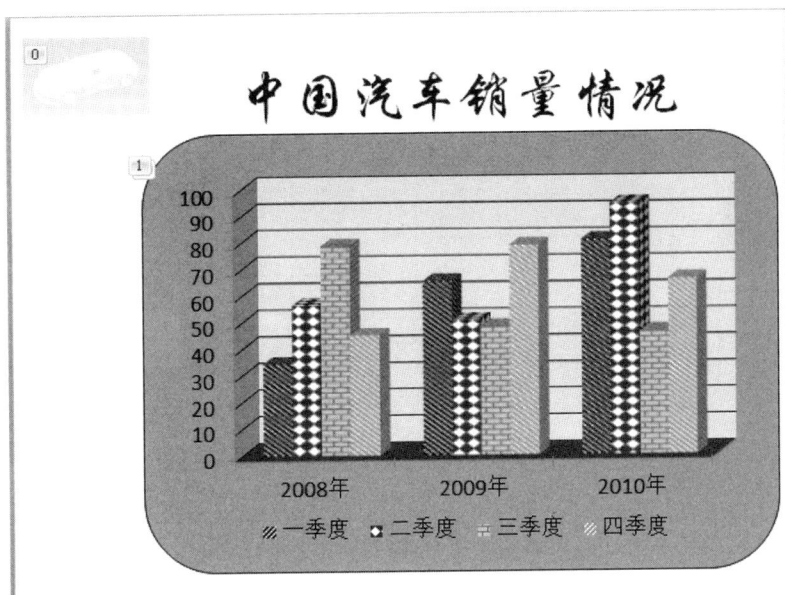

图 5-83 表格图示

4.动画→擦除→效果选项为"自底部","按系列"→开始:上一动画之后。如图5-84所示。

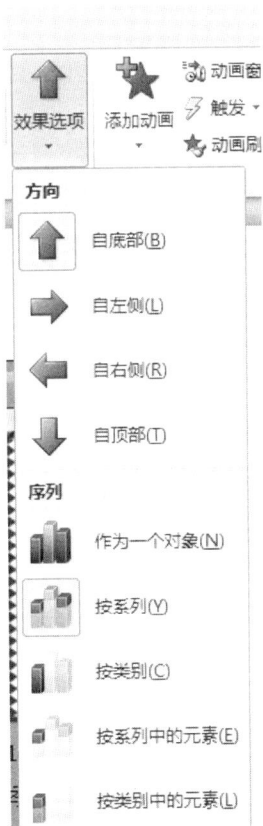

图 5-84 动画设置

此时,所有幻灯片已经建立完成。

（八）第三张幻灯片中设置超链接方式

1.选中文字,右击"编辑超链接",如图 5-85 所示操作。

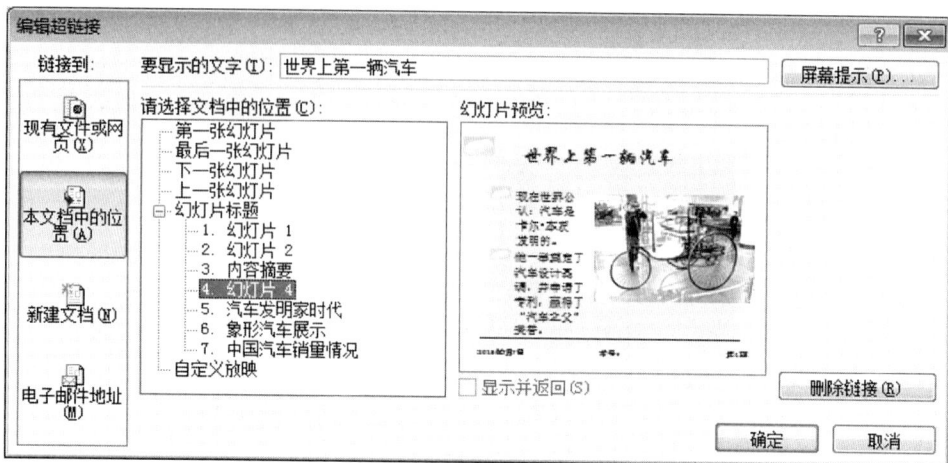

图 5-85　编辑超链接

2.更改超链接字体颜色方法:

选中超链接文字,单击菜单栏中的"设计"→"主题"→"颜色",单击倒三角,弹出了很多配色方案,可以将鼠标往下移动,选择"新建主题颜色",弹出如图 5-86 所示对话框,更改颜色。

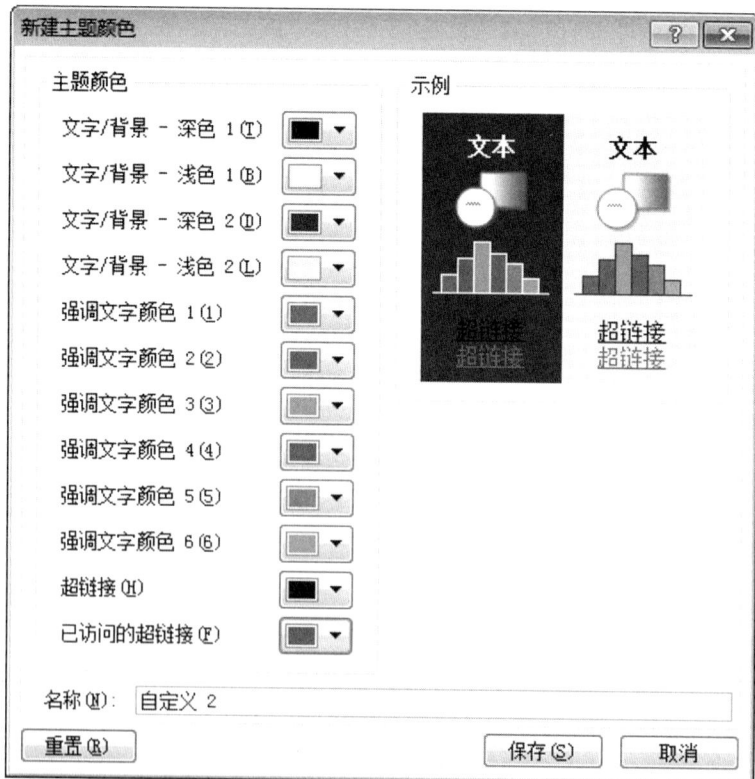

图 5-86　更改颜色

3.插入回到第三张幻灯片的按钮,如图 5-87 所示。

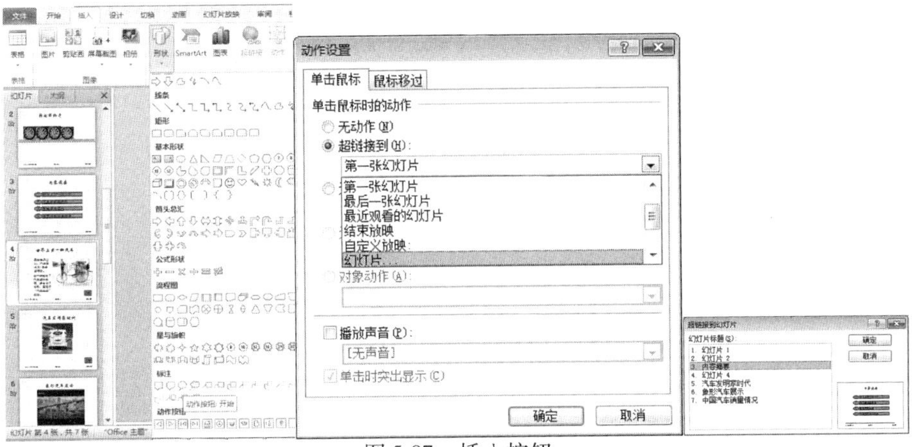

图 5-87　插入按钮

4.更改幻灯片切换方式:"切换"选项卡→"推进"→效果选项为"自右侧",点击:"全部应用"(见图 5-88)。

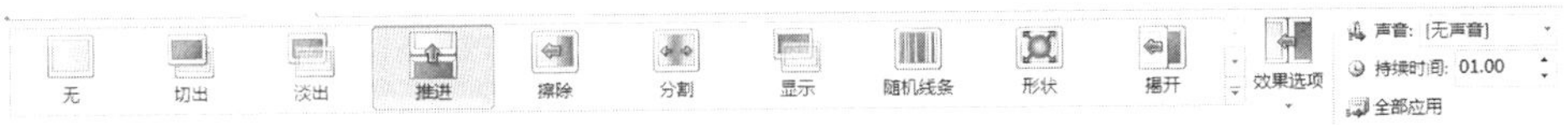

图 5-88　更改切换方式

七、课外练习与操作提示

1.习题:备注页的编辑,并在放映时显示。

2.操作提示:

(1)在幻灯片的普通视图下,点击下方的"单击此处"添加备注,可以添加备注。

(2)大多使用笔记本电脑播放幻灯片,如果多屏显示设置为"扩展"时,投影出来的画面和笔记本的显示是不同的视图,投影仅显示幻灯片,笔记本上有当前幻灯片、下一张幻灯片,以及备注页的内容。

(3)选择"视图"选项卡→"母版"视图分组,点击"幻灯片母版",此时就显示了各种不同样式幻灯片的母版,可以像编辑幻灯片一样编辑母版,编辑好后,单击关闭母版,结束编辑。以后插入的每一张新的幻灯片都会利用修改后的格式。

(4)遇到心仪的幻灯片,可以单击"文件"→"另存为",在文件类型中选中 Power-Point 模板,即可留到以后使用。双击模板文件可以以此模板新建一个 PowerPoint 文档。

(5)"插入"选项卡→"媒体分组"中的屏幕录制功能非常有用,可以录制操作以供分享。

(6)"幻灯片放映"选项卡→"设置"分组中的"排练计时"和"录制幻灯片演示",可以录好后反复播放。

(7)幻灯片讲义的打印,点击"文件"→"打印",可以设置打印讲义的模式。

[参考文献]

[1]杨虹.办公自动化技术实用教程习题与上机指导[M].北京:清华大学出版社,2012.
[2]周贺来.办公自动化实用教程[M].北京:高等教育出版社,2014.

(熊　军　及崇岩　安　辉)

笔记